“十三五”国家重点图书出版物出版规划项目

汽车运动与文化丛书　詹郭军　刘扶民　主编

U0819459

汽车运动与文化主题公园

姚启明　著

同济大学出版社
TONGJI UNIVERSITY PRESS

内容简介

汽车运动与文化主题公园集合汽车、体育、旅游等相关产业资源于一体，是以汽车运动和汽车文化为主题的综合性、体验式旅游空间。本书是“十三五”国家重点图书出版物规划项目《汽车运动与文化丛书》中首部学术专著，填补了国内对于汽车主题公园系统性研究的空白，立足于行业经验，依托国内外140个经典案例，追溯了汽车主题公园的诞生与成长历程，分析其当前在国内的发展环境、影响因素、作用价值等特征，创造性地提出了汽车主题公园发展的十大形态模式，围绕规划设计方式、典型问题及解决方法等内容逐一展开，最终放眼全国，为汽车主题公园的未来发展和布局提供前瞻性的建议。

本书可作为从事汽车运动与汽车文化研究的在校学生、专家学者的专业参考书或相关课程的教学用书，也可供从事汽车主题公园投资建设、规划设计和运营管理的专业人士参考阅读，同时也适合有志于促进汽车运动与文化发展的广大热心人士参考阅读。

图书在版编目(CIP)数据

汽车运动与文化主题公园 / 姚启明著 . -- 上海:
同济大学出版社，2018.9 （2024.1重印）
（汽车运动与文化丛书 / 詹郭军，刘扶民主编）
ISBN 978-7-5608-7774-7

Ⅰ.①汽… Ⅱ.①姚… Ⅲ.①汽车—主题—公园—研究 Ⅳ.① U46-05

中国版本图书馆 CIP 数据核字（2018）第 048237 号

“十三五”国家重点图书出版物出版规划项目

汽车运动与文化丛书 詹郭军 刘扶民 主编

汽车运动与文化主题公园

姚启明 著

责任编辑 高晓辉
助理编辑 宋 立
责任校对 徐逢乔
封面设计 陈益平
封面图片 贺 冰

出版发行 同济大学出版社 www.tongjipress.com.cn
（地址：上海市四平路1239号 邮编：200092 电话：021－65985622）
经 销 全国各地新华书店
印 刷 上海安枫印务有限公司
开 本 787mm × 1 092mm 1/16
印 张 16
字 数 399 000
版 次 2018年9月第1版
印 次 2024年1月第3次印刷
书 号 ISBN 978-7-5608-7774-7
定 价 128.00元

审号图：GS（2020）6270号

总序

随着我国汽车行业的长足进步和汽车保有量的不断攀升，如何在快速发展的大环境中提炼文化核心，挖掘价值内涵，从而探索出一条符合新发展理念、服务于社会主义现代化建设的创新之路，是每一位涉足相关领域的科研工作者需要思考的问题。汽车运动和汽车文化响应了人民对美好生活的诉求，其良性发展需要长期的生长和积淀，更需要有前瞻性的开拓和引导。同济大学出版社《汽车运动与文化丛书》（以下简称《丛书》）从这一角度出发，将作者在汽车运动与文化领域二十年来的理论与实践成果首次集中展示，视野开阔，内容翔实，构架宏大，立意深远。作者以专业的视角，对汽车运动与文化的内涵、形式与发展进行高屋建瓴地系统化阐释。

《丛书》分为“面向行业”和“面向大众”两个系列。“面向行业”系列图书以学术研究为出发点，对汽车主题公园、汽车运动休闲特色小镇、卡丁车场和中小型赛车场等热点话题加以系统性研究，为从事汽车运动与文化研究的在校学生、专家学者及从事汽车主题公园投资建设、规划设计和运营管理的业内人士提供建议，也可作为培养汽车行业未来人才的教学参考书。

“面向大众”系列图书以科普为主要目的，内容涵盖了汽车主题公园、赛车场、汽车运动文化雕塑、赛车运动与赛道安全生态系统等当今汽车运动与文化领域亟须普及或推广的热点话题，内容深入浅出，受众面广，适合汽车爱好者及一般读者宏观地了解国内外汽车文化、运动与安全领域的演进历程、发展现状和未来愿景。

《丛书》发起者和主要作者姚启明博士是我国赛道设计的开拓者，也是一位在汽车运动与文化领域有梦想、有担当的专家学人。作为她攻读博士期间的指导教师，我见证了她近年在汽车运动领域的大量学术突破与成功实践。她从开启对汽车运动领域的探索至今，积累了二十年实践经验，亲历了汽车运动的起步与繁荣，身体力行地传播着汽车文化，为赛道和车手的安全保驾护航，更勇于担当社会责任。她联合国家体育总局汽车摩托车运动管理中心、中华人民共和国公安部、中华人民共和国交通运输部、同济大学建立并推广安全驾驶教育体验平台，致力于将汽车运动领域的研究成果和最新实践应用于交通安全领域；参与汽车运动行业的顶层设计，起草制定行业标准，为中国汽车运动的健康发展而不懈努力。

在行业内建立产学研深度融合的技术创新体系，在群众间提倡弘扬科学精神与普及科学知识，是十九大报告对中国特色社会主义进入新时代的关键时期提出的新要求。这也激励了高校学者在向学科领域潜心探索的同时，立足专业科学的理论，秉持严谨求实的精神，以推广普及的形式与深度思考下的实践，服务广大人民群众，为社会主义现代化建设而努力。

“文化兴国运兴，文化强民族强”，中华民族的伟大复兴需要高度的文化自信。本土汽车文化的培育将为我国文化创新创造活力。《汽车运动与文化丛书》的出版顺应了社会发展与群众需要，对处于转型期的汽车行业及相关领域，具有长远意义与重要价值。相信本丛书将不负众望，为国内汽车文化普及、汽车运动发展与交通安全教育的推广带来更多启迪和思考。

同济大学 党委书记　教授

2018 年 3 月

序

作为《汽车运动与文化丛书》的主编，我对本书《汽车运动与文化主题公园》在丛书中的率先出版感到由衷的欣慰与喜悦。

2017 年我国汽车产销量连续第九年领跑全球，汽车工业的快速发展已带领中国正式进入汽车社会。汽车不再单纯以交通工具的方式介入人们的生活，更承载着人们对美好生活的期许，成为人们提高生活品质的重要追求。

在汽车社会的驱动下，汽车摩托车运动在良性发展的基础上稳步前进，取得了丰硕的成果。2017 年，中国汽车摩托车运动联合会全年共计完成 119 场赛事，其中全国性赛事 99 场，国际赛事 20 场。据不完全统计，2017 年国内举办各类汽车摩托车赛事近 800 场。

在这些令人激动的数字背后，是一代汽车运动人炽热的情怀。国家体育总局与各级政府深谋远虑，科学决策，规划出波澜壮阔的发展蓝图；各省市体育主管部门和各级汽车摩托车协会众志成城，为呈现更精彩与安全的赛事而严密配合；我们的车手、车队和俱乐部在国际舞台上风采飞扬，让全世界的目光聚焦于中国汽摩运动；广大企业家、赞助商和新闻媒体赤诚襄助，为赛事的成功举办勠力同心；赛事工作者和志愿者协调配合，以饱满的激情投身于赛事的管理与安全工作……正是这些热心人士的不懈努力，换得了中国汽车摩托车运动的蒸蒸日上。

汽车工业与汽车运动的稳步前进，促使我们进一步挖掘汽车文化的价值内涵。汽车摩托车运动从萌芽到成长，得益于一代人后来者居上的勇气，而如何为其发展注入持久的生命力，则是我们需要为后代开拓的方向。我曾多次赴国外汽车赛事的长期举办地考察调研，在日本铃鹿的八小时耐力赛上，很多观众自始至终观看比赛，直到颁奖完毕仍依依不舍；在英国古德伍德，以赛车为主题的速度节每年吸引十几万爱好者蜂拥前往；在法国勒芒的 24 小时耐力赛中，上至耄耋之年的老人，下到蹒跚学步的孩童，都在激烈的比赛氛围中感受汽车运动与汽车文化的熏陶。这些令人动容的场景，并非来自各种活动的简单拼凑，而是源于人们血液里对汽车运动由衷的热爱，自觉自发地生长而来。汽车文化的活性传承，保证了汽车运动与关联产业链的繁荣不再是无源之水，无本之木。

培养汽车文化是发展的需求。适逢我国体育、旅游与文化产业的黄金时期，汽车运动产业对地区发展起到的推动效应日益鲜明，“体育 + 旅游”“体育 + 互联网”等产业融合发展方向已是大势所趋。十九大报告提出了新时代对于体育工作的新要求，体育在发展和保障民生、满足人民日益增长的对美好生活的需要方面，正在发挥着日益显著的作用，汽车摩托车运动应该在健康中国战略的落地实施中，担当起更重要的角色。《汽车运动与文化丛书》即是促进汽车摩托车运动领域人才培养与文化普及的一股助推力。

《汽车运动与文化主题公园》在《汽车运动与文化丛书》中的率先出版具有深刻的现实意义。汽车运动与文化主题公园是汽车文化的重要根据地，其规模灵活，内容生动，形式多样，功能丰富，适用范围广且易于实现，是汽车运动与汽车文化成功的科普窗口和推广平台。《汽车运动与文化主题公园》是中国乃至国际范围内研究汽车运动与文化主题公园的首部专著，内容翔实，视野开阔，知行相长，图文并茂，力求成为当代汽车文化深刻的时代记录，为国内汽车运动与文化主题公园的新建和改建，提供具备前瞻性和可行性的发展蓝图。

本书作者姚启明博士是中国唯一一位获得国际汽联许可的赛道设计师，她从事赛车场设计 20 年，规划设计场地 100 余个，在赛车场设计和安全研究领域取得数十项国际领先创新成果，积累了丰富的行业经验。姚博士及其团队与中国汽车摩托车运动联合会长期合作，与中国汽车运动共同成长，为汽车运动的推广与汽车文化的传播不遗余力。她的研究领域从赛道设计，扩展到汽车公园，再到汽车小镇，其内涵逐步延拓，受众范围逐步扩大，体现了一位学者对中国汽车运动发展的深度探索和人文情怀。

《汽车运动与文化丛书》像一颗即将播种在人们心中的种子，生机盎然，蓄势待发。让我们共同期待这颗种子生长成为参天大树。

国家体育总局汽车摩托车运动管理中心　主任

中国汽车摩托车运动联合会　主席

2018 年 3 月

前言

1996 年，中国第一座国际赛车场珠海国际赛车场落成。20 余年如白驹过隙，从 1996 年汽车产量 147 万余辆，到全球产销第一大国，中国汽车工业的快速崛起有目共睹；从 1996 年汽车比赛寥若晨星，到如今国内每年比赛近千场，中国汽车运动的腾飞令人欣喜。然而，能够为汽车运动的永续发展注入生命力的汽车文化，还需要时间来积淀，更需要耐心来培育。

这 20 年中，我和我的团队累计规划设计汽车运动场地 107 个，义务咨询 1 000 余次，积累了大量业内信息与实践经验，在此过程中，培育与传播汽车文化成为时常萦绕我心中的梦想。《汽车运动与文化丛书》就是在这样的背景下诞生的。

将《汽车运动与文化主题公园》作为丛书开篇是编写团队的精心选择。汽车运动与文化主题公园（以下简称汽车主题公园）的概念伴随着汽车工业的发展、体育产业的延拓以及旅游产品的丰富而产生，是产业结构优化与产业融合发展的代表性产物。我与我的团队在 2008 年就已开始对汽车主题公园的研究与实践，而在 2015 年，这一方向的探索更受到了中国汽车摩托车运动联合会主席詹郭军先生的鼓励。詹主席的肯定与期许让我们意识到责任和使命，我们决定在多年研究成果的基础上，深入调研国内外大量案例，详细剖析其发展历程，结合多年来的规划设计经验，对汽车主题公园这个年轻的命题进行深入探索，希望为国内汽车主题公园未来的发展提供较详尽的参考，更希望为中国汽车文化的培育尽一份绵薄之力。

2016 年年底，随着国家对主题公园、特色小镇的重视，各项政策对旅游产业、体育产业、新能源汽车产业等给予大力支持，在进行考察调研后，我们转变思路，决定从单纯的学术研究向更大的受众群体倾斜，更加全面、详细、科普性地介绍汽车主题公园，以专著的形式向社会发行，从而有助于汽车主题公园的推广，赋予这项研究以更广阔的现实意义和社会价值。这个想法令我们兴奋不已，同时也得到了同济大学党委书记方守恩教授、国家体育局经济司司长刘扶民先生、国际汽车联合会副主席万和平先生等许多关心、关注中国汽车运动和汽车文化的有识之士的认可与鼓励。确立这一目标后，团队进一步深入研究案例，开阔视野，分析了汽车主题公园的发展脉络、模式类型、社会价值、影响因素、设计方法、发展前景等方向的内容，斟酌取舍后，梳理出最精要的研究方面作为骨架，组成专著的理论体系。全书包括正文 9 章，并在附录中对国内外 4 个典型案例进行分析。本书所涉及的国内外案例（研究样本）共 140 个，对汽车主题公园的实践提供全局式的观察视角；书中内容理论与实践兼顾，基本覆盖了当前国内外汽车主题公园的全部相关议题，在汽车主题公园的设计规划方法、典型问题与解决方案、形态模式及其在国内应用的建议等多个方面具有首创性。

汽车主题公园在汽车文化与汽车运动的大背景下诞生，拥有内涵不断更新、分类方式不同、技术性体验性及参与性高和相关产业链长等特点，在纵观其起源与发展后，我们在第 1 章中提出了汽车主题公园的定义，并充实了研究样本，提高了研究的科学性与实用性。在此基础上，我们通览了汽车主题公园的发展和实践情况，在第 2 章中介绍了国内外相关领域内具有代表性的研究和实践成果。

针对当前国内汽车主题公园的建设，需要分析其发展环境。近年来，汽车产业、体育产业与旅游产业科学的顶层设计，成就了汽车运动的欣欣向荣与自驾车、房车露营地的燎原之势，特色小镇的建设在新型城镇化背景下规模迅速扩大，为产业结构调整、供给侧结构性改革、新旧动能转换、经济增长质量提升等方面提供了有效的发展路径。

汽车主题公园的十大形态模式是对 140 个典型案例进行调查、分析、研究、归纳和思考的成果，基本概括了汽车运动与文化主题公园的主题选择、规划设计、业态形式等特色鲜明且实现良性发展的特征形态。这十大形态模式包括：①发展汽车产业的主题公园；②助力科技研发的主题公园；③承办专业赛事的主题公园；④推广全民体验的主题公园；⑤倡导安全驾驶教育的主题公园；⑥推动全民健身的主题公园；⑦探索城市公共资源二次利用的主题公园；⑧开展汽车文化科普的主题公园；⑨促进体旅融合的汽车主题公园；⑩配合特色小镇的主题公园。本书在第 4 章将每种模式进一步细化并举例分析，以供未来汽车主题公园的新建、改建项目参考。

汽车主题公园既是具有特色的旅游产品，也是汽车产业、休闲产业与体育产业等相关产业的聚合平台。其运营的过程既要符合旅游经济学的一般规律，也要拥有自身的特殊性和多元性。其在规划、设计、建设和运营过程中的影响因素，包括旅游需求、旅游市场和旅游产品三个方面。进一步通过对已建成的同类场地经营状况的调研和远期发展的展望，本书总结出汽车主题公园的价值与作用体现在助力城市总布局、城市经济、城市文化、居民生活和社会创造力的发展中。

汽车主题公园的选址、规划设计和运营方式是公园成败的关键因素。本书第7章就规划设计的主要环节详细展开，包括前期调研、选址分析、可行性研究、详细规划和专项设计。其中专项设计可分为三大版块，分别为：包含汽车运动项目、体验项目、汽车文化和汽车休闲项目的核心版块，包含配套服务设施和相关产业功能建筑的功能版块，以及体现为多业态融合交汇的特色版块。

针对汽车主题公园在规划、设计、建设中出现频率较高、大众关注度较高的问题，如技术理论层面的选址、运营方式和赛道安全，以及发展实践层面的如何实现项目内容的有机设计、如何提高公共参与度与体验感、如何优化公共设施的配备和结合大数据进行管理等命题，本书在第8章提出了切实可行的解决方案。

最后，我们依据多年来咨询策划与设计研究经验，总结出了面向汽车主题公园、较为统一的量化评估标准，并运用可视化的方法，直观表达为国内不同场地的具体应用建议。

附录部分是我们对已建成和规划中的国内外典型汽车主题公园案例的介绍和分析，包括国家第一批运动休闲特色小镇示范性试点金华汽车运动休闲特色小镇的核心区块——金华汽车文化公园，拥有国内第一个国际卡丁车场的体育公园——北京宏昌竣体育公园，两座世界著名汽车主题公园——日本铃鹿赛车场主题公园和英国古德伍德庄园。本书通过对这些案例的研究分析，为正文中的理论体系提供补充和验证。

在编写团队共同合作的基础上，杨雅淇为数十个经典案例绘制了精美的功能分析示意图，周延绮搜集整理了大量实景图片，贺冰为本书封面创作了富有艺术感的手绘插画，同济大学建筑设计研究院汽车运动与安全研究中心团队共同承担了全书付梓前的校对工作。

本书顺利成文并出版离不开众多热心人士的鼎力相助，在此一并致以感谢。尽管凝聚了团队多年来的实践经验与共同智慧，但本书作为多学科交叉的新领域探索与尝试，涉及学科广泛而复杂，因此难免出现疏漏舛误之处，恳请读者批评指正。

2018年1月

目录

1 绪　论

体验本身代表一种已经存在但先前并没有被清楚表述的经济产出类型，服务解释了商业企业创造了什么，而从服务中分离提取的做法则开辟了非同寻常的经济拓展的可能性——正如在面临工业基础衰退的情况下，将服务看作是独特而合法的产品创造了生机勃勃的经济基础——由此一个新的基础正在浮现。

——[美]B·约瑟夫·派恩《体验经济》

1.1 汽车文化与汽车运动的发展

1.1.1 汽车文化

在《汽车和挂车类型的术语和定义》（GB/T 3730.1-2001）中，汽车被定义为“由动力驱动，具有四个或四个以上车轮的非轨道承载的车辆”。作为人们日常使用最广泛的交通运输工具，汽车对提高劳动生产率、改善人民生活起着相当重要的作用，不仅方便了人们的交通出行，有力地推动了社会文明的发展，而且逐渐向个性化和品质化演进，深刻地改变着人类的生活方式。

时至今日，汽车作为特殊的商品，由其产品自身的投资、研发、生产、供应、销售、维修，前期的原材料、零部件、技术装备、物流，后续的油料、服务、信贷、咨询、保险，以及基础设施建设、汽车旅游、汽车运动产业等庞大的延伸内容，构成了长链条、大规模的产业体系（图 1-1）。作为一个高投入、高产出、集群式发展的产业门类，汽车产业能够带动的行业和产业面极为宽广，吸收的新科技和新工艺也非常丰富，这种巨大的关联效应和辐射效应是其他产业难以比拟的。因此，汽车产业的快速增长，在带动国民经济实现新增长的同时，也折射出社会的产业技术进步与产业结构变革。

在《辞海》中，“文化”一词的释义为：广义上泛指人类社会历史实践中所创造的物质财富和精神财富的总和，狭义上指社会的意识形态以及与之相适应的制度和组织结构，是一种历史现象。由汽车产业对人类生活方方面面的参与和文化的内涵相融合而衍生出的汽车文化，是社会文化中不可忽视的一部分。汽车文化可以包括和容纳汽车在设计、生产、流通直到使用的全部过程中所衍生的一切人类的行为、认知观念与价值取向，甚至包括经济结构、生活方式及社会习俗，如汽车运动、汽车历史、汽车美学、品牌文化、汽车消费文化等[1]。随着社会的变迁，汽车文化在不断丰富自身的内涵与形式的同时，也以多样的途径和方式创造着越来越高的经济价值与社会价值。

图 1-1　汽车产业

1.1.2 汽车运动

从汽车诞生的年代开始，汽车运动就伴随着汽车工业的发展不断成长。它是汽车新技术的培养皿、炼金石和首秀场，引领和见证着汽车产业的进步；也是汽车文化的传承和展示，扩大着汽车产业的内涵和外延。

图 1-2 汽车运动

汽车运动（图 1-2）作为体育运动项目之一，是使用汽车在封闭场地内、公路上或野外进行速度、驾驶技术或车辆性能竞技的极限运动。随着汽车工业的进步和科学技术的飞速发展，现代汽车运动容纳的范围也在不断扩大，除了汽车竞技比赛的含义外，也包括 Off-Road 体验、特技表演、漂移表演等带有表演性、娱乐性和体育性的汽车体验项目。另外，卡丁车运动作为职业车手成长的摇篮，也包括在广义的汽车运动中。

1887 年 4 月 20 日，法国《汽车》杂志社为了测试汽车的性能主办了世界上最早的汽车比赛，一个叫乔尔基·布顿的人驾驶 4 人座的蒸汽汽车从纳伊桥到布伦园林。由于这次“比赛”参赛者仅有 1 人，更多人以 1894 年法国《小日报》（*Le petit Journal*）日报的皮埃尔·吉法尔（Pierre Gifard）举办的汽车比赛作为世界上第一场汽车比赛，其线路是从巴黎到鲁昂，长 128.75km。1895 年 6 月，法国汽车俱乐部和《杰鲁纳尔报》联合举办了世界上最早使用内燃机的长距离汽车公路赛，路程为巴黎往返波尔多，全程 1178km[2]。1906 年，法国大奖赛（French Grand Prix）在法国勒芒举办，这是世界首个汽车大奖赛（Grand Prix Race）[3]，也开创了赛车场地内使用环形封闭赛道和设置观众看台的历史[2]。方程式赛车（Formula Racing）由汽车大奖赛演变而来，国际汽车联合会于 1946 年制定一级方程式（Formula One）赛车比赛规则，1950 年，一级方程式汽车比赛以世界锦标赛的形式在英国银石赛道举办，F1 正式登上历史舞台。直到今天，汽车比赛已经发展成为世界范围内影响深远的体育运动，比赛种类丰富多样，世界顶级赛事包括 F1 世界一级方程式锦标赛（FIA Formula One World Championship，简称 F1）（图 1-3），世界拉力锦标赛（FIA World Rally Championship，简称 WRC），世界耐力锦标赛（FIA World Endurance Championship，简称 WEC），

图 1-3 F1 世界一级方程式锦标赛 上海站

世界电动方程式锦标赛（Formula E），世界房车杯（FIA World Touring Car Cup，简称 WTCR）[①]，世界跨界拉力锦标赛（FIA World Rallycross Championship，简称 World RX），勒芒 24 小时耐力赛（24 Heures du Mans），纳斯卡系列赛（National Association for Stock Car Auto Racing），印地赛车（IndyCar），达喀尔拉力赛（The Paris Dakar Rally）等。

国际汽车联合会（Fédération Internationale de l'Automobile），简称国际汽联（FIA），是世界汽车运动的管理机构，也是世界主要汽车驾驶组织的联盟。它成立于 1904 年，总部设在法国巴黎，是一家非营利性国际组织。国际汽联致力于推动汽车运动的发展，提升世界各地交通出行的安全性、可持续性与便捷性，汇集了来自 5 个大洲 143 个国家的 245 个全国性汽车和体育组织，职能跨越汽车运动、汽车赛事和移动出行三大领域。其权力机构包括世界汽车旅游理事会（World Council for Automobile Mobility and Tourism）与世界汽车运动理事会（World Motor Sport Council）。世界汽车旅游理事会负责解决运输政策、道路安全、旅游和环境等汽车相关问题；世界汽车运动理事会主要负责统筹各种汽车赛事，为各类赛车运动制定规则，协调安排世界范围内的各项汽车比赛。中国于 1983 年加入国际汽联。图 1-4 为国际汽车联合会巴黎总部与日内瓦、瓦莱里驻点。

中国汽车摩托车运动联合会（Federation of Automobile and Motorcycle Sports of People's Republic of China），简称中汽摩联，受国家体育总局委托，管理全国汽车和摩托车运动，是代表中国参加国际汽车、摩托车运动的唯一合法组织。中汽摩联的前身是 1975 年成立于北京的中国摩托运动协会，1993 年汽车运动项目从协会中分离，单独组成“中国汽车运动联合会”。2015 年，中国汽联、中国摩协合并为中汽摩联。中汽摩联业务范围包括：根据政府有关部门的授权，全面负责全国汽车摩托车运动的管理，研究制定汽车摩托车运动的发展规划、计划和有关方针政策；组织汽车摩托车运动；研究制定汽车摩托车运动的全国竞赛制度、竞赛计划和规程并组织实施，指导全国汽车露营活动以及制定由此延伸的相关管理办法、标准；负责组织和协调全国汽车摩托车运动理论、科研、车辆技术改装等

图 1-4　国际汽车联合会巴黎总部与日内瓦、瓦莱里驻点

① 作者注：世界房车锦标赛（WTCC）从 2018 年起，被世界房车杯（WTCR）替代，在技术规范上采用 TCR 形式。

专题科学研究工作，制定汽车摩托车运动和汽车露营的场地及器材的行业标准，促进汽车摩托车运动的科学化和规范化发展等。

图 1-5 CTCC 中国房车锦标赛

1907 年，法国《晨报》举办的“北京－巴黎汽车拉力赛”让汽车运动不远万里来到中国；1985 年，首届港京拉力赛让汽车运动进入新中国体育的发展史；1996 年，第一条符合国际汽联标准的赛道落成在珠海国际赛车场，自此，中国汽车运动随着汽车产业的腾飞与汽车技术的革新，开启蓬勃发展的新纪元。目前，我国已成功举办 15 届 F1 世界一级方程式锦标赛，也举办了世界房车锦标赛、世界汽车耐力锦标赛、世界电动方程式锦标赛等重大国际赛事，以及中国房车锦标赛（图 1-5）、中国超级跑车锦标赛、中国汽车耐力锦标赛等众多全国性赛事。近年来，在我国举办的国际性与全国性汽车、摩托车、卡丁车赛事不胜枚举，新兴赛事如雨后春笋般纷纷涌现。

汽车赛事的成功举办离不开高质量的场地，根据中国汽车摩托车运动联合会 2016 年 12 月更新的中国大陆地区现有国际赛车场信息表（表 1-1），中国大陆地区已拥有国际赛车道 15 条，其中永久性汽车赛道 9 条，包括一级赛道 1 条、二级赛道 3 条、三级赛道 2 条、四级赛道 4 条（北京金港国际赛车场后升级为国际三级）；临时性汽车赛道（街道赛）5 条，

表 1-1 中国汽车摩托车运动联合会发布中国大陆现有国际赛车场信息表（2016 年 12 月）

序号	类别	等级	赛车场名称	设计年份	设计师	设计单位	备注
1	永久性汽车赛道	一级	上海国际赛车场	2001—2004 年	TILKE	德国 TILKE 公司	
2		二级	珠海国际赛车场	1994—1996 年	Michael	澳大利亚 KINHILL 公司	
3			成都国际赛车场	2006—2007 年	姚启明	JENNYAO	
4			鄂尔多斯国际赛车场	2009—2011 年	姚启明	同济大学建筑设计研究院，JENNYAO	
5		三级	广东国际赛车场	2007—2008 年	姚启明	上海市市政规划研究院，JENNYAO	
6			北京金港国际赛车场	2009—2010 年	姚启明	JENNYAO	2008 年升级重新报批
		四级	北京金港国际赛车场	2003 年	Michael	澳大利亚 KINHILL 公司	
7			上海天马山国际赛车场	2008 年、2016 年	姚启明	同济大学建筑设计研究院，JENNYAO	2008 年重新报批
				2003 年	Michael	澳大利亚 KINHILL 公司	
8			江苏万驰国际赛车场	2013 年	姚启明	JENNYAO	改造报批
9			贵州骏驰国际赛车场	2013—2016 年	姚启明	同济大学建筑设计研究院，JENNYAO	已举办比赛待验收

续表

序号	类别	等级	赛车场名称	设计年份	设计师	设计单位	备注
10	临时性汽车赛道（街道赛）	二级	北京 A1 国际汽车街道赛	2006 年	姚启明	上海市市政规划研究院，JENNYAO	
11			北京 SF 国际汽车街道赛	2010 年	姚启明	同济大学建筑设计研究院，JENNYAO	
12			北京 FE 电动方程式汽车街道赛	2014 年	Rodrigo Nunes	葡萄牙	
13		三级	上海 DTM 国际汽车街道赛	2004 年	姚启明	上海市市政规划研究院，JENNYAO	
14		四级	盐城国际汽车街道赛	2014 年	姚启明	同济大学建筑设计研究院，JENNYAO	
15	卡丁车赛道	国际	北京 RED1 国际卡丁车场	2013—2014 年	姚启明	同济大学建筑设计研究院，JENNYAO	

包括二级 3 条、三级 1 条、四级 1 条；国际卡丁车赛道 1 条。

除表 1-1 所列外，截至 2018 年 1 月，浙江国际赛车场（国际二级赛道）、宁波国际赛车场（国际二级赛道）也已建成并投入使用，更多国际赛车场处于规划、建设或申报阶段。国内专业场地建设的欣欣向荣，为汽车运动的发展创造着不可或缺的物质条件，其对周边经济、文化的辐射作用，也为相关领域的产业发展与人才培养提供了无限可能。2018 年 10 月，拟于武汉体育中心举办的中国汽车摩托车运动大会，将成为中国主流汽摩赛事的盛宴。

今天，汽车运动既是顶尖车手与车队技巧、勇气与意志力的竞争，是汽车技术的巅峰对决，高新科技的全方位展示，也是一项大众乐于体验、普及性极强的体育项目。它能够充分发挥车辆的性能，是汽车新构造、新材料的试验场；它展示着最先进的技术，国家及国际级别车赛几乎代表了一个品牌甚至国际的最新科技水准；它集商业、科技于一体，在无形中创造着巨大的经济效益；它以精彩的赛事、丰富的体验扩大着汽车爱好者的队伍，不断开发汽车产业的潜在市场。作为汽车文化中最具活力、创造价值最高的一部分，汽车运动是推动汽车文化走向大众最佳媒介和促进汽车社会发展的最佳向导。

1.2 汽车主题公园[①]的起源与概念

1.2.1 汽车主题公园的起源

产业革命实现了从传统农业社会到现代工业社会的重要转变，而产业革命引起的生产技术与社会关系的两大变革，从根本上为旅游业的横空出世创造了强大的社会动力与

① 汽车运动与文化主题公园，简称汽车主题公园。

庞大的需求市场[4]。主题公园（Theme Park）的物质与文化原型，学界普遍认为可以追溯到欧洲中世纪的市集。目前世界上经营历史最悠久的主题公园是1843年8月15日在丹麦首都哥本哈根开业的蒂沃利（Tivoli）公园，最早的现代主题公园是荷兰马都拉丹的小人城，而美国安纳海姆（Anaheim）迪士尼乐园（Disneyland）的建成（图1-6），标志着主题公园的商业模式与文化形态的形成[5]。主题公园作为一种概念化的旅游形态，问世后很快为大众认同和欢迎。

图1-6　安纳海姆迪士尼乐园

图1-7　梅赛德斯—奔驰博物馆（新馆）

图1-8　大众汽车城主题公园

汽车主题公园的概念伴随着汽车工业的发展、体育事业的繁荣以及旅游市场的逐渐扩大而产生，是产业结构优化升级与产业联合的代表性产物。汽车主题公园的前身可认为是20世纪开始兴建于世界各地汽车公司附近的销售中心和汽车博物馆（Car Museum），在提供厂商服务的同时向公众推广品牌文化，推广汽车历史，这一汽车产业与汽车文化融合的产物可以看作汽车主题公园的雏形。德国奔驰公司在1923年兴建的汽车博物馆，赢得了大众持续性的关注，直到2005年，它才被梅赛德斯-奔驰博物馆（Mercedes-Benz Museum）新馆（图1-7）代替。

第一个真正意义上的汽车主题公园是位于德国沃尔夫斯堡的大众汽车城主题公园（Autostadt）（图1-8）。1994年，大众董事会提出新的销售方案，即通过修建地标性公园，吸引客户在大众汽车位于沃尔夫斯堡的总部提车，同时接受大众品牌文化的熏陶。依据这一目标建设的大众汽车城主题公园于2000年开园，在汉诺威世博会开幕日向公众开放[6]，此后内容逐年丰富，影响力逐步扩大，现每年接待游客200余万人次，成为德国最重要的主题公园之一。

1.2.2 汽车主题公园的概念

要对汽车主题公园的概念加以诠释，首先需要研究主题公园的概念。国内外对于主题公园的定义较多，切入角度、描述方式各不相同。在国外学界较为广泛的认知中，主题公园是强调营造氛围、互动和娱乐的公共场所[7]；国内专家学者对于主题公园的定义为“具有特定的主题，舞台化的休闲娱乐活动空间”（保继刚）[5]，“为了满足旅游者多样化休闲娱乐需求和选择而建造的、一种具有创意性游园线索和策划性活动方式的现代旅游目的地形态”（董观志）[8]等。

1. 主题公园的基本形态特点

综合各类定义，可以概括得到主题公园的三个基本形态特点：

（1）围绕主题与创意营造氛围；

（2）与自然旅游景区和历史人文景区等以原赋资源为主导的旅游目的地相比，更倾向于人为塑造空间形态与观览线索；

（3）强调旅游空间的符号、意象和旅游者的个性化体验。

尽管已存在成熟的案例，国外对于汽车主题公园尚未有明确的、系统性的定义。根据国内较早对汽车主题公园的定义，汽车主题公园是以汽车为主题，集汽车运动与文化、汽车娱乐与科普、汽车贸易与服务为一体的综合性现代化大型主题园区[9]。这一定义能够概括相当数量的汽车主题公园。但此研究选取和分析的样本尚有一定局限，研究切入点也以旅游开发管理为主，缺少汽车文化和汽车运动相关方面的考量，因此这一定义还有待完善。

2. 汽车主题公园的特征

综合分析国内外较为成熟的案例样本，结合未来的发展趋势，汽车主题公园拥有以下三个方面的特征：

（1）围绕汽车主题，以汽车为汇聚点，联合体育产业、旅游产业，打造区域性旅游目的地，涉及汽车运动、汽车文化、汽车旅游、汽车制造销售等多个领域；

（2）以汽车文化与汽车运动为线索，人为塑造体验内容和观览路径；

（3）强调汽车运动与文化的符号和意象，致力于旅游者的个性化体验。

3. 汽车主题公园的定义

总结国内外的实践经验与专家学者的研究成果，考虑共性与特性，本书试对汽车主题公园提出如下定义：

汽车运动与文化主题公园（Auto Theme Park，简称汽车主题公园）是集汽车产业资源、体育产业资源、旅游产业资源于一体，以汽车运动、汽车文化与汽车休闲为主题，包含运动、科普、体验、艺术、娱乐、旅游、表演、研学、展销等其中多个功能版块的综合性、体验式旅游空间。广义的汽车主题公园也包括摩托车、卡丁车的相关项目。由于处于多种产业的交汇点，汽车主题公园中呈现出丰富的业态形式和全方位的体验内容，场地的运营模式、建设规模也具有较高的灵活性，并不仅含大众公园等传统园区形式。在本书中，为了探讨业态形式与发展模式的更多可能性，研究样本不局限于名称中带有“汽车主题公园”字样或项目定位为汽车主题公园的园区。涉及汽车及相关产业、拥有多种功能的旅游吸引地，例如，开放旅游、体验功能或具备汽车文化科普功能的赛车场，具有体验功能的汽车博物馆，可提供旅游服务的汽车产业城等，都涵盖在本书的考察范围之中。

1.3 汽车主题公园的要素

1.3.1 明确的汽车运动与文化主题

汽车运动和汽车文化是汽车主题公园的内核与灵魂，也是将它从单一销售模式的汽车产业园、汽车城和单一旅游模式的原赋性景区中区分出来的关键判据。汽车运动不仅包括使用汽车在专用的封闭场地内、城市街道、公路或野外进行速度、驾驶技术或车辆性能的竞赛，也包括了体验、娱乐、表演、教学、试乘试驾、性能测试等形式。公园中的汽车运动包括汽车场地赛、汽车街道赛、短道拉力赛、场地越野赛、跨界拉力赛、直线竞速赛、卡丁车赛、摩托场地赛、摩托越野赛、性能测试、SUV 体验、驾驶体验、试乘试驾和安全驾驶教育体验等内容，强调专业性、运动性、娱乐性和体验性，是最具有人气、活力和生命力的部分；汽车文化则包含汽车公共艺术、汽车雕塑、汽车表演、汽车运动科普、汽车历史科普、汽车技术科普、汽车前沿展示等内容，强调科普性和参与感，是较为灵活、最易于拥有固定游客的部分。确立运动与文化的主题是汽车主题公园从策划到诞生的先决条件。

1.3.2 用于赛事或体验的驾驶场地

拥有用于专业汽车赛事或大众体验的驾驶场地（即专业赛道或体验赛道）是汽车主题公园的活力要素（图 1–9）。汽车文化的性质和构成，决定了动态展示的特征和注重体验的特性。因此，公园中必须有实现基本通行用途之外的比赛和体验场地，即汽车运动场地。专业赛道可用于举

图 1–9　赛道体验日

图 1-10　公共的开放空间

办国际和国内各类赛事，能够吸引大量的汽车爱好者，促进汽车运动的推广与汽车文化的传播，为公园周边地块甚至所在城市和地区汇聚人气，吸引汽车商业的入驻和赞助商的投资，带动相关产业发展，带来经济效益和品牌效益；有影响力的赛事能够提升所在地区的知名度和话题度，成为城市的形象名片，从而丰富城市文化，以强大的衍生效应为当地的发展提供隐性的动力支持。同时，专业赛道可以向下兼容，提供各种体验、培训、测试服务；体验赛道拥有较强的参与性和长效的吸引力，是游客与公园之间的互动平台，也是扩大汽车运动受众群体、推动汽车文化走向大众最直接的途径。因此，用于赛事或体验的驾驶场地是汽车主题公园不可或缺的关键项目。

1.3.3　开放或部分开放的互动空间

开放或部分开放的互动空间是公园各要素之间的连接体系。尺度适宜的开放空间能够使功能升级优化，达到“1+1 > 2”的效果。扬·盖尔在《交往与空间》中提到，人们在同一空间中徜徉、流连，就会自然引发各种社会性活动，这就意味着只要改善公共空间中必要性活动和自发性活动的条件，就会间接地促成社会性活动[10]。模糊界限的开放性公共空间为人们提供停留的环境，公共性的交往随之产生。

游憩功能是园林最重要的使用功能，在汽车主题公园中，由于部分汽车运动场地需要封闭管理，更需要开放空间进行协调，如配合汽车文化雕塑、汽车主题装置艺术的开放园林和视野开阔的公共广场，能够向公众提供日常休憩空间的同时，进行汽车主题的艺术作品展示，汽车历史、文化、科技、未来概念的科普，汽车特技表演和主题文艺表演，厂商新产品的测试、体验、发布活动等。布局设计合理的互动空间，能够与封闭场地的项目功能相配合，实现汽车文化和汽车运动全方位的展示；提供互动体验的场地，利用多样化的形式扩大受众群体。开放或部分开放的互动空间是汽车主题公园汇聚活力的重要因素（图 1-10）。

1.3.4　一定的用地规模和绿化面积

汽车主题公园需要满足一定的用地规模，主要影响因素为汽车运动场地的面积需求，此外，还要为园内道路、绿地、停车等留出足够的用地面积。根据一般汽车运动体验场地通常需要的场地尺度、项目布置的数量与一定的用地面积，结合实际设计案例，一座功能基本完善且能够满足正常经营要求的汽车主题公园，一般需要 20hm² 以上的用地规模。依据用地规模，可以对汽车主题公园进行简单地划分，具体可见 1.4.2 节。绿化用地面积的确定则应考虑其作为大众性的体育公园应当具备的环境特征，参考城市园林设计标准和规范，既需要保证一定的绿化率，也要考虑汽车运动等项目硬化率较高的实际情况。通常汽车主题公园的绿化面积宜占公园总面积的 40% 以上。一定的用地规模和绿化面积是汽车主题公园投入常规使用的基础性配备（图 1-11）（以室内为主的汽车主题公园除外）。

图 1-11　公园的绿化景观

1.3.5　完善的公共设施与配套服务

作为城市休闲公共空间的组成部分，汽车主题公园需要配备完善的公共设施与配套服务，主要包括路网系统、给排水系统、供电照明系统、智能化系统、基础设施和服务人员配备。

园区内路网系统应充分考虑公园的设计原则和实际要求，并与外部道路合理衔接。国际赛事等重要活动在短时间内会对园区内部路网和外部道路产生大量交通需求（图 1-12），应主要考虑大型活动期间人员、车辆的合理流线和安全疏散，为保证良好的运营秩序，应在配置路网系统时规划好大型赛事期间的交通组织方案和交通管理方案。

给水系统应当满足管理人员的生活用水、酒店餐厅的服务用水、汽车运动场地中车手和观众的生活用水、汽车清洗维修用水、园林景观的绿化用水、公园设施的维护清洁用水、消防用水等需求，与城市供水系统的衔接和给水管网的布置应当安全可靠。排水系统除了考虑与城市排水系统的衔接关系、防止污水淤积、保障公园的正常使用功能外，尤其应关注汽车运动场地和举办大型赛事的赛车场对排水系统的特殊要求，其雨水管网设计暴雨重现期根据赛事等级需要达到 15~30 年，其他区域视当地气候状况、地形条件和重要程度而定。

图 1-12　2018 年 F1 法国站赛场周边交通堵塞

供电系统、照明系统等则需要充分考虑汽车运动项目的使用，例如，满足赛事期间集中发生的大量用电需求，汽车运动场地的夜间照明需求（图 1-13）。也要预留一定的储备用电，为未来使用留出发展空间。对于举办国际赛事的赛车场，应配备双路电源。

图 1-13 WTCC 在夜间比赛

智能化系统包括赛车场赛事专用系统和公园智能化系统，其中赛事专用系统包括计时、信号灯、信息显示、监控、转播、广播系统、比赛控制和管理系统、数字视频存储、摄像安保系统、有线及卫星电视系统、通信系统、故障显示、售票及验票系统等，应参照汽车运动场地可举办的最高赛事等级和未来发展需求，配置相应设施；公园智能化系统包括视频监控、门禁控制、电子巡更、网络、停车管理等系统。

此外，公园管理设施及人员配备也十分重要，如指示、咨询、导向服务，餐饮服务，景观园林绿化、艺术作品、展品的日常维护管理，卫生间，保洁等，都需要设施和人力的保障。在跟进服务，如消防、卫生、应急医疗、无障碍设施、投诉服务等方面，均应给予充分且完备的考虑。完善的公共设施与配套服务是汽车主题公园日常运转的物质性基础。

1.4 汽车主题公园的特点

与传统公园相比较，汽车主题公园拥有四大特点：①相对普通的旅游产品，能够快速更新；②相对一般的主题公园，拥有不同的划分标准；③技术性、体验性及参与性更强，多领域结合度更高；④相关产业链较长。

1.4.1 不断更新的文化产品

主题公园的产生与发展伴随体验式消费而生，与传统的公园相比，它的展示项目类似于舞台，为作为“观众”的游览者提供氛围与体验。为了保证一定的重游率，它需要长期且持续地变化其展示的内容，以维持游客体验的纪念性和新鲜感。

通过大数据的采集与分析能够了解大众对汽车主题公园相关主题词的关注度：从社交

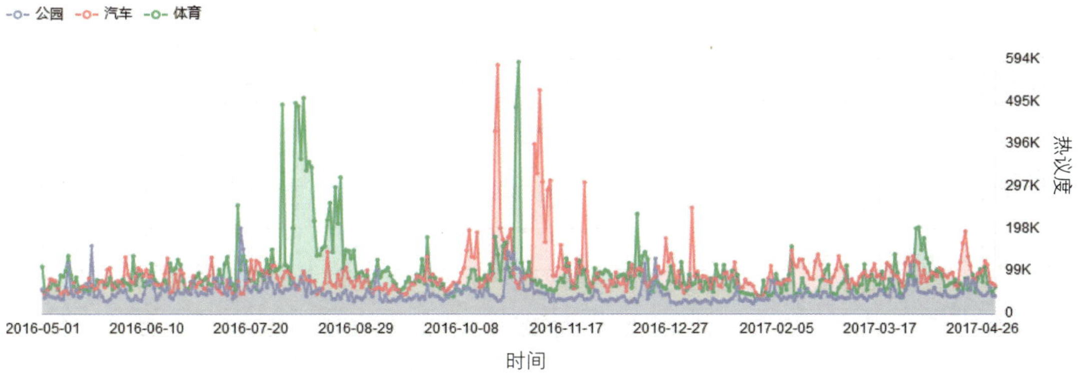

图 1-14 2016-05-01—2017-05-01 新浪微博热词趋势

数据来源：微指数

网站新浪微博数据中心微指数的统计结果中得知，在 2016 年 5 月 1 日—2017 年 5 月 1 日的一年时间中，“公园”“汽车”“体育”的热词趋势，“公园”保持着稳定的话题热度，而“汽车”“体育”全年中在保持一定热度水平的同时，还拥有 2~3 个较高的峰值，甚至可以达到平日话题参与量的 5 倍以上，如图 1-14 所示。

由此可见，汽车产业发展的日新月异和体育产业所特有的竞赛性、娱乐性和社会价值[11]，使汽车主题公园的展示内容具备不断更新的实力。而这种内容不断更新的特征，与体验式消费的内在要求高度契合。

1.4.2 异于一般主题公园的分类标准

汽车主题公园的划分标准、评价标准都与一般的主题公园具有一定差异。根据国内外的相关理论研究，主题公园的常用分类方式有以下四种：

（1）按照吸引力的大小分类，即按照游客量、客源范围分类；

（2）以投资、占地规模为标准进行分类；

（3）按照游客市场与功能分类，克里斯・约西将主题公园分为大型公园和目的地公园、地区性主题公园、游乐园、小规模公园和景点（家庭娱乐中心）、教育型景点（科技中心、博物馆和水族馆）[12]；

（4）综合分类方式。

郑维和董观志从地理位置、主要功能、造园机理、表现形式、主题内容等角度出发，将主题公园划分为目的地主题公园、地区性主题公园、游乐园、地方性主题公园、小规模主题公园共五种类型[13]。根据这种分类方式，林焕杰提出了更为具体的分类标准[14]（表 1-2）。

表 1-2 主题公园的分类

类型	特征					个案
	主题选择	投资规模	市场腹地	年游客量	停留时间	
目的地主题公园	主题鲜明	超 15 亿美元	国际市场	1000 万人次	8 小时以上	迪士尼
		约 10 亿美元	全国市场	500 万人次	6~8 小时	深圳华侨城
地区性主题公园	主题的路线和表演	约 2 亿美元	省内和邻省市场	150 万 ~350 万人次	4~6 小时	香港海洋公园
游乐园	有限主题	约 1 亿美元	所在城市及其周边	100 万 ~200 万人次	约 3 小时	苏州乐园
地方性主题公园	一定主题	300 万 ~800 万美元	所在城市	20 万 ~100 万人次	2 小时以内	杭州宋城
小规模主题公园	水族馆 博物馆	300 万美元以下	所在城市	10 万人次以下	时间更短	青岛海洋馆

汽车主题公园关联产业链长，涉及业态丰富，经营方式多样，对运动与文化的指向更加明确，因此相比一般的主题公园，部分设施配置要求更严格，具有鲜明的特性。故而无论从投资规模、市场指向还是停留时间等旅游产业角度出发，对主题公园的分类方式都不宜简单移用于汽车主题公园。本书结合汽车主题公园的特点，提供两种不同的分类方式。

第一种分类以其建设条件、发展模式、项目内容等影响汽车主题公园形态特色的主要因素作为划分标准，结合对国内外实际案例的研究分析，可以将汽车主题公园划分为 10 种典型的形态模式，分别为：

（1）发展汽车产业的汽车主题公园；

（2）助力科技研发的汽车主题公园；

（3）承办专业赛事的汽车主题公园；

（4）推广全民体验的汽车主题公园；

（5）倡导安全驾驶教育的汽车主题公园；

（6）推动全民健身的汽车主题公园；

（7）探索城市公共资源二次利用的汽车主题公园；

（8）开展汽车文化科普的汽车主题公园；

（9）促进体旅融合的汽车主题公园；

（10）配合特色小镇的汽车主题公园。

由于汽车主题公园具有多元性和条件复杂性等特征，各种模式范围可能出现部分重合和交叉。一般来说，兼容多种形态模式的汽车主题公园功能相对完善，发展方向相对全面。不同形态模式下的汽车主题公园，其项目设置、经营定位和设计方式各有不同，具体介绍和案例列举将在第 4 章详细展开。

第二种分类方式以占地规模为参考标准进行划分，可以将汽车主题公园分为小型、中小型、中大型、大型、特大型五类。每种类型可配置的汽车运动设施也存在一定差异。划分标准和国内典型案例如表 1-3 所示。

表 1-3　不同规模汽车主题公园的分类标准及典型案例

类型	占地面积 /hm^2	典型案例
小型	20~50	金华汽车文化公园
中小型	50~100	鸿山汽车文化公园
中大型	100~200	长春国际汽车公园
大型	200~500	株洲汽车博览园
特大型	＞ 500	鄂尔多斯国际赛车城

1.4.3 技术性、体验性及参与性强

图 1-15　“罗莎方程式”飞车

对于一般的娱乐中心的运营而言，新技术是影响最大的影响因素[15]，但在以体验式旅游为主的主题公园中，对商品和服务收费，出售的实质是“体验”[16]。体验性、参与性比运营方面的技术支撑更为重要。由于汽车运动的大众化和汽车文化的多元化，与一般的主题公园相比，汽车主题公园中的技术性、体验性和参与性能够得到更好的融合。例如，阿布扎比法拉利主题公园（Ferrari World Abu Dhabi）在大型主题乐园中融入了赛车的技术元素，拥有目前世界上最快过山车——被誉为“F1 过山车”的“罗莎方程式”飞车（图 1-15），可在 2s 内加速至 100km/h，最高速度可达 239km/h，成为汽车技术应用于大众娱乐消费的典型案例；而利用汽车与日常生活的强关联性的项目，如娱乐型卡丁车体验、安全驾驶教育培训等，既建立在一定科学与工程技术的基础上，又带有极高的体验性和参与性，也获得了较高的欢迎度。技术性、体验性和参与性可以作为打造汽车主题公园中核心特色项目的充分条件。

1.4.4 相关产业链长

根据《国民经济行业分类》（GB/T4754—2017）的划分标准，汽车主题公园目前已涉及的国民经济行业涵盖了 10 个门类、22 个大类（表 1-4），其中不仅包括汽车制

造业、住宿餐饮业、租赁和商务服务业等直接带来高经济效益的行业，还包括了科学研究、智能制造、教育培训、文化、体育和娱乐等能够实现更多社会效益的行业。关联产业的长链使汽车主题公园为经济社会发展创造着源源不断的价值。

表 1-4　　汽车主题公园目前涉及的国民经济行业

<table>
<tr><th>门类</th><th>大类</th><th>中类</th></tr>
<tr><td rowspan="4">C 制造业</td><td>24 文教、工美、体育和娱乐用品制造业</td><td>244 体育用品制造
246 游艺器材及娱乐用品制造</td></tr>
<tr><td>36 汽车制造业</td><td>361 汽车整车制造
362 汽车用发动机制造
363 改装汽车制造
364 低速汽车制造
365 电车制造
366 汽车车身、挂车制造
367 汽车零部件及配件制造</td></tr>
<tr><td>37 铁路、船舶航空天和其他运输设备制造业</td><td>375 摩托车制造
378 非公路休闲车及零配件制造</td></tr>
<tr><td>39 计算机、通信和其他电子设备制造业</td><td>396 智能消费设备制造</td></tr>
<tr><td rowspan="2">F 批发和零售业</td><td>51 批发业</td><td>514 文化、体育用品及器材批发
517 机械设备、五金产品及电子批发</td></tr>
<tr><td>52 零售业</td><td>524 文化、体育用品及器材专门零售
526 汽车、摩托零配件和燃料及其他动力销售</td></tr>
<tr><td rowspan="2">H 住宿和餐饮业</td><td>61 住宿业</td><td>611 旅游饭店
612 一般旅馆
614 露营地服务</td></tr>
<tr><td>62 餐饮业</td><td>621 正餐服务
622 快餐服务
623 饮料及冷饮服务
624 餐饮配送及外卖送餐服务
629 其他餐饮业</td></tr>
<tr><td rowspan="2">I 信息传输、软件和信息技术服务业</td><td>64 互联网和相关服务</td><td>642 互联网信息服务
643 互联网平台
645 互联网数据服务</td></tr>
<tr><td>65 软件和信息技术服务业</td><td>657 数字内容服务
659 其他信息技术服务业</td></tr>
<tr><td rowspan="2">L 租赁和商务服务业</td><td>71 租赁业</td><td>711 机械设备经营租赁
712 文体设备和用品出租</td></tr>
<tr><td>72 商务服务业</td><td>721 组织管理服务
722 综合管理服务
727 安全保护服务
728 会议、展览及相关服务
729 其他商务服务业</td></tr>
<tr><td rowspan="3">M 科学研究和技术服务业</td><td>73 研究和试验发展</td><td>732 工程和技术研究和试验发展</td></tr>
<tr><td>74 专业技术服务业</td><td>745 质检技术服务
748 工程技术与设计服务</td></tr>
<tr><td>75 科技推广和应用服务业</td><td>753 科技中介服务</td></tr>
</table>

续表

门类	大类	中类
N 水利、环境和公共设施管理业	77 生态保护和环境治理业	771 生态保护 772 环境治理业
	78 公共设施管理业	781 市政设施管理 785 公园管理 786 游览景区管理
O 居民服务、修理和其他服务业	81 机动车、电子产品和日用产品修理业	801 汽车、摩托车等修理与维护
P 教育	83 教育	839 技能培训、教育辅助及其他教育
R 文化、体育和娱乐业	88 文化艺术业	881 文艺创作与表演 885 博物馆 887 群众文化活动
	89 体育	891 体育组织 892 体育场地设施管理 893 健身休闲活动 899 其他体育
	90 娱乐业	901 其他室内娱乐活动 902 游乐园 903 休闲观光活动 905 文化体育娱乐活动与经纪代理服务

可见，汽车主题公园伴随着诸多相关行业的发展、升级、转型与联合而诞生。由汽车产业所衍生出的汽车运动与汽车文化的枝干是其最鲜明的特色，也是其“与生俱来”的运营潜力。但同时值得注意的是，完备的产业链为建设汽车主题公园提供更多选择的同时，也考验决策者的项目定位能力，在设计建设过程中更不宜贪多求全，而应选择一个或多个行业领域，在适合的范围内深入挖掘，利用专业力量塑造每个场地独一无二的“性格”。有关具体的模式分类和应用建议，将在本书第 4 章与第 9 章中详细介绍。

1.5 汽车主题公园的规划与布局

1.5.1 区位选择

汽车主题公园的建设从定位和选址开始，包括场地所在区域的区位、资源、环境与市场需求等全面的系统性分析，如地理位置、自然环境、人文环境、经济环境、社会环境、交通状况、信息资源、主要目标客源及同类公园之间的相互关系等。良好的区位选择是公园得以落成的前提，合理的选址能够对周边区域形成辐射和汇聚作用，因此也是汽车主题公园得到持续发展的客观保证。只有根据合理的选址分析，才能够对场地的功能定位、业态布局、投资规模和运营方式具有参考价值。选址理论一般建立在区位理论之上，其区位选择很大程度上依托于地理位置，同时强调其经济环境和代表的经济价值。主题公园作为旅游业的分支，其规划选址关联旅游规划领域的理论。旅游学科的边缘组合性，又决定了主题公园的选址理论涉及经济、地理、环境和社会等诸多理论领域，表现为选址理论多层次和交叉性的综合[17]。在国内的汽车主题公园中，配合汽车产业的集聚进行规划是较为常见的规划选址思路，易于保证充足的客源和稳定的效益。具体考虑因素、方式和内容将在本书第5章影响因素分析和第7章汽车主题公园的规划设计中介绍。

1.5.2 规划要素

汽车主题公园的规划要素主要分为以下几方面：

（1）上位规划。对上位规划的研究能够为规划设计提供重要参考依据，尤其需要关注区域内产业发展战略和规划、用地性质、选址周边的道路规划和基础设施规划等。

（2）城市环境。需研究当地的产业布局特征、人文历史、经济环境、政策法规，使规划在功能定位方面助力产业发展，契合当地消费市场需求。

（3）自然环境。自然环境对规划设计的影响因素主要体现在气候条件、水文条件、地理条件、自然景观等方面。

（4）交通环境。规划设计需要关注汽车主题公园所在地的交通通达性，例如与各类交通枢纽和交通节点的距离，现状路网及规划路网是否能够提供便捷的交通路径等。对于专业汽车运动场地举办赛事可能带来的大量交通需求，必要时应进行专项研究。

（5）资金条件。规划设计应充分考虑资金条件，满足投资者动态可持续发展的需求，制定符合建设策略的相应规划，为未来留足发展空间。

（6）集聚联动。规划前期需要研究汽车主题公园的功能定位与服务范围，与其他公园、汽车自驾营地、景区、特色小镇等是否可进行资源整合，在差异化运营下实现联动发展。

1.5.3 功能布局

主题选择的多样化体现在具体的项目上，就是功能的多元化。运动与文化作为汽车主题公园这一旅游综合体中的最大特色，各类汽车运动场地、体验性项目、汽车文化科普设施、汽车营地等形成了公园中的核心版块，是规划设计的重点，将构成汽车主题公园的生命和内核。与此同时，作为成熟的现代综合旅游园区，公园中还包括配套服务设施，相关产业功能建筑，形成拥有汽车产业、旅游产业和体育产业多个产业融合的功能版块。此外，特色小镇、科创研发、极限运动、汽车自驾运动营地等延伸项目，根据主题公园的特点进行灵活多样的设置，又与核心版块有机关联，共同组成汽车主题公园的体验内容，形成特色功能版块（图1-16）。

各个分类模式和项目与版块的具体设计取决于汽车主题公园自身模式的选择，将在本书第 4 章和第 7 章中详细介绍。

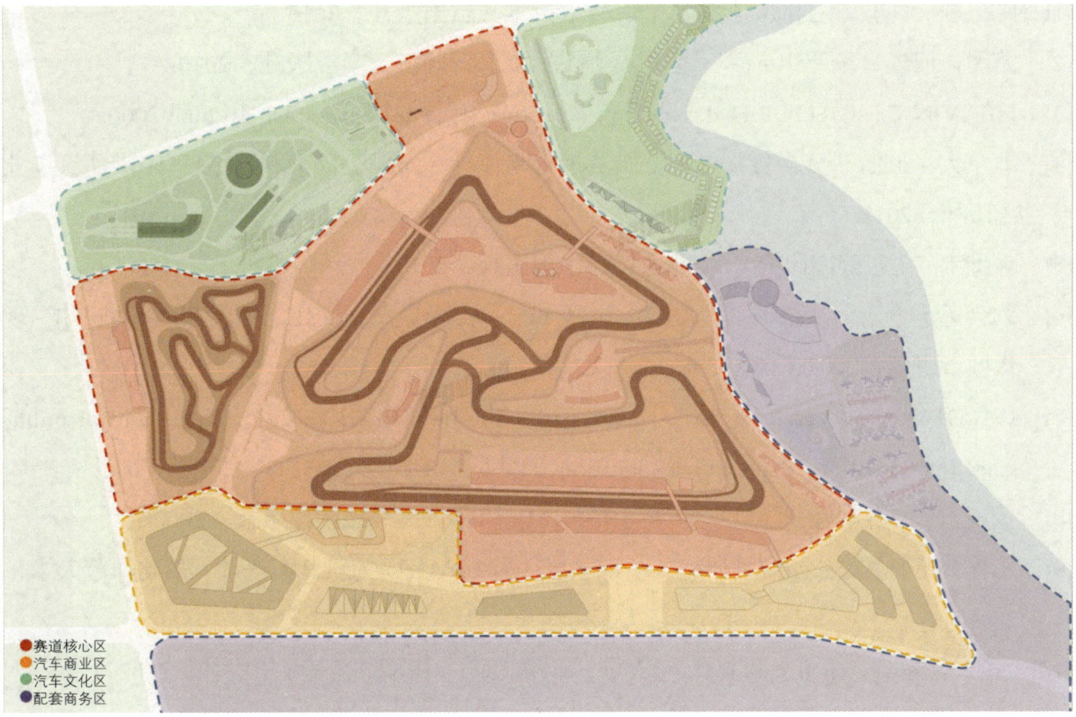

图 1-16　某汽车主题公园的功能版块设置

参考文献

[1] 陆忠东 . 汽车文化 [M]. 上海：上海科学技术文献出版社，2016.

[2] 陈翌，何瑛，朱绍中 . 赛车运动探索 [M]. 上海：同济大学出版社，2010.

[3] HILTON C，GROUP H P. Grand prix century [J]. The Telegraph，10 June 2006.

[4] 北京大学旅游研究与规划中心 . 旅游规划与设计・主题公园 [M]. 北京：中国建筑工业出版社，2012.

[5] 保继刚 . 主题公园研究 [M]. 北京：科学出版社，2015.

[6] 刘会远，李蕾蕾 . 德国工业旅游面面观（十）：彰显汽车文化的“大众汽车城” [J]. 现代城市研究，2004（10）：8−16.

[7] CALDEIRA T. Variations on a theme park：the new american city and the end of public space[J]. Journal of Architectural Education，1996，48（1）：65−67.

[8] 董观志 . 旅游主题公园管理原理与实务 [M]. 广州：广东旅游出版社，2000.

[9] 王程 . 汽车主题公园规划研究——以长春国际汽车公园为例 [D]. 长春：东北师范大学，2009.

[10] 扬・盖尔 . 交往与空间 [M]. 何人可，译 . 北京：中国建筑工业出版社，2002.

[11] 李荣日 . 体育产业概论 [M]. 北京：北京体育大学出版社，2005.

[12] 克里斯・约西 . 世界主题公园的发展及其对中国的启示 .2001 ～ 2003 年中国旅游发展：分析与预测 [M]. 杨冬松，整理 . 北京：社会科学文献出版社，2002.

[13] 郑维，董观志 . 主题公园营销模式与技术 [M]. 北京：中国旅游出版社，2005.

[14] 林焕杰 . 中国主题公园与区域经济 [M]. 北京：经济科学出版社，2013.

[15] 北京大学旅游研究与规划中心 . 旅游规划与设计・主题公园 [M]. 北京：中国建筑工业出版社，2012.

[16] 吴志强，吴承照 . 城市旅游规划原理 [M]. 北京：中国建筑工业出版社，2005.

[17] 薛凯 . 主题公园选址研究 [M]. 重庆：重庆大学出版社，2014.

2 汽车主题公园的发展实践

由于各种事物——世上的物、人、事，本身没有任何固定的、最终的或真正的意义。是我们在社会中、在人类文化中使事物有意义，对其指意，因而从一个文化或时期到另一个文化或时期，意义常常会发生变化。这个意义从来不只是关于自身的，而是涉及文化过程和文化关系的。

——[英]斯图尔特·霍尔《表征：文化表征与意指实践》

2.1 国外汽车主题公园的发展与现状

2.1.1 国外相关研究

截至 2017 年 5 月，利用“谷歌学术”（Google Scholar）搜索引擎，检索全文中包含主题公园（Theme Park）完整字句的相关文献，并初步排除无关结果，得到 1999—2016 年每年相关文献数据统计，如图 2-1 所示。

统计分析表明，尽管主题公园的研究热度在 2009 年及 2014 年左右出现明显的峰值后有所放缓，但整体呈稳步上升的态势，研究深度与广度也在同步提升。这些文献的具体内容可分为以下四个方面：

1）关于主题公园的概念性、系统性介绍

这类文献通常将某个或几个有代表性的主题公园作为案例进行介绍和分析，在迪士尼诞生之初至世界各地主题公园建设兴起时期，尤其在 20 世纪 90 年代初，是此类文献较为集中的产出时段 [1]。此类研究偏重于探讨主题公园的设计模式、影响因素 [2]、发展方向 [3]、经营理念与特色 [4-5]，以及主题公园作为新型城市公共空间的性质作用 [6] 等内容。以推介和推广主题公园的概念形式并启发学术界深层次研究为主要目的。

2）主题公园的规划设计研究

主题公园建设开始在世界范围内活跃的时期，此类文献的产出较多，研究者以规划设计者的角度，从规划目标、方案理念、园林景观等多个方面，对主题公园的设计与建设进行研究、总结和探索，主要内容包括公园中体验项目的设计理论 [7]、项目主题选择 [8]，也包括体验式旅游的设计策略探讨 [9] 等。

3）主题公园的投资运营策略研究

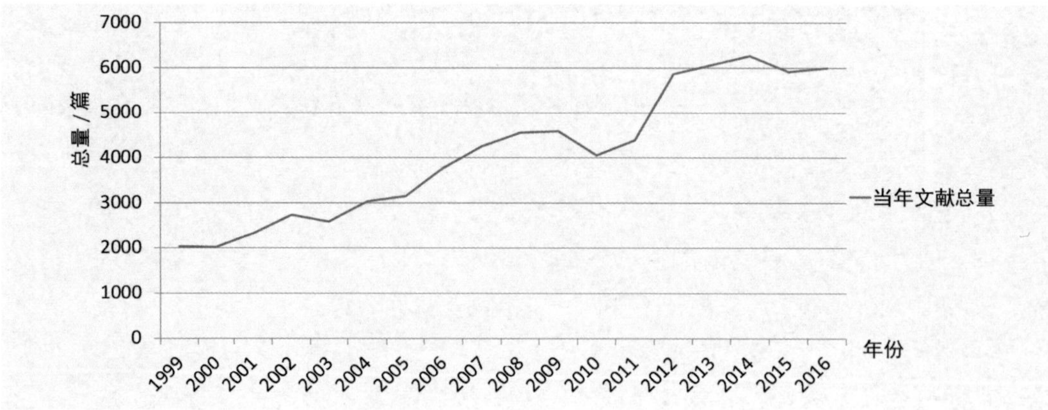

图 2-1 1999 — 2016 年谷歌学术中相关文献总量

数据来源：谷歌学术

此类研究一般被归纳在旅游学与经济学交叉的范畴内，是以主题公园这一新型旅游目的地的消费者行为、运营者经营方式等为研究对象进行的研究，其中包括游客的渗透率与重游率研究 [10]、游客流规律研究、会员市场研究、同类产品竞争策略研究 [11] 等内容。

4）主题公园的管理方式和管理技术研究

属于旅游管理的范畴，包括主题公园日常管理的方法研究（流量管理 [12]、排队研究 [13] 等），也包括大数据信息平台等技术在新型旅游园区的应用实践等技术手段。

除学术界对于主题公园的全景式观察研究以外，作为强调个性、符合时代特征的新兴旅游产品，主题公园的巨大投资潜力也吸引了各类专项调研机构、咨询公司、舆情监督机构进行行业全景调研和深度考察报告，面向投资方提供经营策略建议和技术支持。特点为信息更新更及时、内容更全面、实用性更强、更具专业性与针对性，因此同样也是较为可靠的资料来源。全球主题娱乐协会（Themed Entertainment Association，TEA）和全球最大的综合咨询集团艾奕康公司（AECOM）自 2010 年至今，每年联合发布《全球主题公园报告》，对全球主题公园的游客量、增长率和市场份额进行全面的统计分析，从顾客与从业者角度对主题公园的发展情况进行全景式的速写。其中，每年度由《全球主题公园报告》总结的主题公园排名，已经成为业内与媒体、公众共同关注的焦点，图 2-2 为 2017 年报告。

除了将主题公园本身作为研究对象，体验式旅游、主题旅游和旅游产业融合等方面的发展也是研究的重要组成部分。体验式旅游强调游客对旅游目的地历史与文化的体验，强调融合感与参与感。美国俄亥俄州战略地平线（Strategic Horizons LLP）顾问公司的共同创办人约瑟夫·派恩（B.Joseph Pine II）与詹姆斯·吉尔摩（James H. Gilmore）著述的《体验经济》里提出，体验式经济的时代已经来临。体验是第 4 种经济提供物，从服务中分离出来，正如服务曾经从商品中分离出来。对于每一位体验式商品的使用者而言，可以享受到一个具有完整的视觉、声觉、味觉、嗅觉和触觉的独特产品。书中描述迪士尼乐园即是一种典型的体验产品：“对于每一位客人来说，演员表中的成员（从来不是“雇员”）演出了一个（具有）完整的视觉、声觉、味觉、嗅觉和触觉的作品，以创造一种无与伦比的体验。”

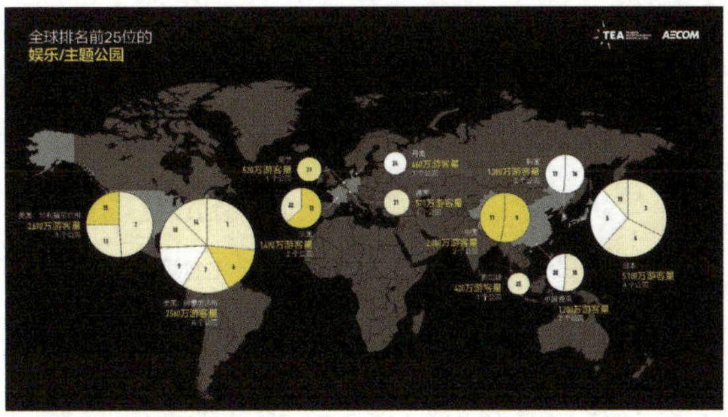

图 2-2　全球排名前 25 位的娱乐 / 主题公园（摘自《2017 全球主题公园报告》）

从上述这几方面的内容来看，我们可以总结出国外对主题公园的研究是一个从实践起步，从概念和作用入手，进而研究和探讨特定园区的设计，并逐渐深入到旅游学与经济学、管理学、城市规划、景观园林等多个外延学科的过程。经过多年来尤其是近二十年来的探索和研究，国外学界对主题公园的研究，已经拥有了较为系统而全面的体系和详细的分支层次。

与此形成鲜明对比的是，笔者以“Motorsport Theme Park”“Auto Theme Park”等关键词搜索汽车主题公园的相关内容，结果寥寥且多为无效文献，而由大众汽车城主题公园、法拉利主题公园、丰田汽车主题公园等许多著名汽车主题公园单独检索出的相关文献数量反而较为可观。这些关于汽车主题公园的文献，多数为对现代旅游管理学的理论与应用、设计技术与经营方式[14]等方面的研究，而在汽车主题公园特性方面的考虑有所欠缺。

不难看出，国外学术界中，作为主题公园中具有一定共性的同时更具有鲜明特性的部分，汽车主题公园的研究热度远远不及主题公园，前者多以特定的已建成案例为主要研究对象，尚未有抽象概念的全面总结或设计、经营理论的系统性研究。造成这一现象的因素实际较为复杂，可尝试概括成以下四点：

（1）当前单一大体量的国外汽车主题公园，建设方以大型汽车品牌为主，其主题的选择，较大程度取决于特定的品牌文化、企业文化和地域文化，项目内容的设计则以该汽车品牌的服务特色为主要考量因素，因此，尽管同属于汽车主题公园，个体案例之间实际差异悬殊，从工作量和工作难度方面来看，难以对这些案例进行较为系统地归纳和总结。

（2）出于商业因素的考虑，国外汽车主题公园尤为重视保护各类核心技术与信息，对汽车主题公园的研究往往伴随建设性的规划和决策，因此多局限于各大厂商内部进行，在无形中为业内的学术研究提高了门槛。

（3）在欧美发达国家国民的消费支出中，体育、休闲娱乐产业占比高且稳定，已经发展出较为成熟的市场结构，建设空间接近饱和，垄断现象明显。换言之，汽车主题公园等特色旅游园区的建设已经度过热潮阶段，取而代之的是稳健而良性的更新和以连锁品牌形式向国际市场的扩张。因此，对发达国家，汽车主题公园研究的实践意义与指导意义远不及其对于高速建设发展阶段的国家，这对国内汽车主题公园相关研究而言，既是挑战，更是机遇。

（4）国际赛车场、安全驾驶教育体验中心等汽车运动场地，本身带有一定的辐射带动效应，产生集聚现象。这些场地尽管不以“汽车主题公园”命名，各功能业态可能不由同一运营商管理，但整体形成的区域带有多种汽车运动文化相关的项目，往往分担同一批客流。这样的场地已经具备了汽车运动与文化主题公园的基本特性，是研究时易被忽略的部分。

综上所述，国外对主题公园的研究与实践呈现出相互启发、共同发展的格局，而汽车主题公园在其发展历程中，既受益于这些研究与实践，更自然地衍生出鲜明的特色和丰富的形态。同时，由于多重因素的共同作用，与系统性研究相比更侧重于具体个例，以具体案例的实践和研究为主要发展形式。

2.1.2 国外经典案例

尽管对汽车主题公园的研究尚未形成体系，国外大型汽车厂商在此领域设计、建设与管理上的实践成果有目共睹。从第一家真正意义上的汽车主题公园——德国沃尔夫斯堡大众汽车城主题公园，以汽车文化科普为主题而获得人们的瞩目开始，到日本丰田汽车主题公园、阿布扎比法拉利主题公园等集娱乐、体验、展览、销售等功能为一体的大型主题游乐园区，汽车主题公园不仅成为主题公园中独特而重要的组成部分，更直接或间接地为小至企业、大至城市和地区带来巨大的产业价值，赋予独一无二的文化性格和特色。

本节选取德国大众汽车城主题公园、日本丰田汽车主题公园与阿布扎比法拉利主题公园、冒险港法拉利世界这四座建成时间早、运营时期长、形式特色鲜明的经典汽车主题公园为例，对项目特色与运营情况进行简单的勾勒。

1. 德国大众汽车城主题公园（Autostadt）

大众汽车城主题公园位于德国下萨克森州沃尔夫斯堡，园区占地超过 28hm^2，是世界第一个真正意义上的汽车主题公园[15]。1996 年，大众集团公司在沃尔夫斯堡市公司总部附近运河边废弃的贮煤场旧址上，辟出 25hm^2 空地，投资 85 000 万德国马克兴建汽车城主题

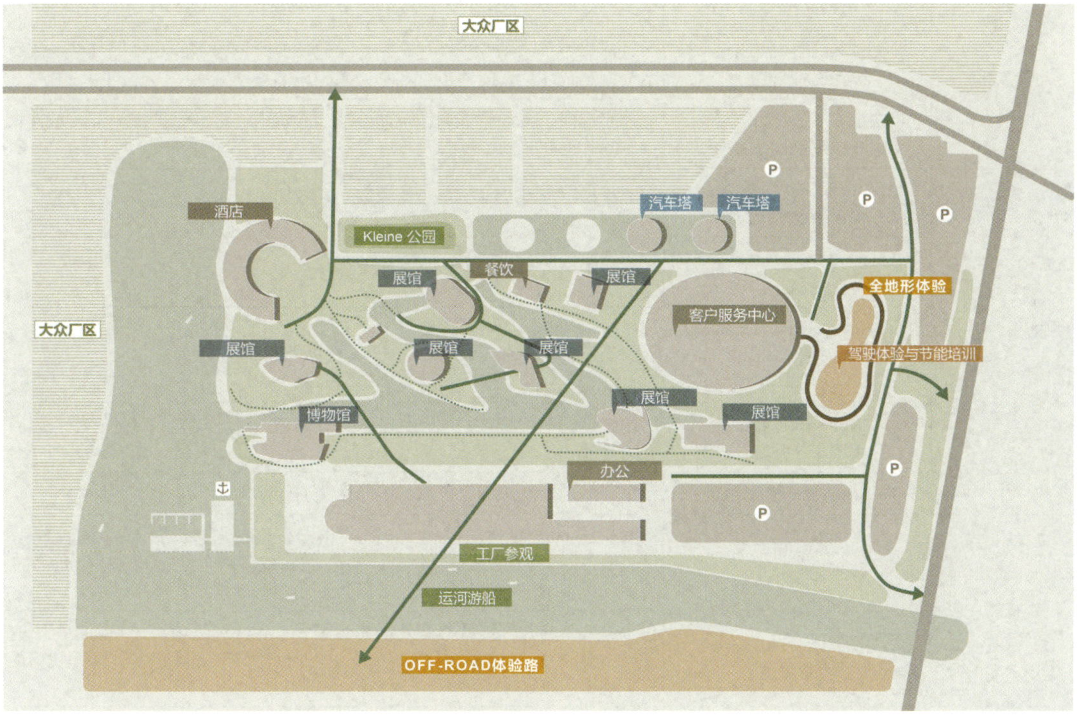

图 2-3　大众汽车城主题公园的功能分析示意图

图 2-4　大众汽车城主题公园的建设过程

公园。汽车城的规划早期主要包括汽车的销售服务与展示，后续又增加了安全驾驶体验、越野体验、全地形路面试车等丰富的体验服务项目，进一步融合了当地的工业文化与运河文化。由于毗邻大众汽车总部，公园以汽车文化、品牌文化为主题，以展览、服务与体验为主要内容，并立足现代园林景观的设计理念，与周边水系充分结合。功能内容可分为9个部分，包括8座各具特色的展馆、广场、用户中心、2座环形地标性建筑物汽车塔、“Ausfahrt”试车场、五星级主题酒店“The Ritz-Carlton”、“ZeitHaus”汽车展览馆、感官体验装置“气味隧道”和驾驶体验项目。具体内容整理如表 2-1 所示。

表 2-1　　大众汽车城主题公园项目介绍

类型	名称	简介
展览	The Audi Pavilion（奥迪展馆）	奥迪展馆建筑体以全铝材料建造，展示奥迪品牌的技术创新，同时也包含多个交互体验
	The Seat Pavilion（西雅特展馆）	西雅特展馆展现大众集团下属西雅特品牌车的风采，相对小巧而富有个性
	The Lamborghini Pavilion（兰博基尼展馆）	兰博基尼展馆展现大众集团下属兰博基尼品牌车的风采
	The Porsche Pavilion（保时捷展馆）	保时捷展馆是园内标志性建筑之一，展览保时捷模型的同时提供多媒体展示和交互式体验，此外还有展示未来跑车的特别展厅
	The Premium Clubhouse（大众汽车高端俱乐部）	汽车高端俱乐部由原宾利馆改造而成。建筑形态取自勒芒赛道，展示大众汽车品牌追求极致的理念
	The Skoda Pavilion（斯柯达展馆）	斯柯达展馆展现大众集团下属斯柯达品牌车的风采
	The Volkswagen Pavilion（大众汽车馆）	大众汽车馆介绍大众汽车品牌的多样化产品
	The Volkswagen Commercial Vehicles Pavilion（大众商用车馆）	大众商用车馆面积 1 000m^2，介绍大众品牌的商用车产品
	Konzern Forum（康采恩广场）	展馆之外的室内公共空间，包括入口处的欢迎大厅等，同时拥有服务与展览的功能
	The Zeithaus（时间之屋）	汽车展览馆，展出将经典汽车符号化的当代艺术
体验	Ausfahrt（体验场）	在面积 1 500m^2 的体验场地中，用户可以体验驾驶员辅助系统中自动停车、事故应急处理和自动远程控制等内容，也可检验新车性能、练习驾驶技术、测试各种地形中的驾驶能力，并得到专业的安全驾驶教育指导
	Driving Experiences（驾驶体验）	包含越野体验、新能源汽车驾驶体验等多个驾驶体验项目，不同路况下的安全驾驶教育，针对个人驾驶习惯的专业性指导等。也包含工厂参观与运河参观等主题性旅游项目

续表

类型	名称	简介
服务	Customer center （用户中心）	用户中心是全球最大的新车交付中心，每日交易量达 500 辆。包括中央市场、配件商店、大众金融服务等部门
	Car Towers （汽车塔）	著名的汽车塔位于大众汽车配送中心旁，每个塔中可以容纳 400 辆汽车，新车从下线后经过轨道系统在汽车塔里暂时容纳，汽车由筒仓中可 180° 旋转的升降机装入和取出（图 2–5）
其他特色娱乐	Scent Tunnel （气味隧道）	结合自然与技术的艺术装置
主题餐厅与主题商店	The Ritz–Carlton （丽思・卡尔顿酒店）	五星级酒店，坐落于原大众港口，背景为工业区

注：项目名称及内容简介根据大众汽车主题公园官方网站及相关新闻整理。

图 2–5　汽车塔

图 2–6　Movimentos 节庆周的舞蹈节目

门票提供单日票、两日票、夜场票、周末家庭票、学校假日票、团队票、早鸟票等多种选择，部分体验项目如安全驾驶教育体验、教育课程等则需另购票。

除了大众汽车品牌的文化体验、服务体验、驾驶体验外，大众汽车城主题公园因为其独特的建筑风格和自然景观设计，本身也营造了极具吸引力的氛围，成为艺术爱好者的交流汇聚地和游客们的旅游胜地，如每年 Movimentos 节庆周期间，公园作为举办地为艺术家们打造交流创作的舞台，为艺术爱好者们提供椰风岛屿、水吧等休闲场所，开展系列活动（图 2–6），可以视为汽车文化与艺术的跨界融合。

2. 日本丰田汽车主题公园（Mega Web）

丰田汽车主题公园围绕“观看、乘坐、感受”三个主题，分为三大版块，同时对应三座设施（图 2–7）：拥有“观看”功能的“丰田汽车馆”（Toyota City Showcase）（图 2–8）；“乘坐”功能的“驾驶工作室”（Ride Studio）（图 2–9）；“感受”功能的“丰田历史车库”

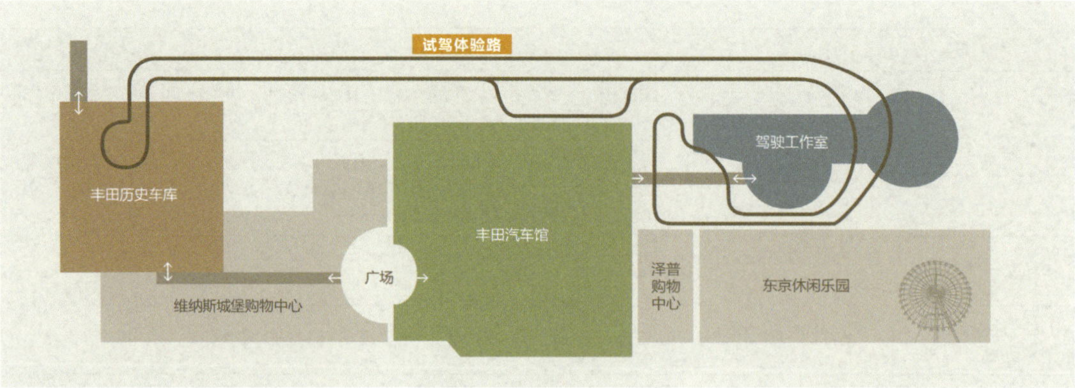

图 2-7　丰田汽车主题公园功能分析示意图

图 2-8　丰田汽车馆

图 2-9　驾驶工作室

图 2-10　丰田历史车库

（History Garage）（图 2-10）。三座设施间以试乘体验路（Ride One）相衔接。

丰田汽车主题公园的具体功能、项目及内容如表 2-2 所示。

表 2-2　丰田汽车主题公园项目介绍

类型	名称	简介
展览	Toyota City Showcase（丰田汽车馆）	拥有约 80 台丰田现有车款的巨大展场，抢先展示并开放体验丰田现时最新颖的车款，推介丰田技术
	Toyota Line-Up Zone（丰田阵容区）	位于丰田汽车馆 1 楼，展示丰田混合动力车和其他新款车
	Global Discovery Zone（全球探索区）	位于丰田汽车馆 2 楼，展示丰田于全球举行的各项活动、全球汽车的销售、未来的技术等
	History Garage（历史车库）	历史车库展示丰田品牌文化与汽车运动文化、汽车历史等内容
	Restore Pit（修车工坊）	位于历史车库 1 楼，再现专业技师修复名车的工作现场
	Motor Sports Heritage（赛车传承）	位于历史车库 1 楼，展示赛车运动的历史，如 F1 赛车、勒芒、世界越野锦标赛等 6 个分类
	Historic Car Collection（名车收藏）	位于历史车库 2 楼，展示 20 世纪 50—70 年代的名车藏品
	Corridor（历史长廊）	位于历史车库 2 楼，高达 3m、长约 30m 的展示柜展示国内外不同制造商出版的书籍和模型车
体验	Ride Studio（驾驶工作室）	拥有全长约 230m 的室内跑道，不需驾照便可以体验驾驶乐趣和学习交通规则；会场提供 CAMATTE 和 PIUS 等新型玩具车适合广泛年龄层的玩家，还有适合学前儿童玩耍的迷你跑道
	Ride One（试驾体验）	可在全长 1.3km 的体验路上试驾各款丰田汽车
	Waku-Doki Zone（瓦库 - 道奇区）	透过影像投射技术，可以体验“拥有汽车”“以车代步”和“在车里聊天”等内容

续表

类型	名称	简介
主题餐厅与主题商店	Cafe & Bar Grease（咖啡厅和酒吧）	意式餐厅，以 F1 赛车手喜爱聚餐的休息室为原型打造
	Rookie Cafe（新秀咖啡厅）	提供纽博格林赛车场受欢迎的精选美食
	Euro Sports（欧洲运动）	东京最大的 F1 赛车周边专卖店
	Grease GPS（赛车模型商店）	销售赛车模型

注：项目名称及内容简介根据丰田汽车主题公园官方网站及相关新闻整理。

日本丰田汽车主题公园免费入场，试乘试驾等体验性项目收取一定费用。

3. 阿布扎比法拉利主题公园（Ferrari World Abu Dhabi）

阿布扎比法拉利主题公园是法拉利在全球布局的第一座主题公园（图 2-11、图 2-12），位于阿联酋首都阿布扎比北部亚斯岛开发区。因

图 2-11　阿布扎比法拉利主题公园

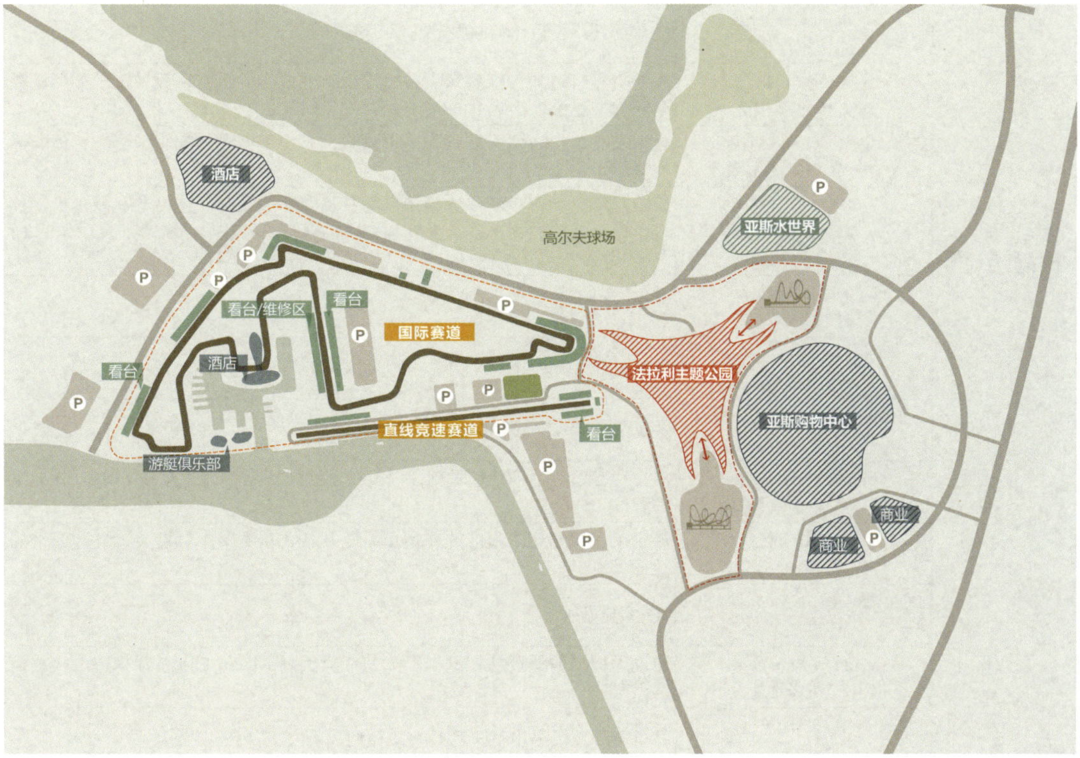

图 2-12　阿布扎比法拉利主题公园功能分析示意图

其毗邻 F1 世界一级方程式锦标赛阿布扎比站的举办地亚斯码头赛道，主题公园以 F1 赛车文化为主打特色，重视内容的娱乐性与体验性，具体项目分为适合青少年参与的“家庭体验”（Family Fun）、融入极速科技的“速度体验”（Fast Fun）、普及汽车运动文化及品牌文化的“初体验”（First Fun）等。

对阿布扎比法拉利主题公园主要项目内容进一步划分，如表 2-3 所示。

表 2-3　　阿布扎比法拉利主题公园项目介绍

类型	名称	简介
应用赛车技术概念的游乐设施	Formula Rossa（罗莎方程式）	以 F1 为主题的“罗莎方程式”云霄飞车。从静止加速到 100km/h 只要 2s，最高速度 239km/h，为世界上最快的过山车
	G-Force（重力下落塔）	62m 高塔，其座位设计参考 Ferrari Enzo，疾速上冲，再自由落体坠下的游乐设施
	Fiorano GT Challenge（费奥拉诺超级跑车挑战）	以 F430 Spider 概念设计的小型云霄飞车
汽车运动文化相关的互动体验	Karting Academy（卡丁车学院）	拥有长 290m 的卡丁车赛道，可提供卡丁车驾驶体验
	Paddock（围场）	通过互动体验方式体验法拉利车队征战 F1 的筹备过程
	The Pit Wall（维修区控制墙）	赛事监控体验，模拟 F1 赛道上车队技术总监与车队经理监控临时平台的设施
	V12（V12 引擎）	体验 V12 引擎运转的情境
	Scuderia Challenge（斯库德里亚挑战）	赛车仿真器，可体验法拉利车队训练内容
	Junior GT（青少年超跑）	为青少年打造的趣味赛车学校，提供专业课程的训练，教导孩子如何驾驶车辆，并提供缩小版 F430 GT 供青少年驾驭
	Junior Grand Prix（青少年汽车大奖赛）	在 Junior GT 的训练之后的进阶体验，青少年们可驾驶小型赛车，体验迷你赛道（图 2-13）
	Junior Training Camp（青少年训练营）	游戏互动区，青少年可体验洗车与打造赛车的乐趣，还可站在高台上遥控自己打造的法拉利车款。另外也有以柔软材质打造、适合小朋友玩乐的 F1 赛车
	Galleria Ferrari（法拉利展览馆）	法拉利历史展馆
	The Racing Legends（赛车传奇）	游客可通过此设施，一次性回顾法拉利在 F1 历史中的征程
	Driving with Champions（与冠军同行）	关于法拉利车队技师的 3D 电影
	Cinema Maranello（马拉内罗影院）	法拉利各项赛事中精彩时刻，以及关于法拉利品牌创办人 Enzo Ferrari 故事的影片
	Carousel（旋转木马）	展示了法拉利从未量产的原型车，以及各式从赛事中触发灵感打造而来的设计
	Speed of Magic（速度魔法）	4D 体验设施
	Made in Maranello（马拉内罗制造）	通过虚拟图像呈现法拉利工厂如何在意大利 Maran Ello 总部打造一辆法拉利汽车
	Red Show（红色秀）	特色舞蹈、极限自行车等具有法拉利品牌文化特色的表演

续表

类型	名称	简介
其他特色娱乐	Bell Talia（贝塔利亚）	意大利微缩风景模型
	Viaggio in Italia（飞越意大利）	虚拟意大利，意大利著名景点的空拍影片
主题餐厅与主题商店	The Ferrari Store（法拉利商店）	销售法拉利授权纪念品
	Mamma Rossella（萝塞拉妈妈餐厅）	法拉利车手与管理团队喜爱的著名餐厅
	Ristorante Cavallino（卡瓦利诺餐厅）	第一家开办在法拉利工厂门前的餐厅，也是法拉利品牌创办人和现今法拉利高管用餐的意大利特色餐厅

注：项目名称及内容简介根据阿布扎比法拉利主题公园官方网站及相关新闻整理。

图 2-13　儿童驾驶体验项目

阿布扎比法拉利主题公园由当地开发商投入巨资打造而成，项目丰富，游客停留时间长，是较为典型的目的地型主题公园。

4. 冒险港法拉利世界（Ferrari Land）

冒险港法拉利世界位于全欧洲主题公园排名前十位 [16] 的巴塞罗那冒险港主题公园（Port Aventura World）中（图 2-14），于 2014 年奠基，2017 年建成并全新开放，占地逾 70 000m²，是在冒险港落户的第三家主题公园，也是法拉利在全球的第二家主题公园（图 2-15）。冒险港法拉利世界延续了阿布扎比法拉利主题公园的“体验”特色，包括法拉利室内体验馆、室外游乐设施和主题酒店等。

对冒险港法拉利世界主要项目内容进一步划分，如表 2-4 所示。

图 2-14　冒险港法拉利世界鸟瞰

图 2-15　冒险港法拉利世界

续表

表 2-4　　冒险港法拉利世界项目介绍

类型	名称	简介
应用赛车技术概念的游乐设施	Red Force （红色力量）	园内最著名的“红色力量”过山车，车体形似一级方程式赛车，过山车全程长达 880m，可在 5s 加速至 180km/h，最高处距地面可达 112m
	Thrill Towers: Free Fall Tower （自由下落塔）	“自由下落塔”全部由不锈钢和金属薄板组成制作，拥有法拉利独家传动装置和巨大的机械活塞，游客可以乘坐它直升 55m 高空体验自由落体
	Thrill Towers: Bounce-back tower （反弹塔）	“反弹塔”利用活塞和传动装置可在 55m 高度下落后再次向高空反弹
	Maranello Grand Race （马拉内罗大赛）	类似轨道飞车的游乐设施，游客可在长达 570m 的“赛道”上体验乘坐极速赛车的乐趣
汽车运动文化相关的互动体验	Ferrari Land Gallery （法拉利长廊）	穿越法拉利历史的互动体验
	Flying Dreams （飞翔之梦）	模拟乘坐法拉利 GT 游览世界的互动体验
	Junior Championship （青少年大奖赛）	为家庭提供的驾驶体验项目
	Racing Legends （竞速传奇）	F1 赛车文化展览建筑，穹顶可以提供多媒体视觉体验
	Pole Position Challenge （杆位挑战赛）	F1 驾驶仿真器
	Pit Stop Record （维修站记录）	F1 比赛维修师体验项目
其他特色娱乐	Kids' Podium （儿童颁奖台）	为儿童设计的游乐设施，包括滑梯等装置
主题餐厅与主题商店	Ristorante Cavallino （卡瓦利诺餐厅）	意式餐厅
	Pit Lane （维修道快餐厅）	快餐厅，灵感来源于一位法拉利司机
	Paddock （围场快餐厅）	快餐厅
	Stop&Go （起停咖啡厅）	咖啡厅
	Ice Cream Box （冰激凌盒子）	甜点售卖亭
	Fast Lap （快车道快餐）	快餐售卖亭

注：项目名称及内容简介根据冒险港官方网站整理。

冒险港法拉利世界实行联票制，法拉利世界 + 冒险港公园拥有单人与多人、单日与多日等丰富组合的门票形式供游客选择，多人及多日票都有较大幅度的优惠。

2.2 国内汽车主题公园的发展与现状

2.2.1 国内相关研究

到目前为止，国内学术界对主题公园的研究大致包括以下三个方面：

（1）介绍国外主题公园的发展规划情况、研究成果以及规划、建设、管理、经营方式。这类研究成果发表时间早，目的是学习国外的实践经验，较为全面，在国内主题公园的推广方面起到了可观的效果，学术研究有较高的基础性的参考价值。但较为笼统，大多仍从旅游目的地的管理运营角度出发，缺乏对主题公园深层且系统的探讨。

如郑江宁和周春发放眼世界各大主题公园的运营情况，对迪士尼乐园、环球影城等著名主题公园的发展现状进行分析，总结了发展经验和发展趋势。作者提出，近年来各大主题公园的经营者根据市场变化，在经营策略上做出了相应的调整，如重视房地产、商贸和短期度假市场等业态的开发；普遍应用高科技成果提高游客的参与度；公园项目滚动开发延长生命周期；营销渠道多元化、名牌化；加强无形资产投入等[17]。

（2）探讨主题公园的规划设计原理、区位选址。这类研究中既有对某一主题公园的设计体会，又有对主题公园的概念阐述和理性解释。

保继刚较早对大型主题公园的布局与区位进行研究，认为工业区位论不能照搬用于旅游业布局，大型主题公园建设时应当考虑城市感知形象，一般在大城市边缘区选址，并坐落在主要公路干道旁，以利于节省道路投资和展示标志景点[18]。这些结论到今天仍然被沿用。

（3）归纳总结国内已建成主题公园现状，介绍建设与管理的经验和体会，对国内相关研究做出总结和展望。

李海瑞和王兴斌从客源市场、景区规划、人员结构与经营管理四个方面总结了深圳华侨城主题公园的成功因素，提出了其他主题公园应根据自身条件，选择可行的方法借鉴发展[19]。

董观志总结中国主题公园发展的历史进程，分为四个跨越式发展阶段，分别是复制模式的商业迷恋与文化崇拜、梳理概念的商业尴尬与文化阵痛、打造品牌的商业觉醒与文化自信和集成创新的商业价值与文化境界。他指出，中国主题公园演进更替的探索史，就是旅游业转型升级的成长史、中国城市建设发展的创新史[20]。

2009 年，随着国内第一家汽车主题公园长春国际汽车公园的规划建设，相关领域的研究也及时跟进，王程率先较为系统地将汽车主题公园的规划作为研究对象，以园林的规划设计为主要切入点，提出了汽车主题公园的发展条件和背景：①汽车工业迅猛发展，有车族数量增多，对运动、休闲场所有需求；②汽车旅游的多元化引发了会展、商贸和文化传播，需要一定的媒介。同时，作者首创性地给出了汽车主题公园的定义：“汽车主题公园是以汽车为主题，集汽车运动与文化、汽车娱乐与科普、汽车贸易与服务为一体的综合性现代化大型主题园区。”在实证研究的部分，作者从建设背景及必要性、发展目标分析、总体布局研究、交通系统研究、景观要素规划设计研究五大部分介绍了长春国际汽车公园的设计推演过程[21]。此后，刘文佼和李树华以萧山汽车主题公园为例，从现代园林理念入手，对汽车主题公园的规划设计进行了研究[22]。

除了对主题公园和汽车主题公园这类明确的旅游目的地的研究，国外体验式旅游的风靡，也启发了国内对体验式经济概念的引入与关注。吴正平总结了体验经济时代游客的总体特征：更愿选择散客而非团队；选择个性化定制的旅游产品而非标准化产品；不是购买整体产品而是购买零件自己组装；从跟随他人去名胜古迹到发现旅游胜地；从“走马观花”式的巡游到“下马赏花”式的游览；从“旁观”到“参与”，从“领受”到“奉献”；从只重视“到此一游”的“结果”到同时重视“结果”与“过程”，从“被组织”“被安排”到“自己组织”“自己安排”[23]。杨仁浩认为，在体验经济时代，旅游者寻求个性化的服务，追求灵活性、冒险性与多种选择，追求真实和差异，从逃避走向自我实现。旅游者在消费过程中，注重旅游产品质量的同时，更加注重情感的愉悦和满足。同时，游客对个性化产品和服务的需求越来越高，不断追求能够促成自己个性化形成、彰显自己与众不同的服务和产品[24]。

从整体来看，国内学术界对主题公园、汽车主题公园的研究与国外类似，是伴随实践、围绕实践进行的，很多研究人员同时也是实践者，总体呈现出理论与实际项目齐头并进的格局。有些企业直接开展产学研合作的模式，组织高校学者，以专业研究领域为基础，结合设计、建设和运营的实际需要，以“名校 + 名企”合作模式，开展相关的课题研究。一方面，实质性的成果能够为学术研究提供一手资料和更具有现实性的研究课题，同时联系实际的最新项目则能够帮助学习者更好地了解主题公园的实务和实证研究方法；另一方面，从业者借鉴最新的研究理论，得以更好地开发和运营场地，实现产学研良性互动。如暨南大学与华侨城集团合作，结合企业客观需要选题，并将主要成果编撰出版，作为学院人才培养和集团管理人员培训的重要参考资料[25]。

此外，在充分结合最新实践进行理论研究等方面，国内智库也做出了值得关注的成绩，尤其是社科院与民间独立智库，对于业内的动态关注密切，数据收集渠道广泛，紧跟国内政策，但因为多有涉及商业策略，这类研究往往仅在业内小范围进行，成果也多为少量、有偿、有针对性地传播。由于这些研究的数据来源有待验证，样本质量良莠不齐，在本书中不做详细描述。

2.2.2 国内实践案例

主题公园在国内的发展经历了以移植与模仿国外案例为主，向多元主题综合化发展的曲折发展历程[26]。而就目前总体情况来看，国内主题公园的建设情况较复杂，更多实践停留在创新和创意方面，故而主题公园的市场主要参与者是综合地产开发商，许多项目是为了服务于房地产开发而建立的配套项目，而鲜有文旅产业的专业经营者建设。但近年来，随着体验旅游的热度升高，未来将有大量国外主题公园开发、运营商加入，市场竞争的加剧将进一步促使主题公园游览价值的提升。汽车主题公园在我国则具有更为多元的发展轨迹，最早以“汽车公园”命名，较为常见的情况是汽车展销项目居多的汽车销售园区，大部分可被看作汽车博览园、汽车城的变体，它们往往利用产业集聚的基础条件，以汽车销售为主要功能，推广汽车品牌文化，而缺乏汽车文化与汽车运动元素的实质内容。

国内较早并形成一定规模的汽车主题公园实践始于长春国际汽车公园（图 2-16），依托中国第一汽车集团公司总部所在地，成为长春国际汽车城中汽车文化的集中展示区域，包括汽车博物馆和汽车雕塑等，同时也是城市的“绿肺”和市民休闲娱乐空间。长春国际汽车公园是国内首个以当地汽车历史文化特色为基础、从零开始建设、充分融入汽车文化的主题公园。在主题公园经历从引入到繁荣的背景下，近年来，各类汽车主题公园凭借体育产业、汽车产业、旅游产业三大产业的支持，呈现出多样的发展形态和迅猛的发展势头。同样较早的实践还包括北京金港汽车公园。2016 年开始建设的金华汽车文化公园以专业卡丁车场、安全驾驶教育、SUV 体验等多种驾驶体验和汽车文化雕塑为特色，形成“绿色”“生命”“未来”三大主题方向，是兼容运动休闲特色小镇发展模式的、更为成熟的汽车主题公园。

此外，国内具备常态化经营实力的赛车场，也纷纷致力于依托区域特色，围绕汽车运动文化打造主题公园式的大型休闲园区，如围绕鄂尔多斯国际赛车场建设的赛车公园，拥有国际三级赛道的北京金港汽车主题公园等。

以汽车运动与文化为主题的中国汽车主题公园方兴未艾，拥有着广阔的发展前景和发展空间。同时应当看到，汽车主题公园在国内的建设有以下几方面亟待改观：

图 2-16　长春国际汽车公园

（1）对知识产权概念的过度引申和对噱头的追捧，导致新项目普遍追求规模大、形式概念新、项目类型全，投资方急于向国外主题公园案例不加区分地借鉴模仿，而对国内市场的真实需求、消费者的接受能力和项目的定位缺乏系统而理性的认识，导致项目拥有宏观概念但细化程度不足。因此，尽管国内汽车主题公园的建设热情高涨，实际建成项目却多以单一的汽车销售为内容，或以房地产开发为主导，与预期相差甚远。

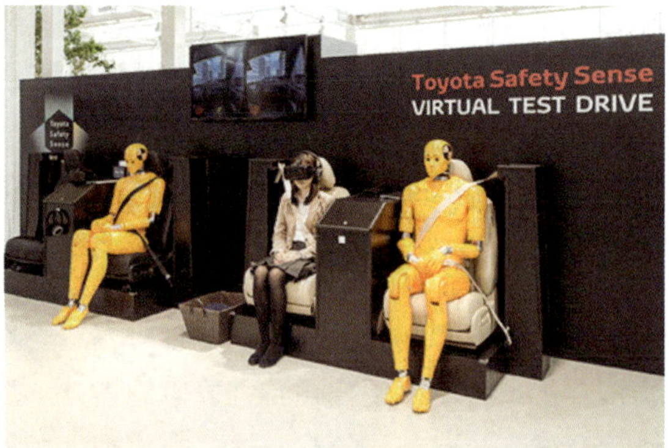

图 2-17 日本丰田汽车主题公园利用 VR 技术的安全驾驶体验

（2）专业性不足。作为核心的汽车运动与汽车文化，与一般的专类公园、主题公园相比，需要强大的专业设计团队和技术支持，以保持公园的独创性、科技含量、客源吸引力及各类运动设施的安全。例如，日本丰田汽车主题公园以虚拟驾驶、VR 技术吸引了大量汽车爱好者，更弥补了场地规模的局限（图 2-17）。当前国内的各类汽车主题公园中，常常拥有概念而在专业性上有所缺失。部分场地以汽车运动为主打，实际与汽车运动相关的项目只有在广场上未经专业设计、临时围合的卡丁车场，不仅难以保证对游客的吸引力，更在无形中埋下了安全隐患。因此，在汽车主题公园设计的过程中，更应当充分挖掘地域特色和技术优势，聘请汽车运动相关的专业团队进行主题策划和项目设计，使汽车主题公园真正成为向大众普及汽车运动与文化的窗口。

（3）互动性与体验性不足。主题公园不是博物馆、展览馆或销售中心，为了保证游客的停留时间和重游率，在项目的设计上，应使游客获得更多的参与感。对于汽车主题公园而言，实际在体验和互动方面已经具备一定的先天优势，利用赛道体验、卡丁车体验、越野体验、SUV 驾驶体验、安全驾驶体验等汽车运动的项目，就能够以最直接的方式大幅提升公园的互动性和体验性，从而在整体上提升服务水平，保证固定客源、潜在客源的稳定和游客重游率。然而，目前国内的各色专类公园中普遍存在缺乏体验项目的现象，紧张的旅游节奏和单一的参观形式使得很多展示性项目只能使游客获得“走马观花”式的游览体验。

从建设背景与实际实践来看，汽车主题公园在国内拥有广阔的发展前景。但同时也应注意到，由于国内发展环境自身特色明显，新场地的建设节奏快、强度大，对主题的选定和项目的设计往往缺乏系统性和前瞻性的研究。这也使得在汽车主题公园数量逐年攀升的局面下，大部分场地仍然缺乏个性化内容，无法体现“主题”带来的优势。因此，国内汽车主题公园的发展可谓任重而道远。

参考文献

[1] 保继刚 . 主题公园研究 [M]. 北京：科学出版社，2015.

[2] MCCLUNG G W. Theme park selection：factors influencing attendance[J]. Tourism Management，1991，12（2）：132–140.

[3] FORMICA S，OLSEN M D. Trends in the amusement park industry[J]. International Journal of Contemporary Hospitality Management，1998，10（7）：297–308.

[4] BLANK C，DORTCH S. Parking it for fun[J]. American Demographics，1998，20（4）：6–8.

[5] MILMAN A. The future of the theme park and attraction industry：a management perspective[J]. Journal of Travel Research，2001，40（2）：139–147.

[6] SORKIN M. Variations on a theme park：the new American city and the end of public space[M]. Macmillan，1992.

[7] SEHELL J，SHOCHET J. Designing interactive theme park rides[J]. IEEE Computer Graphics and Applications，2001，21（4）：11–13.

[8] DAVIS S G. The theme park：global industry and cultural form[J]. Media，Culture & Society，1996，18（3）：399–422.

[9] WONG K K F，CHEUNG P W Y. Strategic theming in theme park marketing[J]. Journal of Vacation Marketing，1999，5（4）：319–332.

[10] DIGANCE J，MARLES K. Repeat visitation to theme parks：the dreamworld experience[C]//New Zealand Tourism and Hospitality Research Conference Proceedings，2004：79–85.

[11] BRAUN B M，SOSKIN M D. Theme park competitive strategies [J]. Annals of Tourism Research，1999，26（2）：438–442.

[12] RAJARAM K，AHMADI R. Flow management to optimize retail profits at theme parks[J]. Operations Research，2003，51（2）：175–184.

[13] KEMPERMAN A，BORGERS A，TIMMERMANS H. A semiparametric hazard model of activity timing and sequencing decisions during visits to theme parks using experimental design data[J]. Tourism Analysis，2002，7（1）：1–13.

[14] NICKEL O. Autostadt：marketing und kultur[C]//München：Verlag Franz Vahlen GmbH，2007：249–261.

[15] 徐晓梅 . 德国大众公司汽车城 [J]. 建筑创作，2001（3）：89−91.

[16] 任国才，李晓丽 . 从《全球主题公园报告》看主题公园发展 [N]. 中国旅游报，2015-12-09（C02）.

[17] 郑江宁，周春发 . 世界主题公园现状及经营策略发展趋势 [J]. 浙江工业大学学报（社会科学版），2005（1）：30−34.

[18] 保继刚 . 大型主题公园布局初步研究 [J]. 地理研究，1994，13（3）：83−89.

[19] 李海瑞，王兴斌 . 深圳三景区成功的奥秘："锦绣中华"、"中国民俗村"和"世界之窗"的考察报告 [J]. 旅游学刊，1995（5）：30−34.

[20] 董观志 . 主题公园发展的战略性趋势研究 [J]. 人文地理，2005（02）：43−46，24.

[21] 王程 . 汽车主题公园规划研究：以长春国际汽车公园为例 [D]. 长春：东北师范大学，2009.

[22] 刘文佼，李树华 . 汽车主题公园规划设计研究：以萧山汽车主题公园为例 [J]. 农业科技与信息：现代园林，2010（12）：6−12.

[23] 吴正平 . 旅游心理学教程 [M]. 北京：旅游教育出版社，1994.

[24] 杨仁浩 . 浅析体验经济时代的主题公园开发 [J]. 时代经贸（学术版），2007，5（5X）：145−146.

[25] 李广明，章牧，汪传才 . 主题公园相关多元化经营管理研究 [M]. 广州：暨南大学出版社，2015.

[26] 李春生，我国主题公园的发展现状与创新 [J]. 地域研究与开发，2007，26（2）：71−74.

3 汽车主题公园发展环境分析

我们的环境不只有能够造成方向的空间结构，更包含了认同感的明确客体。人类的认同必须以场所的认同为前提。

——[挪威]诺伯舒兹《场所精神》

3.1 体育产业的发展

体育产业包括健身休闲、竞赛表演、场馆服务、中介培训、体育用品制造与销售等多种门类，此外群众体育、竞技体育都是体育事业的重要组成部分。改革开放40年来，我国体育产业迅速发展，在国民经济飞速跨越、居民生活水平不断提高、精神文化需求日益突出的大环境下，伴随着需求的增长，体育产业获得了良好的发展契机，以活跃的态势不断扩大产业规模，拓展产业领域。

在40年的发展历程中，我国体育市场体系经历了三个阶段，分别为：①萌芽阶段，摆脱单纯消耗社会资源，逐渐开展经营活动创造社会效益；②探索阶段，逐步社会化、产业化、市场化；③发展阶段，以北京奥运会契机下的体育竞赛表演业为起点，带动体育健身娱乐、体育中介、体育培训、体育用品等产业的发展[1]。体育产业成为经济转型发展的年轻动力。

从2014年年底《关于加快发展体育产业促进体育消费的若干意见》（国发〔2014〕46号）（以下简称《意见》）的出台开始，我国将全民健身上升为国家战略，体育产业进入全面发展的新时期。《意见》在总体要求中提到，推动体育产业成为经济转型升级的重要力量，强调促进群众体育与竞技体育全面发展，加快体育强国建设，不断满足人民群众日益增长的体育需求。

2016年5月，国家体育总局发布《体育发展“十三五”规划》，在指导思想方面，坚持体育强国的战略定位，实施全民健身国家战略，推进健康中国建设，坚定不移走中国特色社会主义体育发展道路，创新体育发展方式。其中提到创新体育场馆运营，增强大型体育场馆复合经营能力，拓展服务领域，延伸配套服务，打造城市体育服务综合体。

2016年6月，国务院印发《全民健身计划（2016—2020年）》（以下简称《计划》），明确提出弘扬体育文化，以举办体育赛事活动为抓手，大力宣传运动项目文化；开展全民健身活动，完善业余竞赛体系，打造品牌赛事活动；重点建设一批便民利民的中小型体育场馆；充分发挥全民健身对发展体育产业的推动作用；拓展国际大众体育交流，引领全民健身开放发展等主要任务。《计划》不仅强调了体育健身的全民参与性，更充分肯定了高质量的体育赛事活动。

2016年10月，国务院办公厅《关于加快发展健身休闲产业的指导意见》（国办发〔2016〕77号）（以下简称《指导意见》）再次突出了健身休闲产业作为体育产业重要组成部分的地位，《指导意见》中提到的“完善健身休闲服务体系需要促进产业互动融合”和汽车运动与文化主题公园的设计理念相契合。《指导意见》还依据发展要求与目标提出

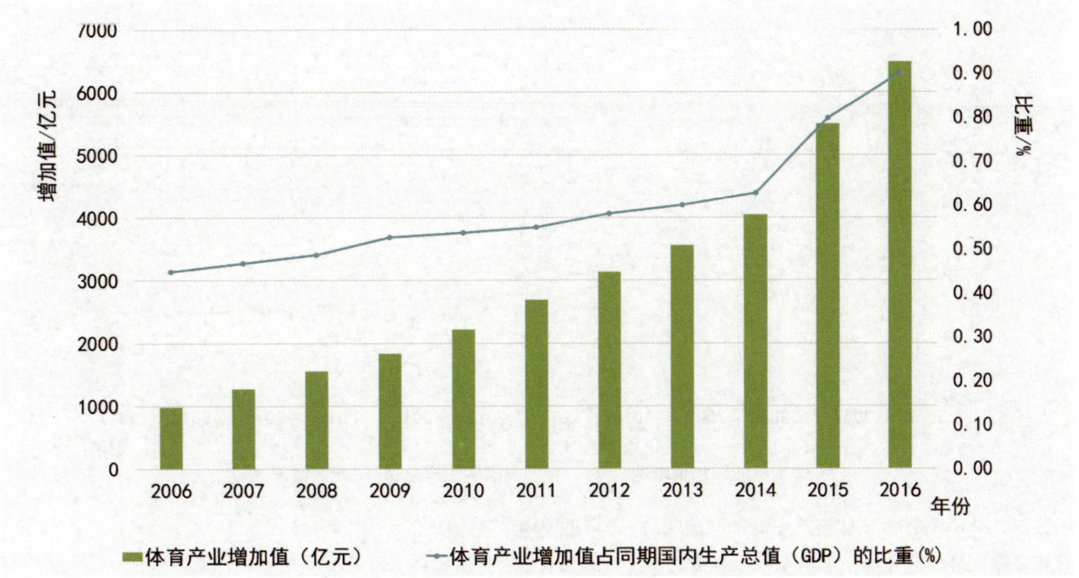

图 3-1　2006—2016 年体育产业增加值及占同期国内生产总值的比重

数据来源：国家统计局，中华人民共和国国内生产总值(GDP)；国家体育总局，全国体育产业工作报告。

了创新驱动、融合发展、普及日常健身、发展户外运动（含露营、汽车摩托车运动）、促进产业互动融合等实施思路。

在赛事和政策双引擎拉动下，体育产业得到了长足的发展，规模不断扩大。根据体育产业统计资料显示，2016 年，国家体育产业总产出（总规模）为 1.9 万亿元，增加值为 6 475 亿元，占同期国内生产总值的比重为 0.9%（图 3-1）。无论从产值、规模，还是从经济贡献率的角度来看，发展体育产业对于经济转型期的中国都具有深远的意义。

2016 年 5 月发布的《体育发展“十三五”规划》中提出，到 2020 年，全国体育产业总规模超过 3 万亿元，体育产业增加值的年均增长速度明显快于同期经济增长速度，在国内生产总值中的比重达到 1%，体育服务业增加值占比超过 30%（图 3-2）。体育消费额占人均居民可支配收入比例超过 2.5%。总体来看，我国体育产业发展水平还有待提高，结构有待优化，体育服务业，尤其是其中的健身娱乐业和竞技体育业所占的比例有待提高。

近年来，体育产业在各种自我革新中寻找机遇。从 2014 年提出、近年较为热门的“体旅融合”探讨多元化产业融合发展实现转型，到“教体融合”“体医融合”搭建体育教育平台，推进全民健康建设，发展健身康复产业、竞技体育产业等举措，推动社会发展、促进相关产业转型升级、激活市场消费需求、增强文化软实力，体育产业的广阔发展空间和巨大潜力，已经使它成为推动经济社会发展的重要力量。

图 3-2　2007—2016 年体育产业增加值增速及占同期国内生产总值（GDP）增速
数据来源：国家统计局，中华人民共和国国内生产总值 (GDP)；国家体育总局，全国体育产业工作报。

3.2 汽车产业的发展

3.2.1 传统汽车产业

汽车产业是国民经济中重要的战略产业和支柱产业，它的产业关联效应高，产业链长，因此对经济拉动效应相较其他产业更为明显。随着汽车普及，其对社会发展和人们生活的影响也越来越大，改变着人们的出行结构与出行方式。

2017 年，我国汽车产销量连续第九年位列世界第一，产销总量再创历史新高。中国汽车产销自 2013 年以来连续 4 年超过 2 000 万辆，2017 年分别完成汽车产量 2 901.5 万辆和汽车销量 2 887.9 万辆，比上年同期分别增长 3.2% 和 3.0%（图 3-3）。中国在全球汽车制造业的市场份额已从 2000 年的 3.5% 提高到 2016 年的 30.3%，是名副其实的世界汽车制造大国。随着产业规模的高速增长，中国汽车产业的国际地位有了实质性的提升，成为世界汽车产业的重要组成部分，并从根本上改变了世界汽车产业的格局，中国在成为世界汽车制造强国的道路上又迈进了一大步 [2-3]。

2016 年 3 月，国务院办公厅发布《关于促进二手车便利交易若干意见》（国办发〔2016〕13 号），对于二手车交易不便利和信息不透明从而制约消费等问题提出意见，例如，严令禁止地方政府制定限制二手车迁入政策，加强信用信息共享平台建设，加大信贷支持力度，推动流通模式创新和流通体系建设等，以营造二手车自由流通、正规透明的市场环境。繁荣的二手车消费市场和公平的市场流通秩序，不仅可以为新车消费创造更广阔的发展空

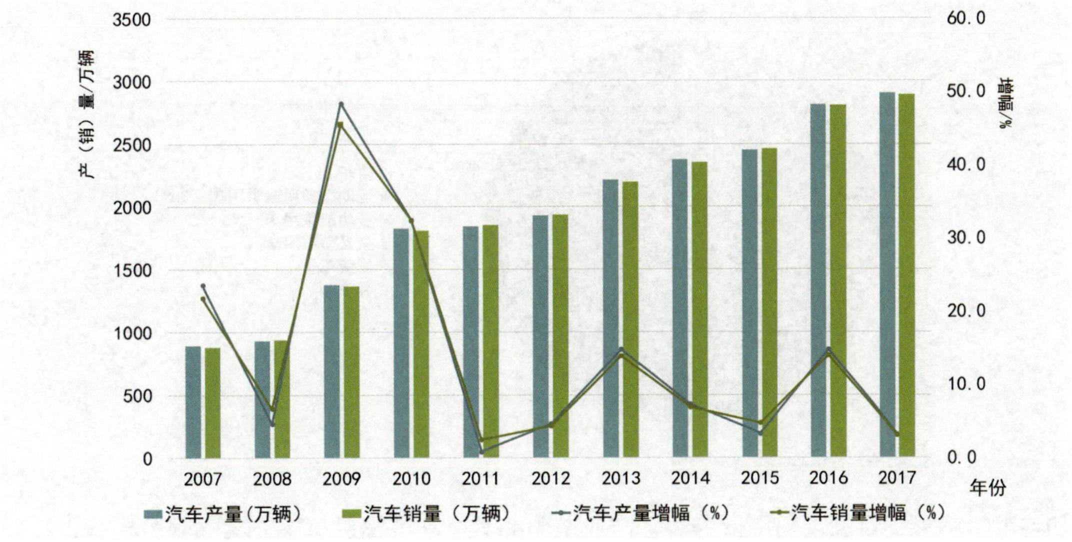

图 3-3　2007-2017 年中国汽车产销量及增幅

数据来源：汽车工业协会数据中心。

间，也能够带动保险、汽配、汽车维修等相关产业的发展。

自 2016 年 3 月起，国家发改委公开征求意见并推动《汽车业反垄断指南》，内容涵盖预防和制止汽车业垄断行为，降低行政执法和经营者合规成本，推进科学、有效的反垄断监管，保护公平竞争，维护消费者利益和社会公共利益，促进汽车业健康发展等。作为我国汽车行业从国家产业政策主导向自由竞争指引的转捩点上出台的垄断指南，其编制无疑有利于推动形成更加稳定成熟的汽车产业结构。

2016 年 7 月，交通运输部印发《城市公共交通“十三五”发展纲要》，提出要根据城市交通状况，适时研究推进城市交通拥堵收费政策；谨慎采取机动车限购、限行的“两限”政策，避免“两限”政策常态化，并提出扩大公共交通服务的广度、深度等有益于公共交通良性运转的方案。

2017 年 4 月，三部委发布《汽车产业中长期发展规划》，提出力争在十年内使中国迈入世界汽车强国行列，智能网联、新能源汽车等关键技术取得重大突破，全产业链实现安全可控，中国品牌汽车全面发展，基本形成新兴产业生态，提升国际影响力和绿色发展水平等。

除了政府相关部门对汽车产业结构调整和优化等内容的政策发布，行业内部也在进行自发的深度调整。近年来，私人汽车消费不断增长，乘用车成为消费主体，2017 年市场份额达到 86%（图 3-4）。

此外，汽车产品电动化、网联化和智能化发展的趋势，预示着传统汽车生产制造业在经历着深刻的变革。而随着其他行业的跨界参与，以特斯拉为代表的全产业链的生产模式，

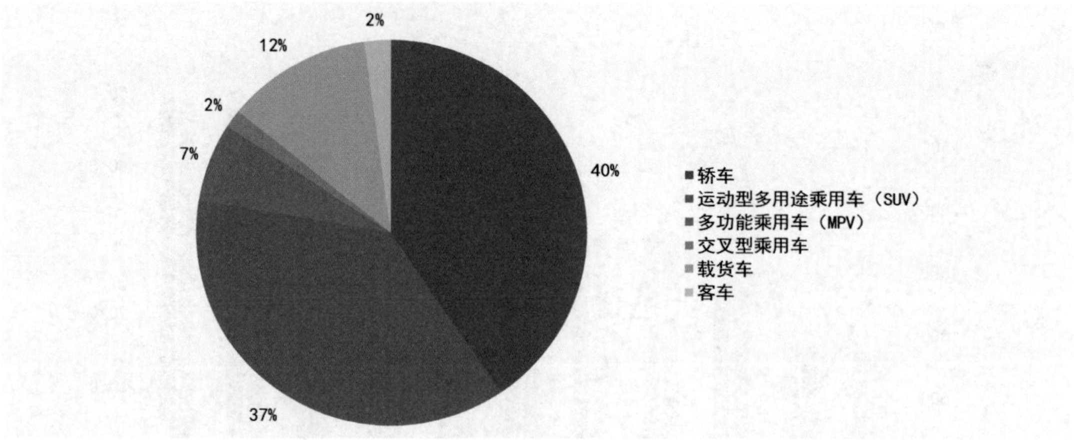

图 3-4 2017 年汽车产品结构[2-3]

和谷歌、苹果、百度、阿里云等对于产业链中的某个环节提供解决方案的服务模式，打破了传统制造业先入优势的垄断局面，进而使汽车产业链发生重心转移，共享汽车、车联网、智能汽车、新型后市场服务和多样化应用服务等新的价值网络从原有的汽车制造环节中延伸和转移出来。

3.2.2 新能源汽车

新能源汽车是汽车产业发展到当前时期的重要分支和未来发展方向，也是世界先进汽车制造业的竞争战略要地。对于美、日、欧等汽车相关产业发展程度较高的国家和地区而言，发展新能源汽车产业是降低原油依存度、减少环境污染的有效途径。在我国，新能源汽车产业是国家重要的战略性新兴产业，其发展隐藏着我国从制造业大国蜕变为制造业强国的历史机遇。

在产业化初期，面对技术不成熟、市场优势不明显、基础设施不完善的新能源汽车产业，政府通过出台各项政策文件等方式，给予了持续而积极的支持。我国对新能源汽车的关注从 20 世纪 80 年代开始。“八五”期间已启动电动汽车的研发工作，“九五”期间启动“空气净化工程”，“十五”期间科技部提出发展新能源汽车的实施方案，“十一五”期间启动“863”计划新能源汽车重大项目。进入“十二五”后，我国在试点新能源汽车产业发展的基础上，开始大力推行其规模化和市场化发展，相关产业政策密集出台。

2012 年，国务院发布《节能与新能源汽车产业发展规划（2012—2020 年）》，对纯电动乘用车及插电式混合动力乘用车的最高车速、续驶里程等技术指标提出了阶段性的发展要求。应此要求，2014 年国务院办公厅发布《关于加快新能源汽车推广应用的指导意见》（国办发〔2014〕35 号），加快新能源汽车的推广应用，提出创新驱动、产学研用结合的发展方式，从多方面鼓励新能源汽车行业的发展。

自 2014 年 8 月，工信部公布第一批免征车辆购置税的新能源汽车车型目录，到 2018 年 6 月已公布共计十八批次，支持新能源汽车产业力度仍在持续。与此同时，充电设施作为目前新能源汽车行业发展的最大瓶颈 [3]，受到持续的关注。从 2014 年我国下发《关于新能源汽车充电设施建设奖励的通知》，2015 年下发《国务院办公厅关于加快电动汽车充电基础设施建设的指导意见》（国办发〔2015〕73 号）和《电动汽车充电基础设施发展指南（2015—2020 年）》，到 2016 年 1 月，财政部、科技部、工信部、发改委、国家能源局五部委发布《关于“十三五”新能源汽车充电基础设施奖励政策及加强新能源汽车推广应用的通知》，正式确定了对新能源汽车及充电设施的财政补贴办法与标准。2016 年 12 月国务院发布《关于发布政府核准的投资项目的通知》，提出积极引导新能源汽车健康有序发展，严格控制新增传统燃油汽车产能，原则上不再核准新建传统燃油汽车生产企业，体现了我国对发展新能源汽车产业“壮士断腕”式的决心。2016 年以来，出台的新能源汽车直接相关政策覆盖了相关产业的发展方向、科技研发支持、投资机制导向、市场准入规定、资金政策补贴、行业规范管理、基础设施建设、安全生产监管、新能源汽车使用管理等方面，相关政策从宏观逐步细化，在不断更新中助推新能源汽车产业的发展。

在政策的支持下，我国新能源汽车发展迅猛，从 2013 年以前的稳定增长，到 2014 年开始至今的爆发式增长，再到 2015 年超过 30 万辆的规模使我国新能源汽车产销量首次超过美国，中国现已成为全球新能源汽车第一大市场。2017 年，我国新能源汽车产量为 79.4 万辆，销量达 77.7 万辆，如图 3-5 所示。

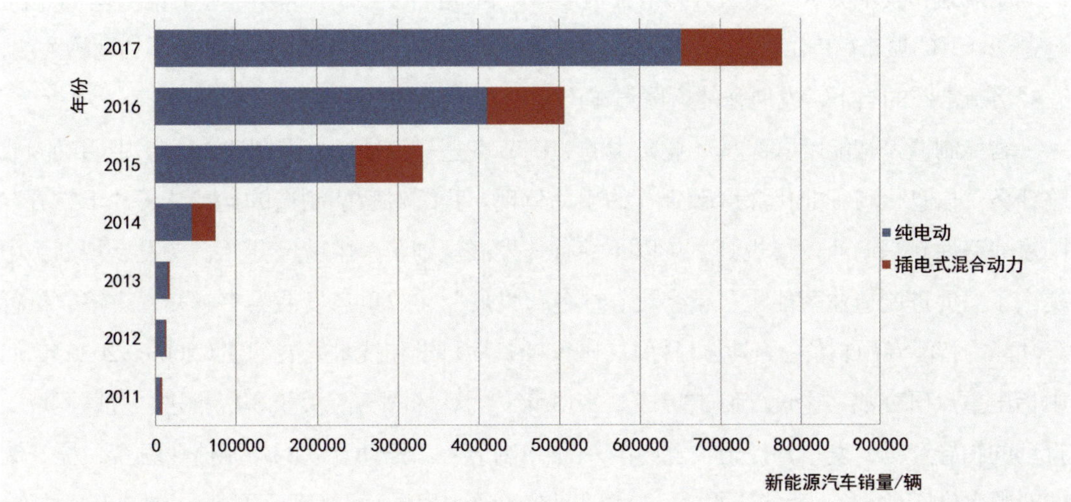

图 3-5　2011—2017 年新能源汽车销量

数据来源：根据《中国汽车工业产销快讯》《中国汽车产业发展报告》整理。

新能源汽车产业已经取得了客观的成效，市场规模连续两年占据世界首位，主要企业已经形成了较完备的研发体系，具备一定的生产制造能力和服务保障能力。与此同时，也暴露出当前部分地区或企业骗补、高端产能不足、低端产能过剩[4]，“后补贴时代”的产业发展亟需更科学的顶层设计等问题。随着我国新能源汽车产业进入更加成熟的发展阶段，更完善、更合理的相关政策将在保证市场平稳发展的基础上，继续对产业新阶段的投资、税收、补贴、行业管理等方面进行调整。新能源汽车产业作为战略性新兴产业，将更加平稳、健康、科学地实现自身突破，进而助推中国汽车产业的发展。

3.2.3 智能网联汽车

随着大规模、批量化生产的消费局面逐步向多样化、个性化的需求演变，传统的制造行业在提高生产率的同时，需要不断提升创新能力、制造能力和技术水平。近年来，汽车智能网联无论从技术、产品还是资本层面，都日益成为社会关注的焦点，也是目前正在酝酿汽车产业突破式创新的一大前进方向。“智能网联”实际是自动化和网联化的结合，通过大数据的采集、识别、传输、分析、存储和处理，将其战略性地应用于汽车领域，通过对人－车－路－环境的有机连接，与移动互联网、大数据、云计算、AI（人工智能）、VR（虚拟现实）、AR（增强现实）等信息技术相配合，从而提供个性化、智能化的服务。

当下，汽车产业在全世界范围内的高速发展逐步趋于稳定，而中国在这种大背景下呈现崛起之态，智能网联汽车势必将成为未来汽车产业发展的方向和战略制高点。欧、美、日等汽车产业发达的地区和国家已经在关键领域先行一步，加大投入力度，进行国家层面的战略规划和技术测试。我国势必不会错过这个机遇。截至 2017 年年底，国内汽车保有量超过 200 万的城市就有 24 个，作为汽车工业大国，我国对智能网联汽车给予了长期的关注，在经济新常态的当下，发展智能网联汽车产业也是转换增长动能的引擎之一。

智能制造是智能网联汽车产业链中的关键节点之一，是《中国制造 2025》中明确的战略任务“信息化与工业化深度融合”的生动体现。我国对智能制造的支持从《“十二五”国家战略性新兴产业发展规划》（以下简称《发展规划》）中就已开始，《发展规划》中提出了“促进制造业智能化、精密化、绿色化发展”，“重点发展具有感知、决策、执行等功能的智能专用装备”等具体目标。《国家中长期科学和技术发展纲要（2006—2020 年）》中指出重点研究数字化设计制造集成。2015 年 7 月，《国务院关于积极推进“互联网＋”行动的指导意见》发布，提出“互联网＋协同制造”“推动互联网与制造业融合，提升制造业数字化、网络化、智能化水平，加强产业链协作，发展基于互联网的协同制造新模式”。随后工业和信息化部（以下简称工信部）很快出台了具体的行动计划，主要包括加强智能制造顶层设计、发展智能制造装备和产品、组织开展智能制造试点示范和推进工业互联网发展部署。在工信部启动的“智能制造试点示范 2016 专项行动”明确的 64 个智能制造试点项目中，有 5 个属于汽车领域。智能制造的发展，催生出了“智慧工厂”“智能工厂”等实现智能生产的决策支持、质量控制、资源管控、智能互联、协同生产，从汽车包括车身生产、动力系统制造、全车总装在内的全程生产链上率先呈现了智能化的发展前奏。

智能网联汽车是我国智能交通系统的一部分，智能交通系统（Intelligent Transport System，ITS）被定义为“信息和通信技术应用于道路交通领域的系统”，智能网联汽车的实现，能够使得在由人－车－路－环境链条构成的智能交通系统中机动性最强、变化最复杂且最频繁的要素——车辆的智能化问题得到解决[2]。2015 年 7 月，《国务院关于积极推进“互联网＋”行动的指导意见》（国发〔2015〕40 号）发布后，国家相关部门联合发布《推进“互联网＋”便捷交通促进智能交通发展的实施方案》，目的是全面推进交通与互联网更加广泛、更深层次的融合，加快交通信息化、智能化进程，推动我国交通产业的现代化发展。

智能网联与我国可持续交通战略也同样密不可分。2016 年 7 月，《“十三五”国家科技创新规划》（国发〔2016〕43 号）要求“发展现代交通技术与装备”，其中提到发展综合交通运输与智能交通，“以提供高效、便捷、可持续交通为目标，突破交通信息精准感知与可靠交互、交通系统协同式互操作、泛在智能化交通服务等共性关键技术”。

2017 年 12 月，工信部印发《国家车联网产业标准体系建设指南（智能网联汽车）》，提出根据智能网联汽车技术现状、产业应用需要及未来发展趋势，分阶段建立适应我国国情并与国际接轨的智能网联汽车标准体系。智能网联的发展必将颠覆当前的汽车产业生态格局，汽车企业只有不断创新，才能保证在未来的智能网联时代中保持领先优势。

2018 年 1 月，国家发改委发布《智能汽车创新发展战略》（意见征求稿），明确智能汽车已成为汽车产业发展的战略方向。智能汽车不仅已成为产业技术的战略制高点，也是传统汽车产业转型期间产业链重构与价值链延伸的发展重点。计划到 2020 年，中国标准智能汽车的技术创新、产业生态、路网设施、法规标准、产品监管和信息安全体系框架基本形成，2025 年全面形成；到 2035 年，中国标准智能汽车享誉全球，率先建成智能汽车强国，全民共享“安全、高效、绿色、文明”的智能汽车社会。

产学研结合的智能网联研发测试项目也在同步推动。2015 年 6 月，国家智能网联汽车（上海）试点示范区成为工信部批准建设的国内首个国家级智能网联汽车示范区。2016 年 5 月，同济大学和上海汽车集团股份有限公司共同签署《共建共营智能网联汽车测评基地的合作协议》，双方将在同济大学嘉定校区内，共同建设国内首个智能网联汽车测评基地，构建测试评价体系，并在测评基地建成后共同参与运营管理。智能网联汽车测试设施与场地的建设能够为智能网联汽车打造研发、测试、评价于一体的公共研发平台、示范平台和服务平台，继而推动智能汽车产业的发展。

可以预见，“智能网联汽车”在未来相当长的一段时间内，将成为与我国汽车产业、汽车文化乃至汽车社会密不可分的关键词和主题词。

3.3 汽车运动的发展

汽车运动的发展与体育产业和汽车产业的发展密不可分，随着汽车社会的演进，汽车专业比赛与驾驶体验逐步成为休闲运动的时尚潮流。2016 年 6 月，国务院印发的《全民健身计划（2016—2020 年）》在主要任务部分中提到，开展全民健身活动，分层引导运动项目发展，丰富和完善全民健身活动体系，要积极培育具有消费引领特征的时尚休闲运动项目，赛车项目位列其中。

2016 年 10 月，国务院办公厅《关于加快发展健身休闲产业的指导意见》（国办发〔2016〕77 号）明确提出要积极推广汽车摩托车运动。“推动中小型赛车场建设，利用自然人文特色资源，举办拉力赛、越野赛、集结赛等赛事”，“不断完善赛事活动组织体系”。

在国家旅游局、国家体育总局于 2017 年 6 月发布的 30 个“国家体育旅游示范基地”创建单位名单中，至少有 2 家示范基地是以汽车运动作为其主要体育项目（如越野 e 族阿拉善梦想沙漠汽车航空乐园景区、军燕沙漠生态旅游景区沙漠越野基地等）；同时发布的 33 个“国家体育旅游精品赛事”名单中，有 3 项重要的汽车运动赛事——F1 中国大奖赛、中国环塔（国际）拉力赛（图 3–6）和阿拉尔市“塔克拉玛干 · 沙漠之门”越野挑战赛成功入选。

截至 2017 年年末，我国已拥有符合国际汽联标准的永久性赛道 11 条、街道赛赛道 7

图 3–6　环塔拉力赛

条和卡丁车赛道 2 条，并成功举办了多项国内外重大汽车摩托车运动赛事。汽车运动在我国具有相对健全的赛事活动管理制度、较为丰富的运营经验和相对完善的保障机制。在积极的政策引导下，中国的汽车运动正以前所未有的速度蓬勃发展。2017 年，中国汽车摩托车运动联合会全年完成各项全国性赛事 99 场、国际赛事 20 场，共计 119 场（图 3-7）。以丝绸之路国际汽车拉力赛为代表的汽摩赛事成为国家“一带一路”倡议的展示平台（图 3-8）。中国汽车场地越野锦标赛、中国房车锦标赛等品牌赛事也主动创新求变，China GT 中国超级跑车锦标赛等新兴的本土精品赛事受到广泛关注。

中国车手与车队也在日益完善的培育条件之下以实力获得瞩目。2014 年，马青骅在 WTCC 莫斯科站拿下第二回合冠军，中国车手第一次登上 FIA 国际赛事的最高领奖台；

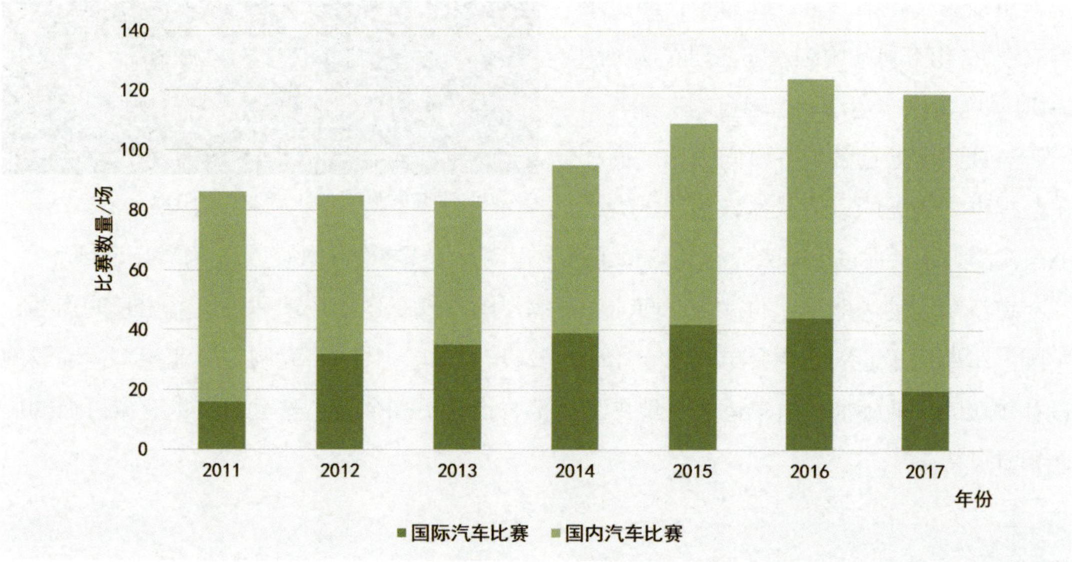

图 3-7 2011—2017 年在中国举办的国际汽车比赛、国内汽车比赛统计

数据来源：国家体育总局汽车摩托车运动管理中心。

图 3-8 2017 年丝绸之路拉力赛赛段 SS9

2017 年 6 月 11 日 在 2017 D1 Grand Prix 飘移大奖赛中国杯年度第二站赛事上海站中，华人选手张少华获得 D1 Grand Prix 中国杯的冠军，成为首位在 D1 赛事中登上最高领奖台的中国车手；2017 年 6 月 16 日—18 日，在法国勒芒举办的 2017 年 FIA 世界耐力锦标赛（2017 FIA World Endurance Championship）中，耀莱成龙 DC 车队获得 LMP2 组别冠亚军，同时也是全组别第二、第三名，成为勒芒历史上首支在 P2 组夺冠的中国大陆注册车队（图 3-9）。作为汽车运动举足轻重的一部分，汽车竞技比赛通过各项赛事向汽车厂商和车队提供了最佳的宣传载体，培养了大批的汽车爱好者，促进汽车大众化，培育了汽车运动、汽车文化和相关产业的潜在市场。

图 3-9　耀莱成龙 DC 车队 LMP2 组别夺冠

在汽车运动场地设计的行业层面，为了满足国内汽车运动场地建设日益增长的需要，中国汽车摩托车运动联合会与国内专业研究及设计机构，共同研究制定专业汽车运动场地设计领域的行业标准。汽车运动场地更加规范，设计更加合理，安全与技术有据可循的局面指日可待。[①]

3.4 旅游业的发展

近年来，随着我国全面深化改革的推进和经济新常态特征进一步显现，旅游业作为新兴而稳定的发展力量逐渐受到重视，国内消费环境也在逐渐完善。根据《世界旅游经济趋势报告（2018）》中的数据，2017 年全球旅游总收入对世界 GDP 的贡献率为 6.7%。国内旅游规模，尤其是旅游人数和旅游收入近年来也一直维持着稳定快速增长的态势，旅游业已成为经济增长的重要驱动力（图 3-10、图 3-11）。

在全球贸易增速显著放缓而旅游保持稳健增长、成为全球经济复苏热点的国际环境下，

① 中国汽车摩托车运动联合会协会标准《卡丁车场技术标准》（QM/TS B01—2017）于 2017 年 12 月 20 日发布试行版。

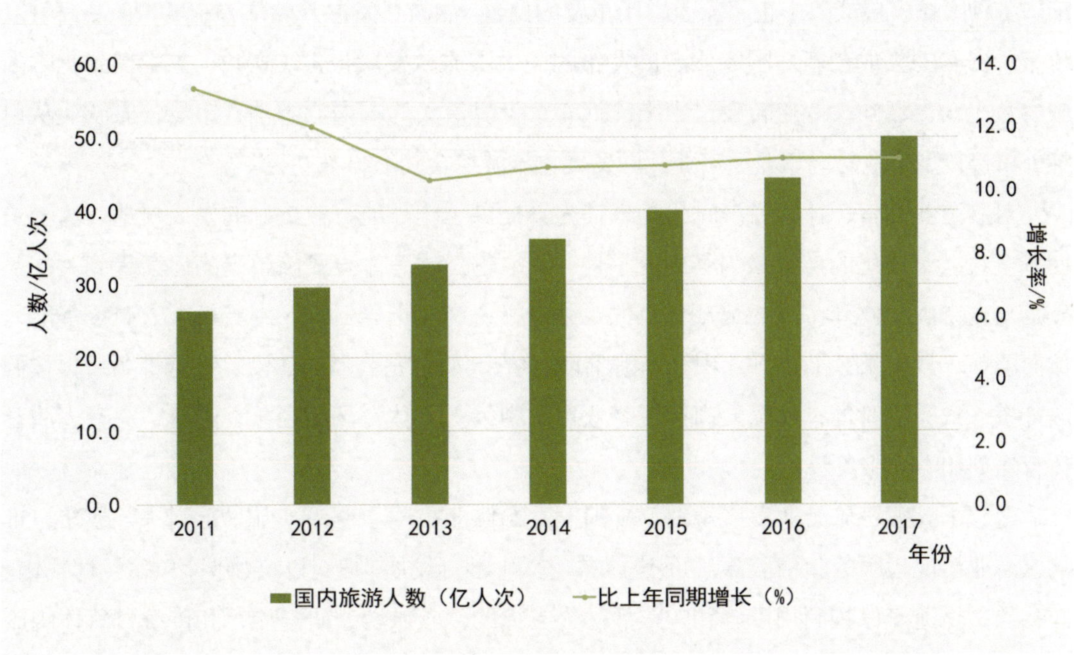

图 3-10 2011—2017 年国内旅游人数与增长率

数据来源：根据国家旅游局数据中心 2011—2016 年《旅游统计公报》整理。

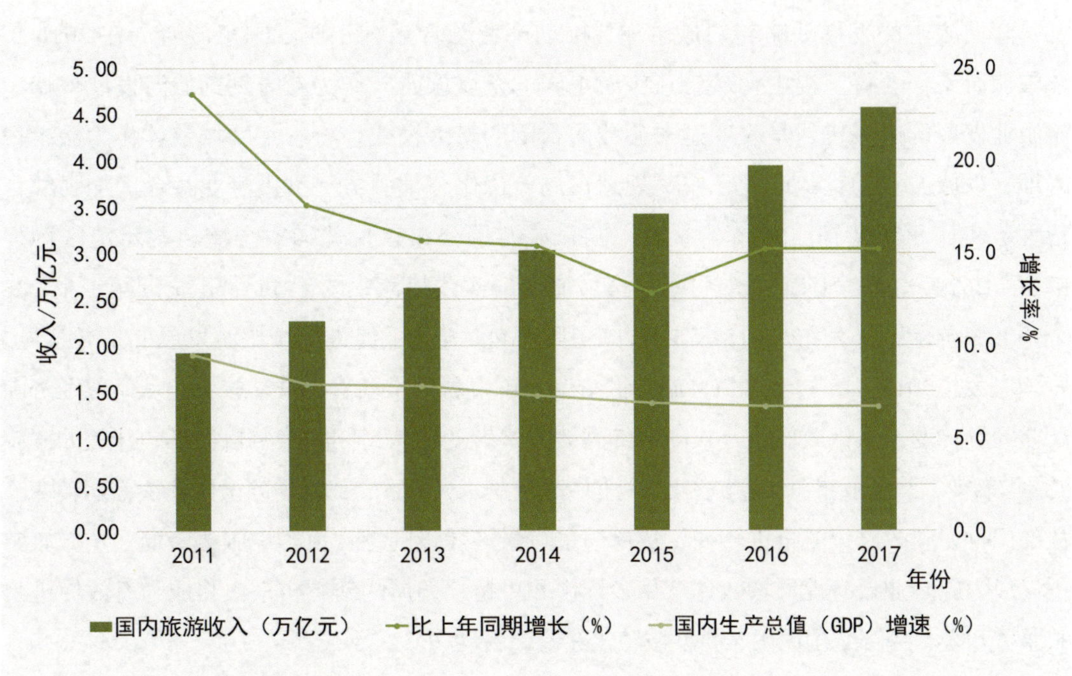

图 3-11 2011—2017 年国内旅游收入与增长率及 GDP 增速对比

数据来源：根据国家旅游局数据中心 2011—2016 年《旅游统计公报》，国家统计局数据中心数据整理。

国内各种区域发展战略中也将旅游置于重要的位置。旅游业发展开始依赖制度、模式、科技、政策、资本的集成创新。国家旅游局发布的《中国旅游发展报告（2017）》中提到，国内旅游从小众市场向大众化转变，中国已拥有全世界最大的国内旅游消费市场，旅游业从单纯外事接待型事业转向事业、产业共同发展，旅游综合功能日益凸显。

对旅游业而言，体验经济时代的来临为其提供了比其他行业更好的发展机遇。体验是使每个人以个性化的方式参与其中的事件[5]。主题公园等体验式旅游产品逐渐受到关注、鼓励与支持。2017年6月，最新修订的《外商投资产业指导目录》中更新了外商投资准入负面清单，其中删除了2015年版目录限制类中的大型主题公园的建设、经营等条目，按照内外资一致原则管理；鼓励外商投资产业目录中列入了体育场馆经营、健身、竞赛表演及体育培训和中介服务。

《“十三五”旅游业发展规划》（国发〔2016〕70号）强调实施“旅游+”战略，推动旅游业与现代服务业相融合，“促进旅游与文化融合发展。培育以文物保护单位、博物馆、非物质文化遗产保护利用设施和实践活动为支撑的体验旅游、研学旅行和传统村落休闲旅游”。在创新驱动发展的整体策略中，也有“旅游+”概念的应用，如2017年5月，《国务院办公厅关于县域创新驱动发展的若干意见》（国办发〔2017〕43号）提到农业与旅游的融合，“促进农业与旅游休闲等产业深度融合，发展体验农业等新业态”。

全域旅游的发展战略与“旅游+”推动产业融合相辅相成。国家旅游局在2016年全国旅游工作会议上提出将从景点旅游走向“全域旅游”作为新时期的旅游发展战略。旅游业发展的全域化，是改变过去分散而封闭的景区模式，将一定区域整体作为旅游目的地，以旅游业为优势产业，统一规划布局、优化公共服务、推进产业融合、加强综合管理、实施系统营销。2016年2月，国家旅游局公布首批“国家全域旅游示范区创建单位”262家，在全国范围内引领了全域旅游的实践热潮，同年11月，全国第二批238个全域旅游示范区公布。2018年5月，国务院办公厅《关于促进全域旅游发展的指导意见》（国办发〔2018〕15号）发布，旅游供给侧改革将着力推动着力推动旅游业从门票经济向产业经济转变，从粗放低效方式向精细高效方式转变，从封闭的旅游自循环向开放的“旅游+”转变，从企业单打独享向社会共建共享转变，从景区内部管理向全面依法治理转变，从部门行为向政府统筹推进转变，从单一景点景区建设向综合目的地服务转变。全域旅游不仅成为旅游业自身提质增效、产品多样化和可持续发展的新契机，更将成为有效促进公共服务升级、经济结构优化、新型城镇化建设的新动力。

3.5 自驾车房车露营地的发展

体育旅游作为旅游分类体系的主要类型之一，是动态性更强的旅游体验行为。而作为大众性体育活动的重要实现方式，拥有更为广泛的群众影响力和产业集聚力，这其中汽车露营地是体育旅游中较为成熟的案例，也是体育产业与休闲产业深度融合较成功的典型。

近年来，随着经济社会的发展，大众的旅游休闲出行方式发生了显著变化，尤其在2016年，高铁旅游、公路旅游成为旅游的主流。2016年，旅客运输总量192亿人次，比上年下降1.2%。其中，公路运输下降显著，全年156.3亿人次，比上年下降3.5%，铁路运输和民航均呈现增长态势，分别比上年增长11%和11.8%。个人自驾出行对公路客运存在较大的替代作用，特别是随着国内高铁和民航的快速发展，“高铁＋自驾”和“飞机＋自驾”的落地自驾方式也应运而生。对广大没有私家车的大众旅游者来说，共享汽车、汽车租赁平台的快速和多样化、个性化发展，更是为他们的旅游出行提供了多种实现方式。

2013年国务院办公厅印发《国民旅游休闲纲要（2013—2020年）》，其中，强调推进国民旅游休闲基础设施建设，明确支持建设自驾车房车营地等旅游休闲基础设施；加强国民旅游休闲产品开发与活动组织，积极发展自驾车旅游、体育健身旅游等旅游休闲产品。

2014年，国务院《关于加快发展体育产业促进体育消费的若干意见》（国发〔2014〕46号）中提到，发展体育产业需要积极拓展业态促进融合发展，促进体育旅游，推动体育与住宅、休闲、商业综合开发；在有条件的地方制定专项规划，鼓励交融互通，引导发展户外营地、汽车露营营地等设施。

2015年8月，国务院办公厅印发《关于进一步促进旅游投资和消费的若干意见》，加快推进自驾车房车营地建设。敦促相关部门制定全国自驾车房车营地建设规划和自驾车房车营地建设标准，明确营地住宿登记、安全救援等政策，支持少数民族地区和丝绸之路沿线、长江经济带等重点旅游地区建设自驾车房车营地。对营地建设制定了目标，到2020年，鼓励引导社会资本建设自驾车房车营地1 000个左右。

2016年10月，国务院办公厅《关于加快发展健身休闲产业的指导意见》（国办发〔2016〕77号）中已经提到大力发展体育旅游的各项举措，其中，“支持和引导有条件的旅游景区拓展体育旅游项目，鼓励国内旅行社结合健身休闲项目和体育赛事活动设计开发旅游产品和路线”，为汽车主题公园的发展、原有景区优化升级和竞技体育资源的综合开发提供了新的思路。明确提出了推动汽车露营营地建设，利用自然人文特色资源，组织家庭露营、青少年营地、主题自驾等活动，打造“三圈三线”（京津冀、长三角、泛珠三角，北京至深圳、北京至乌鲁木齐、南宁至拉萨）自驾路线和营地网络。

2016 年 11 月，国务院办公厅发布《关于进一步扩大旅游文化体育健康养老教育培训等领域消费的意见》（国办发〔2016〕85 号），提出加速升级旅游消费，创新发展文化消费，大力促进体育消费等意见。督促相关部门在指导各地依法办理旅居挂车登记，加快研究出台旅居车营地用地政策，出台促进体育与旅游融合发展的指导意见。随后，国家旅游局会同国家发展改革委、工业和信息化部、公安部、财政部、国土资源部、环境保护部、住房城乡建设部、交通运输部、国家工商总局和国家体育总局等 11 个部门联合印发了《关于促进自驾车旅居车旅游发展的若干意见》，提出：到 2020 年，形成网络化的营地服务体系和完整的自驾车旅居车旅游产业链条，建成各类自驾车旅居车营地 2 000 个，相关政策环境明显优化，产业规模快速壮大，发展质量和综合效益大幅提升，初步构建起自驾车旅居车旅游产业体系。

2016 年 12 月，《“十三五”旅游业发展规划》发布，强调了旅游业的发展全域化，再次提到旅游业与体育产业深度融合。随后，国家旅游局、国家体育总局发布《关于大力发展体育旅游的指导意见》（旅发〔2016〕172 号），提出：①应当充分认识大力发展体育旅游的重要意义，体育是发展旅游产业的重要资源，旅游是推进体育产业的重要动力；②大力发展体育旅游是丰富旅游产品体系、拓展旅游消费空间、促进旅游业转型升级的必然要求，是盘活体育资源、实现全民健身和全民健康深度融合、推动体育产业提质增效的必然选择，对于培育经济发展新动能、拓展经济发展新空间具有十分重要的意义；③培育赛事活动旅游市场；④支持各地举办各级各类体育赛事，丰富赛事活动供给，打造赛事活动品牌，盘活体育场馆设施，提升配套服务水平，引导旅游企业推广体育赛事旅游；⑤鼓励旅游产业和体育产业深度融合。体育产业和旅游产业基础设施建设要向体育旅游倾斜，推动各地加大对体育旅游公共服务设施的投入。包括鼓励各地将体育旅游与市民休闲结合，鼓励和引导旅游景区、旅游度假区、乡村旅游区等根据自身特点，以冰雪乐园、山地户外营地、自驾车房车营地、运动船艇码头、航空飞行营地为重点，建设特色健身休闲设施。

面对露营地发展过程中日益显露的各种问题，相关部门、行业组织给予了充分关注，并前瞻性地制定了相应的标准。中国汽车运动联合会汽车露营分会于 2003 年成立。2013 年，国家体育总局汽车摩托车运动管理中心、中国汽车运动联合会汽车露营分会负责牵头组织了相关行业内的专家学者，在国际汽车联合会汽车露营委员会、国际露营联盟（FICC）、中国汽车运动联合会汽车露营分会有关标准的基础上，结合我国汽车露营发展现状，制定了我国首部既能与国际接轨也符合我国国情的体育行业标准《汽车露营营地开发条件和要求》（TY/T 4001—2013）。2015 年 10 月，国家标准委正式批准发布了《休闲露营地建设与服务规范》（GB/T 31710），涵盖了休闲露营地的建设和服务等方面的问题、要求与建议，分为四部分：导则、自驾车露营地、帐篷露营地和青少年露营地。行业规范和国家标准的制定，有利于露营地的标准化管理和规范化服务，从而推动以体育旅游为代表的休闲产业的健康发展。

2017 年 5 月，国家体育总局、国家发展改革委、工业和信息化部、财政部、国土资源部、住房城乡建设部、交通运输部、国家旅游局 8 个部门联合研究制定的《汽车自驾运动营地发展规划》（以下简称《发展规划》）对外发布。《发展规划》提出了“改革引领，优化环境”“市场主导，创新驱动”“因地制宜，统筹发展”“加强安全，注重环保”的四大发展基本原则。并提出：要在 2020 年基本形成布局合理、功能完善、门类齐全的汽车自驾运动营地体系，重点打造一批精品汽车自驾运动赛事活动，培育一批专业化程度较高的汽车自驾运动俱乐部，推出一批主题鲜明的汽车运动路线，壮大一批具有影响力的汽车自驾运动营地连锁品牌企业。预计建成 1 000 家专业性强、基础设施完善的汽车自驾运动营地，初步形成“三圈三线”自驾线路和汽车自驾运动营地网络体系。

近年来，中国自驾游人数呈平稳增长的趋势，2016 年自驾游总人数达 26.4 亿人次，比上年增长 12.8%，占国内出游总人数的 59.5%（图 3–12）。营地数量也在逐年上升，如图 3–13 所示。

与国外成熟的营地文化相比，自驾车房车露营在国内的发展尽管起步不久，却拥有

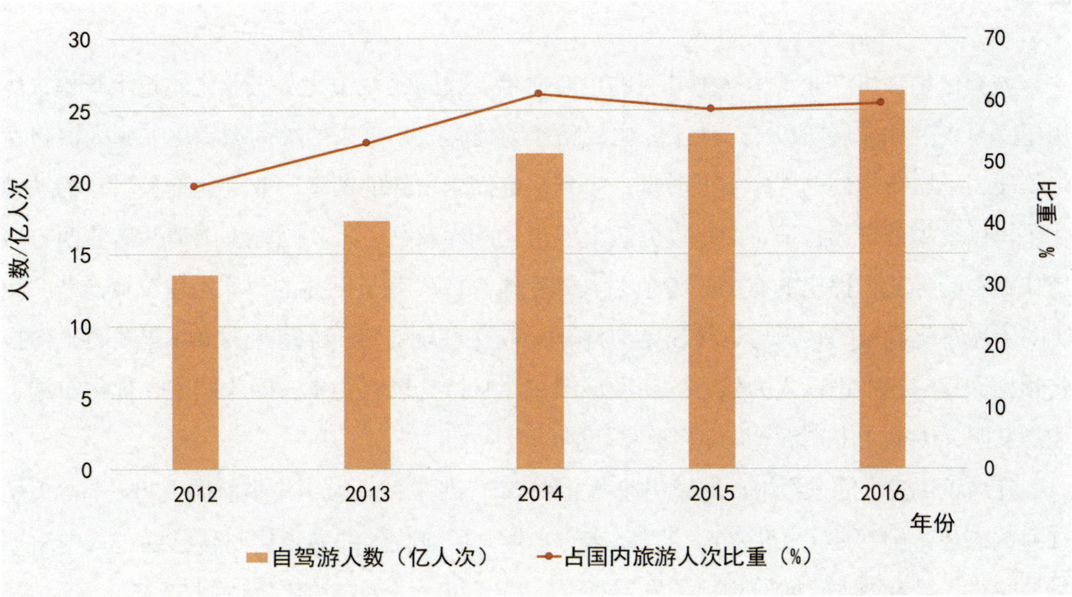

图 3–12　2012—2016 年自驾游人数及国内旅游人次比重

数据来源：根据 2012—2016 年《中国自驾游发展报告》整理。

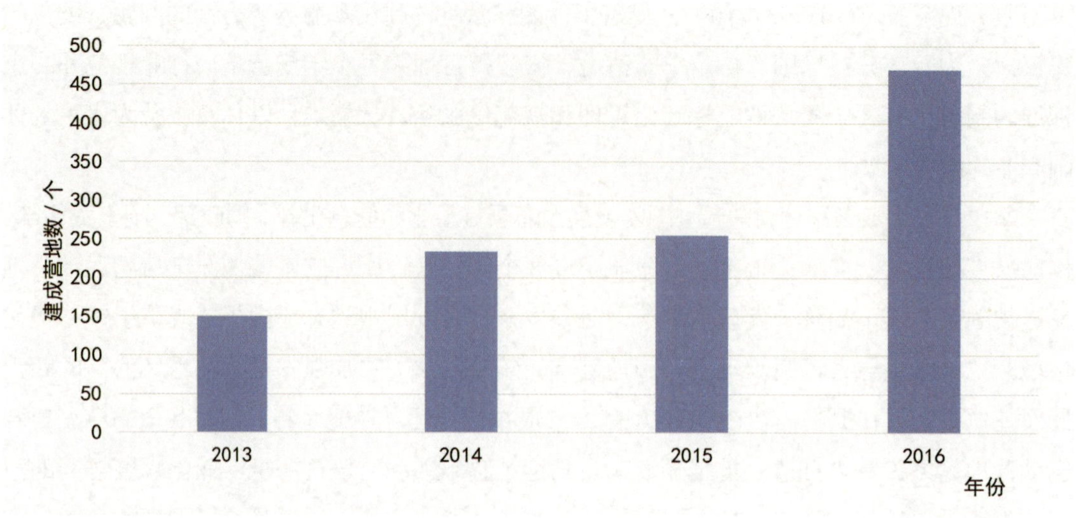

图 3-13　2013—2016 年已建成营地数量

数据来源：根据 2012—2016 年《中国自驾游发展报告》整理。

更优质的发展条件，同时也有着更激烈的竞争环境，日益专业化的经营机构与运营模式预示着其粗放型、数量型的增长已近尾声，进入集约、品质型的发展阶段。自驾车房车露营作为体育产业、汽车产业和旅游业“跨界融合”的休闲业态，成为现代旅游发展的新动力。

3.6 新型城镇化与特色小镇

城镇化是加快产业结构转型升级的重要抓手。我国的城镇化从工业化的起步开始，经历了三个主要的发展阶段[6]。从工业化战略作为优先战略带来的被动城镇化，到人口自然增长压力下城市规划的无序发展时期，再到住宅需求引起的房地产业高速增长。新的城镇化不再以聚集效应为特征，而是以分散大城市功能为特征，是我国根据国情并借鉴西方城镇化路径的经验，提出的有中国特色的城镇化概念，代替了以往的“城市化”概念[7]。我国对于城镇化问题的认识与实践在更加科学、有效的方向上不断完善。2014 年政府工作报告指出，我国将推进以人为核心的新型城镇化，坚持走以人为本、四化同步、优化布局、生态文明、传承文化的新型城镇化道路。

在城镇化发展的进程中，城镇化速度呈倒“U”形曲线，城镇化中前期（30%~50%）呈加速的态势，中后期（50%~70%）呈减速的态势，目前我国的城镇化整体已经进入中后期发展阶段，符合城镇化阶段规律的发展特征。2016 年，我国城镇化率达到 57.35%，仍维持着较快的发展速度（图 3-14）。预计到 2020 年，城镇化率将达到 60% 左右[8]。

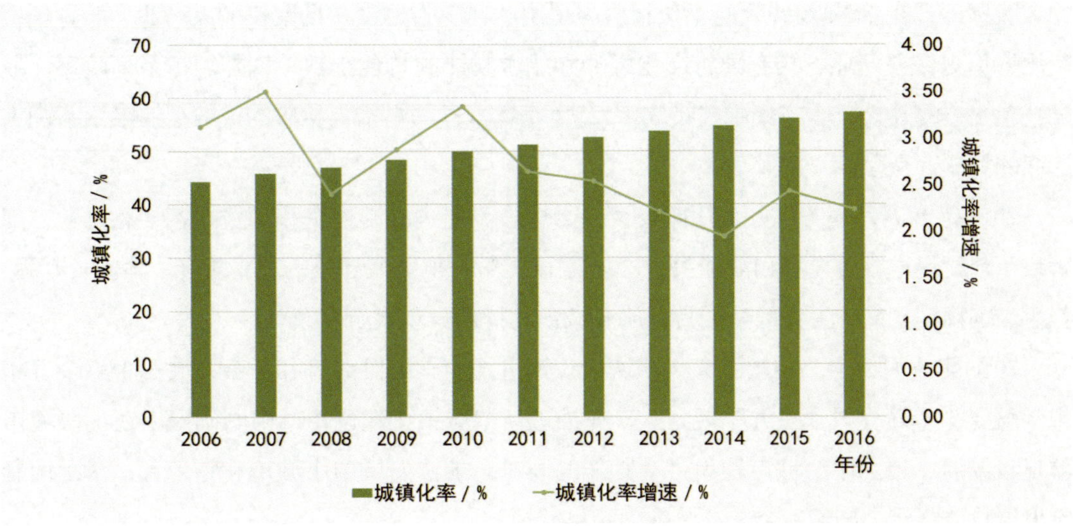

图 3-14　2006—2016 年城镇化率及城镇化率增速

我国城镇化初期的总特点为“大都市化”，大城市为发展的主要方向，中小城市尤其是小城镇长期未能得到重视。一方面大城市的建设过程在人文风貌方面欠缺考虑，导致文化内涵缺失，“千城一面”现象普遍，人口压力大，与综合承载能力有一定矛盾；另一方面，中小城市缺乏活力，人口流失，产业集聚力不足，小城镇数量多，规模小，服务功能弱。因此随着国民经济整体面临结构性的改革，小城镇的发展也面临着同样的问题。20 世纪 80 年代，小城镇的发展问题被提出后引发了社会的关注，十五大报告提出“搞好小城镇规划建设”，《中共中央关于农业和农村工作若干重大问题的决定》首次将发展小城镇称为“带动农村经济和社会发展的一个大战略”，十五届五中全会《中共中央关于制定国民经济和社会发展第十个五年计划》中将发展小城镇称为“推进我国城镇化的重要途径”。

在“新型城镇化”方向逐步明确的同时，中国的城市病问题也逐渐暴露根源，片面追求增长速度和经济总量的粗放型低水平城镇化与资源环境的矛盾日益突出，城乡二元化、区域发展不平衡的矛盾普遍存在，城镇面貌缺乏特色，城镇化进程与经济社会发展不协调导致结构性失衡。因此，在国家社会和经济转型发展的历史关口，中国城镇化的发展方向逐步向发展区域特色和城镇特色过渡，即“特色城镇化”。

2014 年 3 月，中共中央、国务院印发《国家新型城镇化规划（2014—2020 年）》，指明“有重点地发展小城镇”，“推动小城镇发展与疏解大城市中心城区功能相结合、与特色产业发展相结合、与服务‘三农’相结合”，并对大城市周边镇、具有特色和区位优势的小城镇及远离城市中心的小城镇提出了差异化发展的建议。同年，浙江省首先开始了“特色小镇”

的实践探索，在 2014 年的政府工作报告中提出“在全省建设一批聚焦七大产业、兼顾丝绸黄酒等历史经典产业、具有独特文化内涵和旅游功能的特色小镇”，并颁布系列政策，鼓励特色小镇的建设，全省集中建设 37 个特色小镇。这一举措与相应的成效很快吸引了国家层面的关注。

2015 年 8 月，国务院办公厅印发《关于进一步促进旅游投资和消费的若干意见》，部署改革创新促进旅游投资和消费工作，并提出“到 2020 年底建设一批集观光、休闲、度假、养生、购物等功能于一体的全国特色旅游城镇和特色景观旅游名镇”。

2016 年 3 月，十二届全国人大四次会议通过《中国国民经济和社会发展第十三个五年规划纲要》（简称“十三五”规划），在推进新型城镇化建设篇章中明确提出在加快城市群建设发展、增强中心城市辐射带动功能的同时，加快发展中小城市和特色镇，“因地制宜发展特色鲜明、产城融合、充满魅力的小城镇”。

2016 年 7 月，住房和城乡建设部、国家发展改革委、财政部联合发布《关于开展特色小镇培育工作的通知》，提出到 2020 年，培育 1 000 个左右各具特色、富有活力的休闲旅游、商贸物流、现代制造、教育科技、传统文化、美丽宜居等特色小镇，引领带动全国小城镇建设，不断提高建设水平和发展质量。

2016 年 8 月住建部《关于做好 2016 年特色小镇推荐工作的通知》开启国家级特色小镇的推荐上报工作，要求根据各省（区、市）经济规模、建制镇数量、近年来小城镇建设工作及省级支持政策情况，确定 2016 年各省推荐数量。

2016 年 10 月，国家发改委《关于加快美丽特色小（城）镇建设的指导意见》提出“总结推广浙江等地特色小镇发展模式，立足产业‘特而强’、功能‘聚而合’、形态‘小而美’、机制‘新而活’，将创新性供给与个性化需求有效对接，打造创新创业发展平台和新型城镇化有效载体，统筹地域、功能、特色三大重点，以镇区常住人口 5 万以上的特大镇、镇区常住人口 3 万以上的专业特色镇为重点，兼顾多类型多形态的特色小镇，因地制宜建设美丽特色小（城）镇”。同年 10 月，住建部正式公布了第一批 127 个国家级特色小镇的名单。此后，地方政府先后颁布了创建特色小镇的实施方案。随着 2017 年 8 月第二批 276 个全国特色小镇的出炉，特色小镇在相关政策的鼓励引导和成功案例的示范引领下，掀起了如火如荼的建设热潮。图 3-15 为第一批、第二批全国特色小镇分布示意图。

在不同类型的特色小镇中，运动休闲特色小镇，即我们通常所称的“体育小镇”，是机制较为成熟、发展前景较大的一类。运动休闲特色小镇是特色小镇建设与体育产业发展相互融合、共同推进的典型产物。在浙江省早期的特色小镇实践中，也有与体育健身产业融合的“健康小镇”概念。运动休闲特色小镇在助力新型城镇化和经济结构改革的同时，

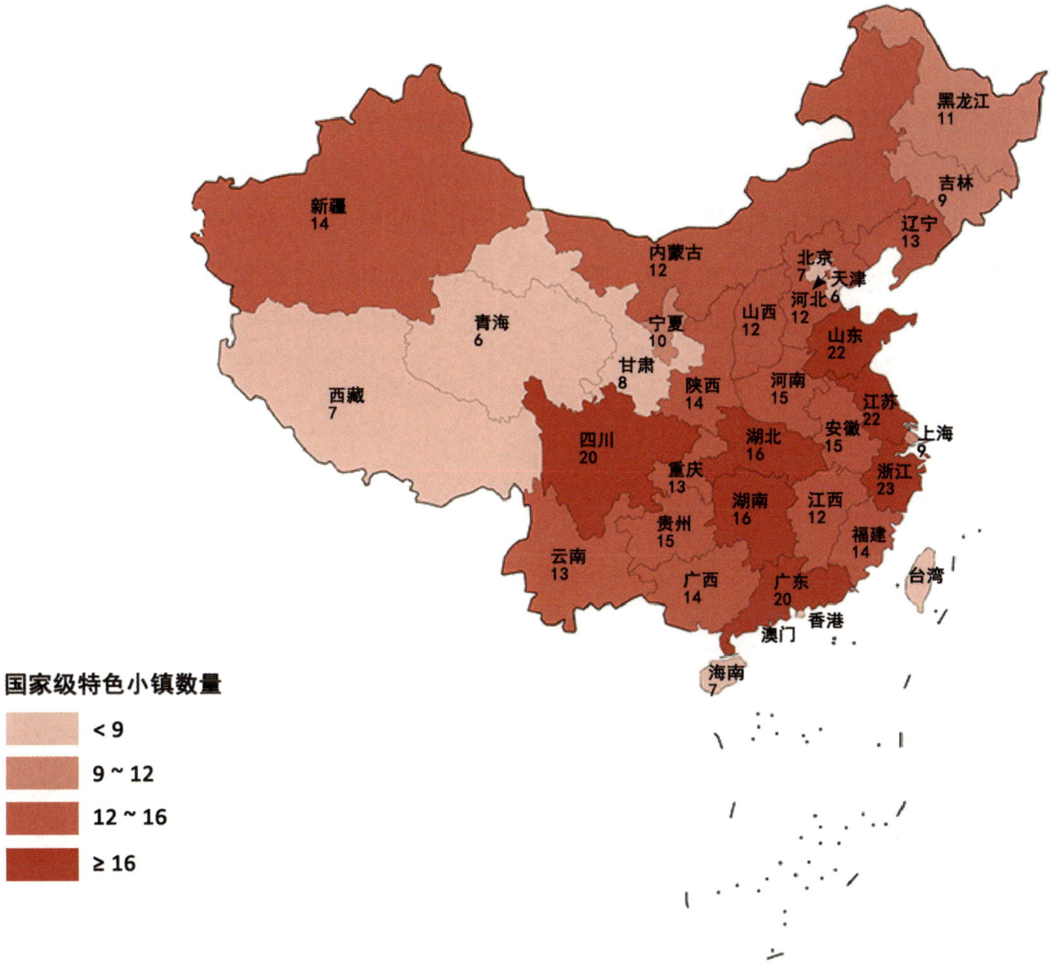

图 3-15　第一批、第二批全国特色小镇分布示意图

数据来源：根据住房和城乡建设部公布第一批、第二批全国特色小镇名单整理绘制。

能够与全民健身、健康中国的发展趋势相契合，因此越来越成为人们关注的热点。

2017 年 5 月，国家体育总局发布《关于推动运动休闲特色小镇建设工作的通知》（体群字〔2017〕73 号），正式规范运动休闲特色小镇的发展，并将运动休闲特色小镇定义为“在全面建成小康社会进程中，助力新型城镇化和健康中国建设，促进脱贫攻坚工作，以运动休闲为主题打造的具有独特体育文化内涵、良好体育产业基础，运动休闲、文化、健康、旅游、养老、教育培训等多种功能于一体的空间区域、全民健身发展平台和体育产业基地”，提出“到 2020 年，在全国扶持一批体育特征鲜明、文化气息浓厚、产业集聚融合、生态环境良好、惠及人民健康的运动休闲特色小镇”。2017 年 8 月，全国第一批 96 个运动休闲特色小镇试点项目公布，为运动休闲特色小镇的实践开拓了发展路径，提供了借鉴样板。

特色小镇和运动休闲特色小镇的“现象级”热度源于新型城镇化和经济结构性改革与产城融合、“体育+”、健康中国、全域旅游等理念相结合的示范效应。《关于加快美丽特色小（城）镇建设的指导意见》对特色小镇提出的目标和要求中，明确了特色小镇“需要拥有特色鲜明的产业形态、和谐宜居的美丽环境、彰显特色的传统文化、便捷完善的设施服务和充满活力的体制机制”。通过发展产业优化空间更大的小镇与小城镇为经济结构的转型提供有力抓手。特色小镇和运动休闲特色小镇未来的发展也充满了机遇与挑战。

参考文献

[1] 朱亚坤，詹新寰，郑志强，等．中国体育产业政策研究：总览与观点 [M]. 北京：社会科学文献出版社，2016.

[2] 丰田汽车公司，中国汽车技术研究中心，中国汽车工业协会．汽车工业蓝皮书：中国汽车工业发展年度报告（2016）[M]. 北京：社会科学文献出版社，2016.

[3] 丰田汽车公司，中国汽车技术研究中心，中国汽车工业协会．汽车工业蓝皮书：中国汽车工业发展年度报告（2017）[M]. 北京：社会科学文献出版社，2017.

[4] 中国汽车技术研究中心，日产（中国）投资有限公司，东风汽车有限公司．新能源汽车蓝皮书：中国新能源汽车产业发展报告（2017）[M]. 北京：社会科学文献出版社，2017.

[5] 约瑟夫·派恩，詹姆斯·H. 吉尔摩．体验经济 [M]. 毕崇毅，译．北京：机械工业出版社，2016.

[6] 陈民，沈体雁，宋敏，等．新型城镇化蓝皮书：新型城镇化发展报告（2016）[M]. 北京：社会科学文献出版社，2017.

[7] 大辞海编辑委员会．大辞海 [M]. 上海：上海辞书出版社，2011.

[8] 潘家华，魏后凯，单菁菁，等．城市蓝皮书：中国城市发展报告 No.8[M]. 北京：社会科学文献出版社，2015.

4 汽车主题公园的形态模式

类型是经久的，其自身表现出一种需要的特征；尽管它是预先决定的，但却与技术、功能、风格以及建筑物的集合特征和个性有着某种辩证的关系。

——[意大利]阿尔多·罗西《城市建筑学》

汽车运动和汽车文化的丰富内涵，使汽车主题公园在策划特色定位时有了多元的选择，建设成果也呈现出多样化的特点。个体之间差异性的存在，并非意味着汽车主题公园的建设无规律可循，本书根据 1.2.2 节部分提出的汽车主题公园的广义概念，结合场地现有和未来的发展特色，对 140 个典型案例进行调查、记录、总结、归纳和研究分析，最终提出了 10 种具有代表性的形态模式，基本概括了汽车运动与文化主题公园的主题选择、规划设计、业态形式等特色鲜明且实现良性发展的特征形态。每一种形态模式下将列举 10 个国内外典型汽车主题公园，并按照具体的发展方式，做出更为详细的划分，辅以典型案例的分析。

对形态模式的定位，实际是对于特色和主题的初步指向，也是近年来较为火热的“IP”①概念中最重要的组成部分。对于新建汽车主题公园而言，拥有特色才有了诞生的基本要素；而对于已建汽车主题公园的改造而言，特色与定位的重新把握，可能会使功能单一、服务能力不足、缺乏人气和产业集聚能力的区域“重获新生”，因此，形态模式的把握对国内的实践项目具有重要的现实意义。

4.1 发展汽车产业的汽车主题公园

配合汽车展销、汽车改装店、汽车 4S 店、汽车零件销售等传统汽车产业而建立的主题公园，是目前国内发展较成熟、分布较广泛的一类汽车主题公园。汽车商业原有的集聚效应能够保证更稳定的客源和更广泛的公众认同感，公园依托于汽车产业的市场影响力和工业文化底蕴而建立，同时赋予汽车产业以精神气质，带来更多的活力与人气。

这种设计理念可以追溯到 1923 年，奔驰公司在总部建造销售中心的同时，兴建了德国最早的汽车博物馆。通过理念植入，能够将汽车文化内涵与企业形象生动地传递给人们，顾客可以在选择购买商品的同时，更深入地了解品牌文化与企业文化，将简单的物质商品升级为带有丰富文化体验的个性化服务商品。这种营销策略此后被各大汽车厂商广泛地采用，较为成功而典型的案例如德国大众汽车城主题公园（Autostadt）。沃尔夫斯堡市（Wolfsburg）为一座现代化汽车城，也是大众集团总部所在地。为了更好地优化服务体验，1996 年，大众集团在公司总部附近利用老工业区与港口的基址兴建了汽车城主题公园（图 4-1），不仅实现了自身服务产品的升级，也因为后续不断丰富的体验项目和主题特色成为远近闻名的旅游胜地，成为成功打造汽车主题公园的经典案例。

① IP 为“Intellectual Property”的缩写，可被译为知识产权，是文化资产的一种主要形式。广义的 IP 是指具有标识性、专有性、流通性的文化内容，包括版权、商标、专利、设计权等，可通过开发挖掘其社会效益与经济效益。IP 在近年来的普及，反映了文化资源的商业价值逐步受到重视。

发展汽车产业的汽车主题公园一般有三类策略：①依托于当地传统汽车制造业，利用公园的文化要素为契机，在公园辐射的区域内进行产业集聚、调整与升级；②与品牌销售相结合，配合 4S 店和旗舰店等进行高端品牌的销售，提高服务质量并优化客户体验；③与汽车装配、物流平台和二手车市场等传统汽车后市场相搭配，实现场地的品质优化，使功能结构在客源、经营和管理等方面更加科学。典型案例如表 4-1 所示。

图 4-1　毗邻工业厂区的大众汽车城主题公园

表 4-1　　汽车主题公园的典型案例

地区	项目名称	开放年份
澳大利亚悉尼	悉尼赛车公园（Sydney Motor Sport Park）	1990 年
德国萨克森州	大众汽车城主题公园（Autostadt）	2000 年
日本东京	丰田汽车主题公园（Mega Web）	1999 年
中国北京	北京金港汽车公园	2000 年
中国福建	厦门鸿山汽车文化公园	在建
中国湖北	三峡国际汽车城	在建
中国湖南	株洲汽车博览园	在建
中国吉林	长春国际汽车公园	2010 年
中国上海	上海国际汽车城	2007 年
中国重庆	重庆南山国际汽车港	规划

4.1.1　依托汽车制造业

在汽车生产制造基地（无论是传统汽车制造业还是新能源等新兴产业的产业园区）附近建造的汽车主题公园拥有相对充足的发展基础。在人文层面，公园能够成为汽车相关产业面向公众展示汽车文化的窗口，在城市规划层面，能够作为工业区与居民日常生活的过渡空间。在更具体、更集中的汽车文化展示和汽车运动项目之下，城市形象得到进一步彰显，城市文化的特色和内涵也得到丰富。作为以旅游为主要业态的休闲园区，由生产基地延拓的汽车主题公园有利于促进传统的汽车产业进行结构升级与发展方式转型的探索，成为制造业与多种汽车相关产业积极融合的实践基地。这类汽车主题公园既可毗邻汽车生产基地，也适用于营销站点甚至市场总部，在品牌主题的无形驱动下，公园在策划、建设和经营阶段具备可观的文化软实力、物质基础与客源保障等先天优势，因此也成为较易成功兴建的

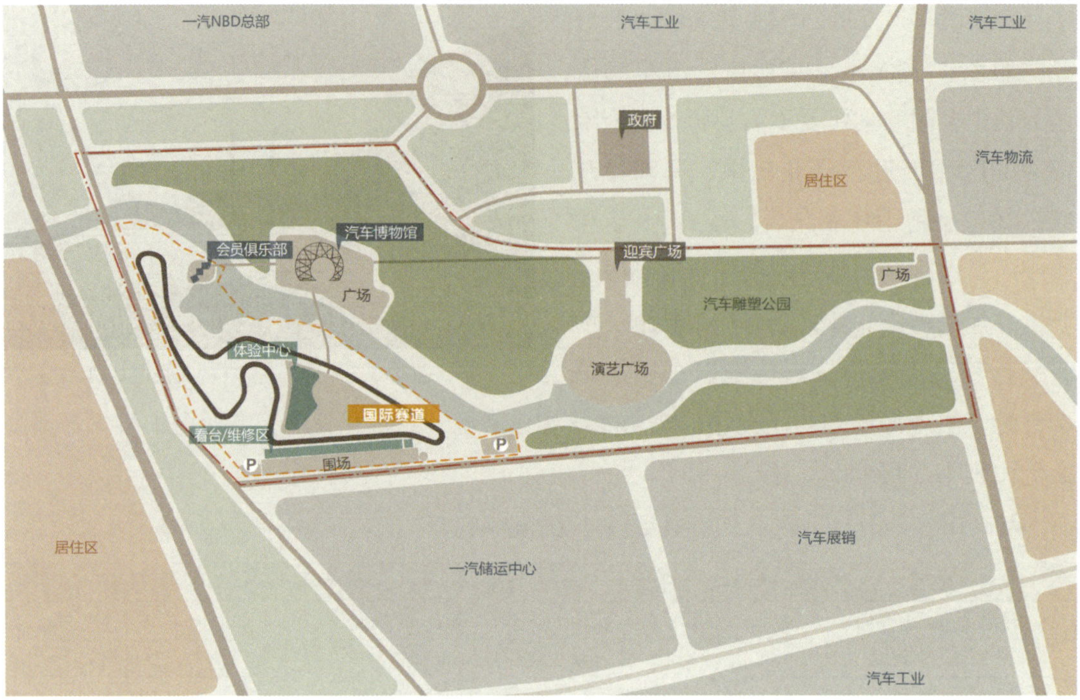

图 4-2　长春国际汽车公园的区位功能分析示意图

一类汽车主题公园。

长春国际汽车公园位于长春西南方位的汽车产业开发区，以中国第一汽车集团公司的生产基地为发展依托（图 4-2）。作为新中国汽车工业的起点，长春保留了我国汽车产业最为完整的成长轨迹，因此，长春国际汽车公园充分发掘汽车制造业的历史，并与园林景观和视觉艺术相融合，实现以生动的形式向公众展示和科普汽车文化的目的。由于汽车文化这一主题能够很好地契合长春市“汽车城”的城市形象特色，也为该城市及以一汽为代表的大型企业开展文艺演出、群众性比赛等集会活动提供了便利的场地，其对于当地汽车相关产业乃至区域文化，形成了良好的宣传效应。略有遗憾的是，通过几家影响力较大的旅游目的地评价网站反馈以及对公园游客的调研了解到，尽管公园视野开阔，景观宜人，且向公众完全免费开放，但由于区位原因导致相对市区交通不便，园内艺术作品更新缓慢且形态单一，园内缺乏具有影响力的活动或互动体验类的项目，因此日常仅承担了周边居民日常健身娱乐等活动，游客观览停留时间较短，重游率较低，难以成为目的地型的主题公园。2017 年 1 月，长春汽车经济技术开发区拟在长春国际汽车公园西侧规划建设国际赛车场，汽车运动丰富的个性化体验与专业的汽车赛事将会对周边业态产生引领和带动作用，有效“盘活”长春国际汽车公园，丰富旅游形式与内容，充分挖掘与演绎汽车运动与文化的主题价值。

4.1.2 与品牌展销结合

与品牌展销相结合的汽车主题公园以主题化、体验化的形式向消费者提供商品及服务。由于其中的汽车销售直接面向零售客户，本身即带有一定的客流汇聚能力，且公园中的互动空间能够有效延长客户或游人的停留时间，两者相互配合，相互补益，实现相关产业和周边服务业的联动发展。

除了以汽车主题公园命名的场地外，世界知名汽车品牌在各地兴建的体验中心既带有试乘试驾等体验项目，又在一定程度上具备公园的属性，在向公众提供休憩性开放空间的同时，也为客户推出实体商品之外的人性化的产品服务，所以也可以归纳于本类范畴。值得注意的是，汽车主题公园始终以汽车运动与汽车文化的体验和展示为主要内容，即使拥有品牌销售为主要内容的特色版块，也不能将公园本身与以4S店为主的汽车博览园等销售性质的园区概念相混淆，而这种混淆在当前国内大量存在。许多场地往往以单一的汽车销售作为功能项目，缺乏汽车文化元素和体验性内容，仍然以“汽车主题公园”来命名，实际难以吸引游客，缺乏文化元素的销售版块也因为整体定位的偏失而难以获得稳定的客源。因此，在选择结合品牌销售的发展模式时，应首先认清公园的运动休闲与文化体验这一关键性的功能定位，科学地规划与配置项目内容，实现兼具商业功能与公共性、娱乐性和体验性的汽车主题公园之间的双赢。

位于日本东京都江东区的丰田汽车主题公园（Mega Web）就是主题公园与丰田产品营销相结合的优秀案例（图4–3）。它打破了汽车销售4S店围绕商品提供服务的形态，容纳展览、销售、科普、娱乐、体验和教育等多种功能，以客户为中心，用大型展览和多种驾驶体验等个性化的项目，从发展历史、关键技术、未来概念和赛车文化等多个角度诠释丰田自身的品牌文化，因此拥有汽车爱好者、汽车消费者和普通观光客等不同的受众群体。有购车需求的用户能在丰田汽车主题公园了解和试驾最新款产品，同时大部分项目免费开放，使得公园有效利用了包括Palette Town摩天轮和台场海滨公园等热门旅游目的地的人气，不仅形成了良好的联动效应，更增强了区域总体的影响力。在全球旅游点评网站TripAdvisor上，丰田汽车主题公园在江东区休闲与游戏景点中热度排名第一，超过了紧邻的地标性景点Palette Town摩天轮，这无疑得益于公园中丰田品牌文化与人性化互动空间的有机结合。

图4–3　丰田汽车主题公园中的汽车展销

在国内，这一形态模式的汽车主题公园中，北京金港汽车公园是率先的实践者。

图 4-4 北京金港汽车公园功能分析示意图

该公园位于北京市朝阳区金盏乡，以汽车运动和汽车贸易为主打特色（图 4-4）。其中汽车运动部分包含一条国际三级赛道（2003 年建成国际四级赛道，2008 年升级为国际三级赛道）和越野赛道，用以举办各类赛事、大众驾驶体验活动和厂商活动；汽车贸易区域与汽车运动场地毗邻，位于南侧的金港名车城聚集了保时捷、路虎、阿斯顿·马丁等多家世界知名汽车品牌 4S 店；公园的休闲旅游功能则由金港湖、汽车影院、特色餐饮等实现。北京金港汽车公园自 2004 年建成以来，不断丰富自身的功能与内容，成为国内外赛事和厂商热衷的活动举办场地及车迷的日常休闲目的地。2016—2017 年，公园连续两年承办了国内重量级新兴赛事——中国超级跑车锦标赛（China GT）的揭幕战（图 4-5），彰显了北京金港汽车公园作为中国汽车运动发展的重要参与者与见证者的地位。

图 4-5 北京金港汽车公园·2017 赛季 China GT 中国超级跑车锦标赛首站

4.1.3 与汽车装配、物流及二手车交易相配合

发展汽车装配、物流及二手车交易等相关产业的汽车主题公园，是较为新颖、灵活性相对更高的一类汽车主题公园。随着 2016 年国务院办公厅印发《关于促进二手车便利交易的若干意见》，各地相继取消二手车限迁，政策倾向逐步为二手车交易提供便利，有效地激活了二手车市场，也带动了新车消费和相关产业的发展，随着对二手车市场的进一步规范，汽车物流、二手车市场、汽车后市场等项目价值和意义逐渐凸显。配合汽车装配、汽车物流及二手车交易的汽车主题公园，能够为相关产业的商品和信息提供更加开放和便捷的交流平台。公园中的汽车运动项目可以同二手车交易和汽车装配相结合，买卖双方在二手车市场进行交易前，可以由顾客在专业的试乘试驾场地事先体验，例如在 SUV 体验路上充分了解汽车的越野性能，或在直线竞速赛道、体验赛道上测试汽车的动力与制动系统；商家则可借助场地举办活动，不仅可以吸纳人气，更有助于形成当地特有的汽车文化，对于丰富地域乃至整个城市的人文内涵大有裨益。此外，汽车装配、物流等产业集中的地区，也可利用特色打造区域文化，以增强相关产业的集聚效应。

悉尼赛车公园（Sydney Motor Sport Park）（图 4–6）每年举办以世界圈速挑战赛（World Time Attack Challenge，WTAC）为代表的一系列著名赛事。WTAC 比赛始于 2008 年，赛

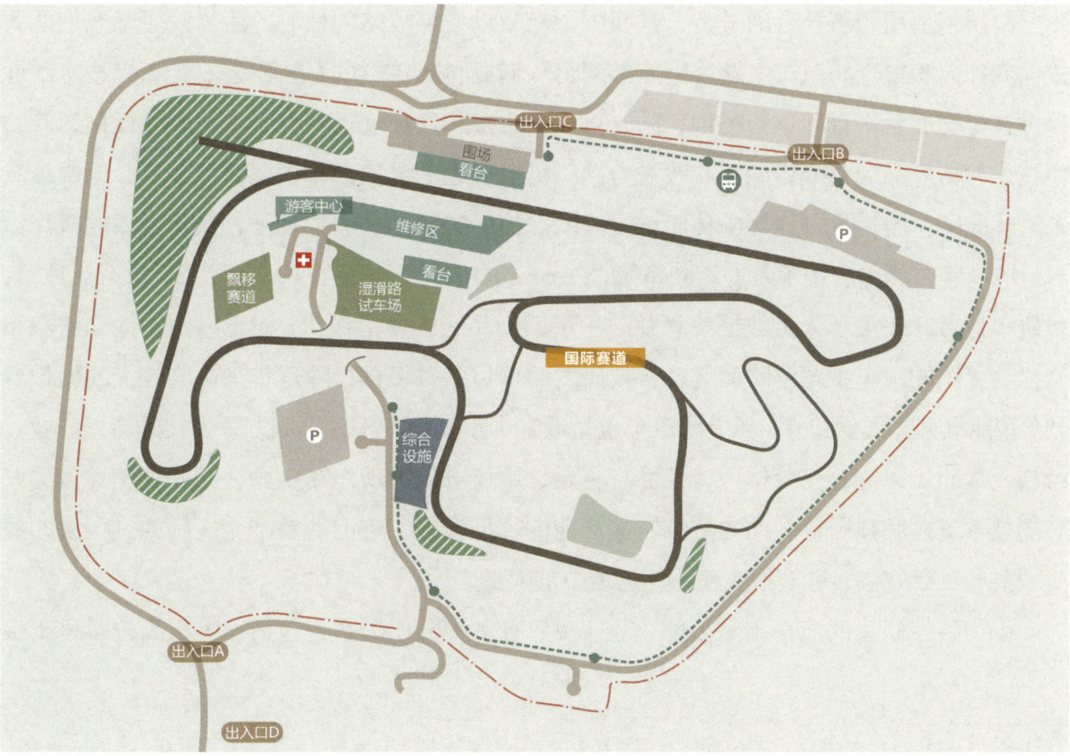

图 4–6 悉尼赛车公园功能分析示意图

事创始人在日本筑波赛道了解 Hi Octane Racing①后，将此项目引进澳大利亚，第一届比赛在 2010 年正式举办，选手以改装车参赛，以圈速决胜（图 4-7）。比赛规则简单亲民，参赛门槛相对较低，因此迅速发展成为群众性的赛事，获得了一定的国际影响力。来自世界各地的改装车厂以 WTAC 赛事作为展现改装技术的平台，在比赛期间大量汽配商业汇聚于此，各式汽车零部件和配件（从悬挂、刹车、发动机部件和涡轮到车轮、轮胎和汽车护理产品等）应有尽有。悉尼赛车公园作为 WTAC 比赛的举办地，成为了改装车文化辐射的中心，也迅速融入当地文化，强有力地带动了汽配改装产业和以旅游业为代表的相关产业的发展，促进了城市影响力的提升。

图 4-7　WTAC 上的改装赛车

4.2 助力科技研发的汽车主题公园

科技创新引领着社会的进步，是我国创新驱动发展战略的核心，应当以更加亲近的方式面向社会和群众。汽车主题公园能够配合厂商或科研单位的科技研发，为新兴技术产业提供良好的展示平台和试验场地，同时可以更直接和便捷地得到体验者的有效反馈，获知新技术和新产品的公众容纳度和改进方向。仍以著名的丰田汽车主题公园为例，园中设有未来体验区，游客可以在其中体验结合 VR 虚拟现实技术的模拟驾驶，试驾最新的概念汽车。1999 年公园中启用了无人驾驶系统“E-com RIDE”，截至 2009 年已经有 22 万人体验，科研单位借此采集了大量数据信息并应用于新产品的研发工作[1]。对于以汽车运动与汽车文化为主题的汽车主题公园而言，科技研发的项目多种多样，除近年来影响较大的模拟驾驶、智能汽车无人驾驶外，新能源汽车也是近二十年来汽车相关领域方兴未艾的新兴产业。科技元素的加入能够充分体现特色性与主题，不仅可以展现汽车主题公园的独创性，更以高端技术支撑和顶层设计助力传统制造产业的转型升级，进而能够产生实际的、可观的经济效益和社会效益，这一形式在国外场地中被大量应用。

助力科技研发的汽车主题公园（表 4-2）有多种合作形式，包括：①与高校及科研机

① 作者注：Hi Octane Racing 始于 1999 年，是日本汽车配件商为推广与销售汽车高性能零部件而发起的项目，赛事影响力为商家赢得了国际口碑。

构合作，进行公益性的研究，并为行业培养和输送高端人才；②直接与厂商合作，研发、测试新产品、新工艺，采集用户体验信息作为参考，为技术创新提供便捷的试验场地，为新产品的发布提供展示平台和客户测评数据等；③与相关产业合作，提供有关驾驶行为、路面磨损、传感系统等专业试验的数据信息。

表 4-2　　　　国内外助力科技研发的汽车主题公园

地区	项目名称	开放年份
德国勃兰登堡	劳奇兹赛车场（Eurospeedway Lausitz）	2000 年
德国莱茵兰—普法尔茨	纽博格林北环（Nurburgring Nordschleife）	1927 年
韩国京畿道	爱宝乐园赛车场（Everland Speedway）	1995 年
日本静冈县	富士赛车场（Fuji Speedway）	1963 年
美国密歇根	无人驾驶城市（Mcity）	2015 年
西班牙巴塞罗那	加泰罗尼亚赛车场（Circuit de Catalunya）	1991 年
中国湖北	武汉智能网联汽车试验基地	规划
中国江苏	中汽中心盐城汽车试验场操控路与体验赛道	2015 年
中国陕西	西安大学生汽车教育基地	在建
中国四川	成都赛车驾驶体验中心	2018 年

4.2.1　与高校及科研机构合作助力科技研发

通过与高校及科研机构合作，助力科技研发的汽车主题公园多由各级政府或其相关部门牵头成立，具有一定的权威性和公益性。与高校展开合作构建产学研结合的平台，是目前国内汽车主题公园较为新颖的一种发展形态。从场地自身发展的角度考虑，促进科研走入实地，开展实践，有利于推动相关产业保持前瞻性和创新性；从高校科研工作的角度考虑，与场地的合作能够最大限度地实现科研价值，将创新成果以更便捷和直观的方式实现产业化；而对场地的利用，又可以增加高校师生的实践经验，为汽车运动行业输送优秀人才，大量精确而有针对性的实测数据更能够作为科研工作的第一手资料。

在国外，当地政府直接选择在高校或科研机构中建立类似的平台，由高校牵头，并根据科研和教学需要，成立项目组织和运营方案，一方面确保了相关科研的专业性和交流的高效性，另一方面对高校和科研单位的日常研究与教学工作也有所补益。

位于美国密歇根大学校园内的“Mcity”是由密歇根大学主导、密歇根州交通部支持、多家汽车厂商合作的无人驾驶试验基地，专为无人驾驶汽车和 V2V/V2I 车联网技术打造，拥有环境控制变量。为了最大程度还原实际模拟中的道路情况，Mcity 在约 13hm^2 的园区中对交叉口、路灯、路牌、建筑、行人等一切影响因素都进行了设计和布置（图

4-8）。根据密歇根大学发布的官方声明，Mcity 将免费开放使用，MTC（密歇根大学交通改造研究中心）项目成员和密歇根大学的师生将享有优先使用权。Mcity 于 2015 年正式对外开放，主要为高校、厂商提供无人驾驶产品的技术测试、安全系统的试验开发等，并向公众开放展示，成为无人驾驶方面世界先进技术的实践交流平台和展示发布平台（图 4-9）。

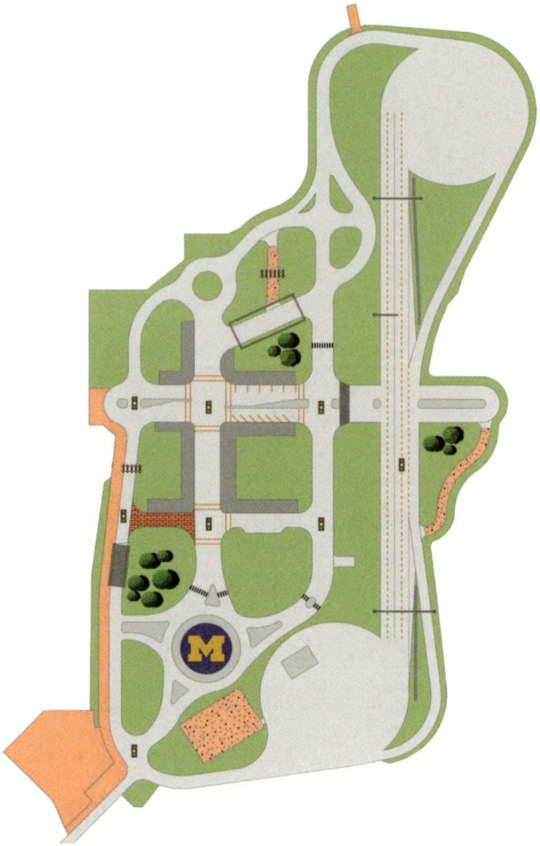

图 4-8　Mcity 平面示意图

图 4-9　Mcity 俯瞰图

在建的西安大学生汽车教育基地是国内最早同高校合作、助力科技研发的汽车主题公园，该基地位于西安汽车科技职业学院临潼校区，是全国首个“中国大学生汽车教育体验基地”。西安汽车职业技术学院的汽车工程系、交通工程系和电子工程系为学院重点建设的教学单位（重点系），以汽车相关专业为主要优势，汽车教育体验基地能够成为助力实践教学最适宜的平台（图 4-10）。基地拥有国际四级赛道，可通过短接路划分为大学生方程式赛道和体验赛道，各分区独立运营，主要满足学校汽车相关专业的日常教学需求，完成车辆技术测试和实践操作。此外，基地也能够为区域周边提供汽车运动体验的场所和汽车文化科普的窗口，助力特色小镇的建设。西安大学生汽车教育基地的推行能弥补高校教学与实地操作不同步的缺陷，对国内汽车运动的人才培养，尤其是专业技师的培养具有深远意义。

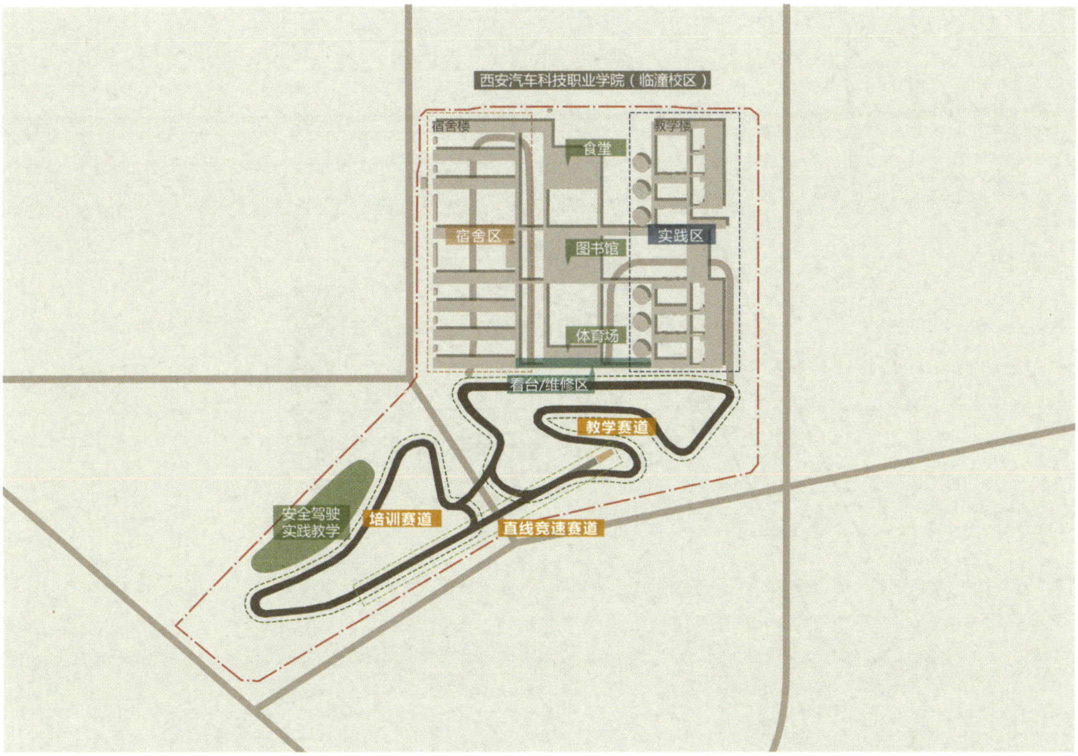

图 4-10 西安大学生汽车教育基地功能示意图

4.2.2 与厂商合作助力科技开发

与厂商合作助力科技研发的汽车主题公园是形式丰富、灵活性强、特色鲜明的一类汽车主题公园。这类场地的建设一方面出于汽车研究和测试机构或汽车生产厂商自发的需求，根据产品的特点和实际需要建设有针对性的试验设施，例如宝马、奔驰、路虎、大众等汽车厂商在世界各地建设的汽车试验场，以满足自身产品试验需要和增强用户体验为目的。一方面，厂商能够通过专业场地的测试获得干扰变量较小的反馈数据，用以对产品的实际应用情况进一步分析，及时对产品和技术加以改进；另一方面则出于汽车运动场地的多元化运营需要，在赛道等专业设施的基础上进行改造，与厂商合作进行产品的研发测试。

德国最年轻的赛道劳奇兹赛车场（EuroSpeedway Lausitz）（图 4-11、图 4-12）位于德国柏林以南 120km 处，其测试设施也受到了德国汽车制造商的欢迎。2017 年 7 月，赛车场与汽车测试公司 DEKRA 签署协议，将赛车场中的测试装置升级改造成

图 4-11 劳奇兹赛车场

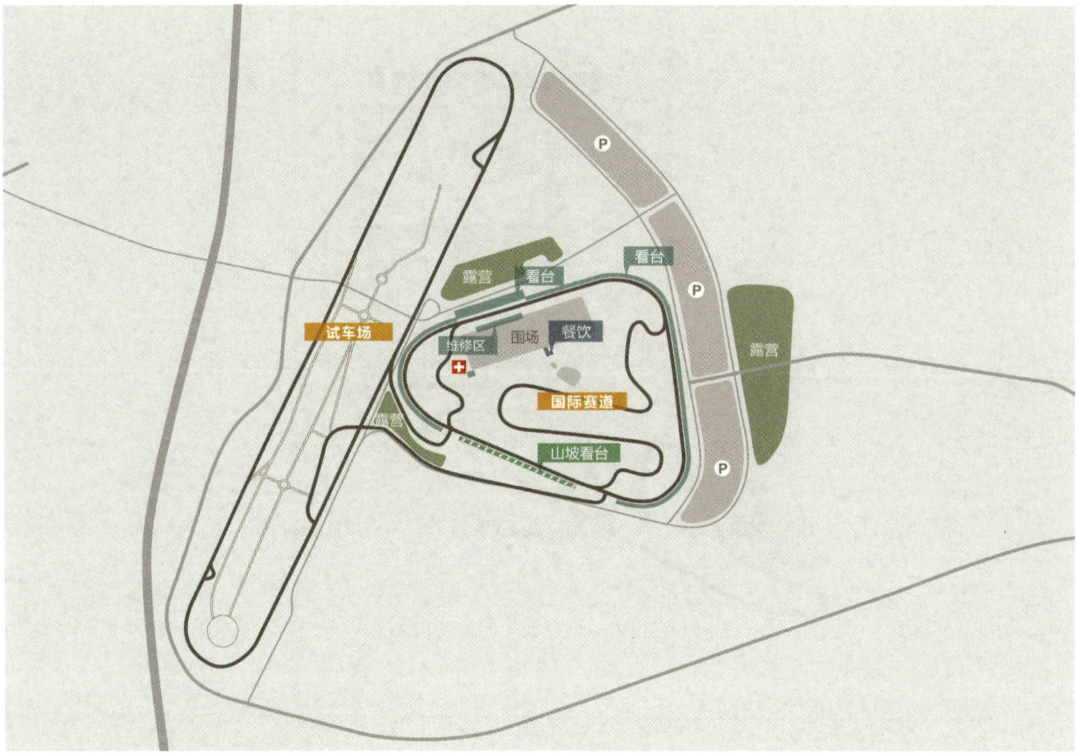

图 4-12　劳奇兹赛车场功能分析示意图

为欧洲最大的汽车测试设备，劳奇兹赛车场运营公司于 11 月开始从汽车测试公司获得所有权。随着世界各地知名赛车场纷纷对场地内测试部分的增建或改造，汽车运动不仅带来热门体育赛事的附加价值，更与汽车产业中科学和工程技术的发展密不可分地联系在一起。

4.2.3　与相关产业合作助力科技研发

与相关产业合作助力科技研发的汽车主题公园是联动汽车领域与相关产业融合的集成体。随着信息化技术逐渐改变现有的汽车产业生态，共享服务业、智能网联和无人驾驶、汽车电子商务等跨界合作的模式不断涌现，酝酿着汽车行业爆发式的创新变革。车联网方向是其中的典型，近年来，车联网发展的热点是通过互联网企业、通信企业、软件企业等非传统汽车供应商与车企组成跨界产业联盟，通过产业合作实现联动交融，大大促进了“互联网 +”技术的发展和实际应用。一方面，赛车场等专业的汽车运动场地为产业合作提供试验基地和测试平台，如上海国际赛车场智能网联项目、韩国三星爱宝乐园赛道无人驾驶项目等；另一方面，IT 企业积极发展自动驾驶、车载操作系统等智能网联汽车技术，掀起了加入汽车行业的热潮，建设适用于产品试验和技术开发的新场地或在拥有信息类产业集群的特色小镇、产业园区中加入信息化技术与汽车产业融合的试验项目，如浙江云栖小镇的无人驾驶项目等。

图 4-13　三星爱宝乐园赛道

韩国京畿道龙仁市的三星爱宝乐园赛道（图 4-13）于 1995 年开放，是韩国的第一条永久性赛道，位于知名主题公园、韩国第二大游乐园爱宝乐园（Everland Theme Park）中。它的建成为韩国汽车运动文化增添了浓墨重彩的一笔，多年来也因为其优越的地理位置培养了大批汽车运动爱好者。随着韩国国际赛车场和麟蹄郡赛车场等现代化程度更高的场地建成，爱宝乐园赛道逐渐不再承办专业赛事，2016 年，三星宣布对该赛道进行改造，用于自动驾驶汽车的测试，这对三星而言无疑在无人驾驶汽车的路测领域获得了巨大的先天优势。三星也因此在无人驾驶领域被视为有能力与谷歌、特斯拉、苹果及百度公司相抗衡的研发力量。

作为特色小镇的成功案例，位于浙江杭州的云栖小镇是运用云计算实现跨领域、跨行业技术集成的优秀实践平台（图 4-14）。2015 年浙江成为全国首个开展部省合作推进“5G 车联网”应用示范的省份，云栖小镇凭借云产业优势成为全省示范试点。融合“5G 技术”和“千寻北斗”等多项技术的“5G 车联网项目”将实现车与车、车与道路之间信息的即时互通，对智慧交通和无人驾驶汽车的发展具有重要价值。小镇中建设智慧路网配套的基础设施，投入配备阿里 YunOS 智能操作系统的互联网汽车，建立大数据平台，通过精准定位车辆位置，然后分析周边车流状况、道路交通状况和交通标志及规则，提供最适宜的行驶方案。2016 年云栖小镇举办全球首届互联网汽车拉力赛，将互联网汽车技术与汽车运动相交融，预示着这一新兴产业有望成为汽车行业新的主导力量，为汽车运动和汽车文化注入新鲜血液（图 4-15）。

图 4-14　云栖小镇

图 4-15　首届互联网汽车拉力赛

4.3 承办专业赛事的汽车主题公园

在举办具有一定国内或国际影响力赛事的赛车场周边大都呈现出相关产业的多业态发展格局，专业赛事的产业集聚能力和客流吸纳能力所带来的附加价值，远远超过自身运营所创造的价值。赛车作为一项极具观赏性的国际性体育项目，是汽车主题公园核心内容和核心文化的构成部分，不仅可以带动周边相关产业的发展，实现不容忽视的衍生价值，更能够丰富区域文化，打造区域形象，成为城市甚至国家发展的一张名片。

图 4-16 巴伯赛车公园（Barber Motorsports Park）俯瞰图

图 4-17 巴伯赛车公园（Barber Motorsports Park）

以 F1 世界一级方程式锦标赛为代表的一系列国际性重大赛事将为赛事举办地带来难以估量的关注度与知名度。纵观国内外赛事成熟、功能完善的赛车场，大多数已经符合本书 1.2.2 节对汽车主题公园的广义性定义。在北美地区，部分赛车场直接建设成"赛车公园"的形式，足以说明汽车运动专业场地同样可以通过多元化的经营作为休闲旅游目的地的价值和潜力（图 4-16、图 4-17）。赛事产生的消费需求、话题热度等附加效应，能够带动当地产业结构的转型升级，促进旅游服务业等第三产业的发展，提升本地区的国际地位和影响力。不仅如此，赛事也会衍生出当地独有的汽车运动文化。

由于这一形态模式下的汽车主题公园数量较多，受篇幅所限将不一一列举，本书在案例的选取过程中着重关注了通过修建国际赛道打造城市形象，提升国际影响力的重要案例。随着汽车文化的永续传播和汽车运动的不断发展，未来承办专业赛事的汽车主题公园将更加普及。已建成的承办专业赛事的汽车主题公园如表 4-3 所示。

表 4-3 承办专业赛事的汽车主题公园

地区	项目名称	开放年份
阿联酋阿布扎比	阿布扎比亚斯码头赛车场（Yas Marina Circuit）	2009 年
巴林 Sakhir	巴林国际赛车场（Bahrain International Circuit）	2004 年
德国莱茵兰—普法尔茨	纽博格林赛车场（Nürburgring）	1927 年
美国田纳西州	布里斯托尔汽车赛车场（Bristol Motor Speedway）	1961 年
南非东开普省	东伦敦赛车场（East London Grand Prix Circuit）	1959 年
印度新德里	佛陀国际赛车场（Buddh International Circuit）	2011 年
中国内蒙古	鄂尔多斯国际赛车场	2010 年
中国上海	上海国际赛车场	2004 年
中国四川	成都国际赛车场	2007 年
中国广东	珠海国际赛车场	1996 年

4.3.1 大型汽车场地赛事

承办场地赛的汽车主题公园有封闭独立的比赛场地，尽管对于中大型场地赛赛车场，其建设周期相对较长，资金投入相对较高，但影响范围更广，经营灵活性更强，能够有效拉动当地经济，带动相关产业的发展，以充满活力和创造力的面貌成为城市新地标。F1 大奖赛上海站为嘉定区带来了更多的知名度和识别度，促成了城市的资源整合与结构优化。仅在 2002 年上海国际赛车场开工建设至 2004 年 F1 引进期间，周边约 20km^2 的土地与房产升值达 15 倍。2018 年 1 月发布的《上海市城市总体规划（2017—2035 年）》将嘉定新城列为建设重点，以文化、科技创新等核心功能为导向，培育成为在长三角城市群中具有辐射带动能力的综合性节点城市。这其中，上海国际赛车场与 F1 大奖赛的无形推动作用功不可没。

阿联酋阿布扎比借助 F1 阿布扎比站亚斯码头赛车场（Yas Marina Circuit）（图 4-18）和令人印象深刻的 F1 赛事体验活动，将自身打造成为中东地区汽车运动的故乡而驰名世界，法拉利第一座主题公园也坐落在赛道一旁，形成汽车运动文化主题的浓郁氛围（图 4-19）。

图 4-18 亚斯码头赛车场

巴林国际赛车场（Bahrain International Circuit）是巴林王储、巴林汽车联合会名

图 4-19 亚斯码头赛车场俯瞰图（远处可见法拉利主题公园）

图 4-20 巴林国际赛车场

图 4-21 印地 500 系列赛

誉主席 Sheikh Salman 先生为了实现承办 F1 赛事的愿望而建设（图 4-20）。F1 大奖赛的举办为这座邻近波斯湾，风景秀丽的岛国带来了世界的瞩目，人们通过汽车运动认识或重新认识巴林。赛事也为巴林从以石油为主导产业的发展模式向多元化经济发展转换提供了第三产业层面的有力助推。在全球旅行点评网站 tripadvisor 上的全国景点排名中，巴林国际赛车场仅次于巴林王国的宗教圣地大清真寺。尤其是到了每年 F1 大奖赛三天比赛日期间，建在沙漠中的巴林国际赛车场热闹非凡，各类以汽车运动为主题的活动如火如荼地开展，成为巴林王国的赛车“嘉年华”。

大型场地汽车比赛绝不仅限于 F1 大奖赛，流行于美国的纳斯卡系列赛，即全国运动汽车竞赛（National Association for Stock Car Auto Racing，NASCAR）在美国的热度不亚于 F1；印地赛车中的印地 500 比赛（Indy500），即印第安纳波利斯 500 英里比赛（Indianapolis 500-Mile Race）凭借浓郁的本土氛围，成为世界上最大的单日体育赛事活动（图 4-21）；国内如 CTCC 中国房车锦标赛、F4 中国锦标赛、中国超级跑车锦标赛（China GT）等系列赛事近年来逐渐培养出庞大而稳定的群众基础。多样化的汽车场地赛事伴随着汽车运动内涵的不断丰富与更新而层出不穷，造就了汽车主题公园形态和精神的多姿多彩。

4.3.2 大型汽车街道赛事

大型汽车街道赛即在城市道路中举办的汽车运动比赛，飞速驰骋的赛车、热情澎湃的观众、妙趣横生的活动穿梭于城市之间，使街道赛成为展示城市风貌的绝佳窗口及打造城市形象的独特名片。F1 大奖赛中有多站比赛的场地属于街道赛赛道，拥有近百年历史的摩纳哥蒙特卡洛赛道将当地迷人的风土人情与令人心潮激荡的汽车赛事完美融合（图 4-22）；新加坡街道赛赛道是 F1 大奖赛赛历中第一条夜间赛道，途径滨海湾巨型浮动舞台、滨海艺

图 4-22　蒙特卡洛街道赛景观

术中心等多个著名地标；澳大利亚阿尔伯特公园赛道被誉为全世界最美的赛车场地，环绕公园湖面的赛道不仅将赛车融入了美妙的沿途风景，也能使观众近距离感受汽车运动带来的震撼。

街道赛对于车手而言也具有强大的吸引力。梅赛德斯 F1 商业职业总监托托 · 沃尔夫认为将更多街道赛加入 F1 赛历是不错的选择，因为在城市环境中，人们更能体会赛车的高速飞驰。世界电动方程式锦标赛（FIA Formula E Championship）每年均在世界著名城市改造街道进行比赛（图 4-23），中国北京承办了该项赛事的首场比赛，纽约、巴黎、伦敦、长滩、香港等城市也相继举办，以此通过世界名城的影响力推动汽车科技和汽车运动的发展。2018 年 10 月，拟在武汉举办的首届中国汽车摩托车运动大会以武汉国际街道赛赛道为主要活动场地，使汽车运动文化和城市景观风貌水乳交融，将成为汽摩运动全民狂欢的盛宴。

2016 年开始举办 F1 大奖赛的巴库赛道（The Baku Grand Pix circuit）是一条全长约 6km 的街道赛赛道（图 4-24）。巴库的综合实力依托阿塞拜疆的石油经济飞速提升，并希望向世界展示其发展成果与城市风貌，举办高级别的街道赛无疑是最佳的选择。巴库赛

图 4-23　世界电动方程式锦标赛

图 4-24　巴库赛道

道途经本地重要的海滨景点与历史景点，也包括了政府大楼及周边的广场、巴库老城、总统官邸等地标性建筑。阿塞拜疆将通过巴库赛道开拓旅游市场，在精彩的赛事中展现当地的历史、现状与机遇。汽车运动文化将通过赛事融入城市的生命，塑造巴库甚至阿塞拜疆在全世界视野中的全新形象。

图 4-25　澳门格兰披治大赛车

澳门格兰披治大赛车始于 1954 年，是世界最著名的街道赛之一（图 4-25）。在为期四天的赛事中，澳门格兰披治三级方程式大赛、澳门 GT 杯、澳门格兰披治电单车大赛等众多比赛项目接连开展，堪称亚洲甚至世界汽车运动的盛事，对全城经济与旅游业具有非凡的意义与价值。1993 年，为庆祝澳门格兰披治大赛 40 周年而建造的大赛车博物馆开放，展示着扎根当地文化的汽车运动的深厚积淀。

4.3.3　其他赛事

汽车运动的多元性不断催生着丰富的汽车赛事形式，随着汽车科技的日新月异和各地汽车文化的多向性发展，近年来，新兴赛事与特色赛事的诞生犹如雨后春笋，以层出不穷的形式扩充和丰富着汽车运动的内涵。在大型场地比赛和街道赛之外，还有历史悠久的摩托车赛，异彩纷呈的卡丁车赛，激动人心的漂移赛、拉力赛、越野赛、跨界拉力赛、直线竞速赛等。中、哈、俄三国合作的丝绸之路国际汽车拉力赛等自主知识品牌赛事不断涌现，正在形成健康而稳定的汽车运动生态链。

位于甘肃省张掖市的张掖国家沙漠体育公园设有拉力锦标赛短道赛赛道，每年中国汽车拉力锦标赛张掖站将其作为沙漠公园赛段，与附近沙山地带相结合组成全部赛程，赛事的集聚能力与公园多样化的服务相辅相成，提升了赛事的体验感与观赏性；位于陕西韩城的黄河国际赛道公园将黄河流域独特的地形地貌环境与场地越野、跨界拉力等运动结合，2018 年将作为中国汽车场地越野锦标赛、中国汽车短道拉力锦标赛和中国汽车场地拉力锦标赛三场国家级大型比赛的举办地；株洲汽车博览园以中国汽车漂移锦标赛（CDC）株洲站作为首届中国·株洲国际赛车文化节的开幕盛典；目前处于规划阶段的 GR 公园（Grand Racing Park）以 GR 联赛（Grand Racing），即中国汽车超级联赛为生态引擎，将打造为全国性与全民性的汽车赛事文旅公园。

4.4 推广全民体验的汽车主题公园

体验性是主题公园的最大特色。推广全民驾驶的汽车主题公园以体验契合汽车运动和汽车文化主题，不仅能够实现公园展示内容的更新，保证游客的停留时间、重游率和市场的渗透率，更能促进相关产业的联动发展，带动地区活力，创造大量的衍生价值。汽车主题公园中的全民体验形式多样，老少皆宜，既可以包括竞技性强、刺激与挑战并存的专业赛道体验，也可包含趣味性高、人人可以参与的娱乐卡丁车体验、青少年驾驶体验、安全驾驶体验、虚拟现实（模拟驾驶）体验等。丰富的体验性项目，不仅能够为各大汽车厂商旗下的赛车和民用车品牌提供比赛、测试、展示、培训、试乘试驾及会员服务的平台，还能增强游客游览的互动性和娱乐性，提升旅游服务的品质。体验是汽车主题公园不可或缺的要素之一。已建成的体验性主题公园如表 4-4 所示。

表 4-4 推广体验性的汽车主题公园

地区	项目名称	开放年份
德国莱茵兰—普法尔茨	纽博格林北环（Nurburgring Nordschleife）	1927 年
马来西亚吉隆坡	雪邦赛车场（Sepang Circuit）	1999 年
日本三重县	铃鹿赛车场（Suzuka Circuit）	1962 年
中国北京	宏昌竣体育公园	2014 年
中国贵州	贵州骏驰国际赛车场	2016 年
中国广东	广东国际赛车场	2009 年
中国上海	上海天马国际赛车场	2004 年
中国浙江	金华汽车文化公园	2017 年
比利时斯帕	斯帕赛车场（Circuit de Spa-Francorchamps）	1922 年
德国奥舍斯莱本	奥舍斯莱本赛车场 (Motor Sport Arena Oscherlseben)	1997 年

4.4.1 专业国际汽车赛道的体验

专业赛道的体验是近距离接触汽车文化尤其是汽车运动文化的最直接方式。国际赛车场如德国纽博格林北环，比利时斯帕赛车场，马来西亚吉隆坡雪邦赛车场和国内大部分国际赛车场，都设有专门的赛道开放日，由专业车手驾驶或指导，面向公众提供各种形式的开放体验。近年来新兴的赛道通过灵活的组合方式，能够将原有的国际赛道拆分或简化为能够独立运营、难度更低且更适合非专业人员驾驶的体验赛道。符合汽车赛事场地要求的汽车主题公园与国际赛车场，均可向下兼容开展全民驾驶体验。

在德国纽博格林北环，人们可通过自驾、租车或乘坐专业车手驾驶的车辆进行体验（图 4-26、图 4-27）。在赛道公众日，尤其是周末全天开放日，大量的汽车爱好者汇聚于纽博格林北环附近，通往赛道的路边停满了各式各样前来体验的车辆，犹如改装车的盛宴与平民车的狂欢，汽车运动氛围达到高潮。体验者通过工作人员的专业培训和赛道安全提示，并根据视频教学了解驾驶线路后即可以上赛道体验。在公众开放日，纽博格林北环在当地交通法规意义上等同于公共道路，体验者需要遵守交通规则，如禁止右侧超车等，以此保证场地的体验质量和体验者的安全性。

图 4-26　纽博格林北环上的驾驶体验

图 4-27　纽博格林赛车场功能分析示意图

4.4.2　各类娱乐性赛道的体验

依托各种娱乐性汽车运动场地、推广全民驾驶体验的汽车主题公园布局灵活、形式多样，既可以利用单独的封闭场地进行布置，也可以结合景观设置体验难度低、维护简单的体验路面。通过驾驶体验赛道、娱乐型卡丁车、Off-Road 体验（图 4-28）、城市

SUV 体验等项目，游客在特定的场地尽情享受驾驶乐趣，以直观的方式比对车辆之间的差别；依靠场地中的技术人员指导和检测设备的检测，游客可从专业角度充分了解自身驾驶行为的特点与驾驶车辆的性能参数。汽车品牌厂商则可借助体验项目，全面展现产品特色，实现对汽车文化的全方位推广。

图 4-28 大众汽车城主题公园中的 Off-Road 体验

这类体验型场地以德国大众汽车城主题公园体验项目为代表，Off-Road 体验路与整体的景观风貌融为一体，园区道路自身还包括多种路面材料的体验路，消费者在提车后甚至可以径行上路驾驶，更设有全地形路体验，通过反复地启停了解汽车的启动制动性能。在相对封闭的场地中，大众公司安排专业的技术人员并配备专门的检测装置，提供全方位的服务。

厦门鸿山汽车文化公园（图 4-29）从 2009 年踏勘到 2017 年接近完工已历经 8 年时间，原本规划将其中包括平地、采石场和林地共 800 亩（约 $0.53km^2$）的场地建设国际二级赛车

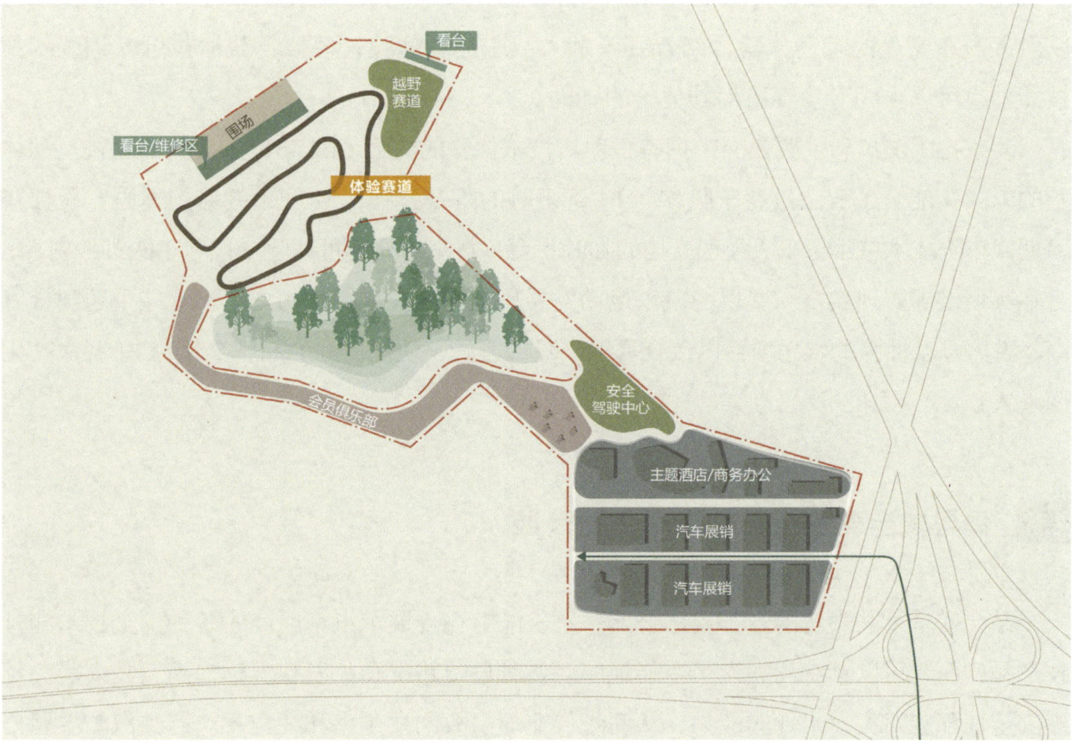

图 4-29 厦门鸿山汽车文化公园功能分析示意图

场。出于对环境保护和可持续发展的考虑，设计师说服投资方降低赛道等级，利用平地和采石场旧址两块土地规划国际三级赛道。在当地规划部门确定用地红线后，受用地红线和生态环境的限制，赛道等级被调整为体验赛道，这种出于生态保护考虑做出的让步，既为公园找到了更合理的功能定位与发展方向，又完全保留了林地原有的自然风貌，实现了商业与生态的平衡。

图 4-30　阿布扎比法拉利主题公园中新技术体验的项目

4.4.3　新科技的体验

除了实地的驾驶体验外，通过新科技推广全民驾驶体验的汽车主题公园也是兼备科技性、娱乐性与体验性的典型。新技术体验根据地区优势和特色的不同也有不同的选择，在汽车主题公园园区道路中设置无人驾驶体验的项目，有效利用公园干扰变量较小的环境优势，实现科研和展示的互动；新能源汽车的试乘试驾体验可利用 4.4.1 节和 4.4.2 节中表述的赛道，或在公园广场、道路中将新能源汽车作为公共交通工具；VR 体验技术可以融入汽车文化的互动体验，结合赛事融入汽车运动体验；模拟驾驶体验可以训练驾驶技能，也可以作为专业赛道驾驶体验的辅助。

阿布扎比法拉利主题公园中拥有多项新技术体验的内容（图 4-30）。例如通过互动体验的方式，能够了解法拉利车队参与 F1 赛事时的筹备过程；F1 赛事的监控体验，模拟赛事期间车队技术总监与车队经理监控的临时平台；赛车仿真器可体验法拉利车队训练内容；身临其境以虚拟现实技术展现的汽车运动发展历程和法拉利品牌历史等。这些主题契合度高、游客互动性强的娱乐项目以大众喜闻乐见的方式，使法拉利的品牌文化与 F1 赛车文化深入人心。

4.5　倡导安全驾驶教育的汽车主题公园

结合安全驾驶教育的汽车主题公园，不仅能够充分展示汽车厂商的各种安全技术和科技产品，而且可以训练驾驶人员本能地应对各种危险路况和突发状况，提高驾驶人员的驾驶安全性和应对突发事件的能力，从而降低交通事故的发生率和死亡率。这类汽车主题公

美国汽车联合会
AAA

全德汽车俱乐部
ADAC

瑞士旅游俱乐部
TCS

斯洛文尼亚汽车协会
AMZS

图 4-31　汽车相关服务性组织标识

图 4-32　德国奥舍斯莱本赛车场

图 4-33　德国霍根海姆赛车场

图 4-34　匈牙利匈格罗宁赛车场

园可用于特殊车辆驾驶人员驾驶技能培训，成为开展安全教育的窗口，也可作为年轻人极限驾驶体验的场地。国外尤其是欧美国家，汽车相关服务性组织拥有遍布全域的安全驾驶教育中心，如全德汽车俱乐部ADAC、斯洛文尼亚汽车协会 AMZS、瑞士的非营利性旅游俱乐部 TCS、美国汽车联合会 AAA 等（图 4-31），均把安全驾驶教育和驾驶培训相结合，为驾驶者提供专业而系统的技术服务。

此外，相当一部分汽车运动场地如国际赛车场，也配备了可以开展安全驾驶项目的设施，如德国奥舍斯莱本赛车场（图 4-32）、霍根海姆赛车场（图 4-33）、匈牙利匈格罗宁赛车场（图 4-34）等。安全驾驶教育场地与汽车运动体验场地相得益彰，为厂商测试、驾驶体验和教育培训提供了多元化的方案选择和系统化的功能体系。

总体而言，安全驾驶教育体验在国际上具有迅猛的发展趋势，不少国家已经将安全驾驶教育作为驾驶人员的资格考核标准之一（表 4-5），反观国内的类似平台则尚处于起步阶段，有待规范化和标准化。

表 4-5 倡导安全驾驶教育的汽车主题公园

地区	项目名称	开放年份
奥地利瑟尔登	宝马冰雪安全驾驶培训（BMW Winter Training）	—
奥地利特斯多夫	道路安全训练中心 (The Road Safety Training Centre)	—
德国奥舍斯莱本	奥舍斯莱本赛车场 (Motor Sport Arena Oscherlseben)	1997 年
德国（多地区）	全德汽车俱乐部（ADAC）安全驾驶中心	—
德国霍根海姆	霍根海姆赛车场（Hockenheimring）	1932 年
瑞士苏黎世（ZH）	TCS 苏黎世希维尔中心 （TCS Training & Events Betzholz Hinwil）	—
斯洛文尼亚弗兰斯科	AMZS 体验中心（AMZS Safe Driving Centre Complex）	—
匈牙利布达佩斯	匈格罗宁赛车场（Hungaroring）	1986 年
中国浙江	金华汽车文化公园（二期）	在建
瑞士伯尔尼州（BE）	TCS 涅斯托肯中心 （TCS Training & Events Stockental Niederstocken）	—

4.5.1 汽车服务性机构培训场地

许多步入汽车社会较早、发展较为成熟的国家设有专门的汽车服务机构，针对汽车用户提供全方位的专业支持，不仅能够为汽车驾驶员、摩托车驾驶员等道路使用者提供驾驶技能培训、紧急道路援助、车辆及配件检查测试、车辆和旅游保险、相关法律支持等一系列的服务，而且还开发了道路信息共享和旅游信息共享的平台，与金融、医疗、汽车产业等领域开展广泛的业务合作。会员制的应用为这些机构提供了更便利的个性化服务，由他们建设的安全驾驶教育中心能提供在保证汽车零车损的前提下训练驾驶人员在不同路况下掌握并提升驾驶能力的各项培训。而这些培训的可靠性与权威性，也使其成为部分西方国家各地区客车、公共汽车、医疗等专用车辆驾驶人员取得工作资格的必要条件。

这类汽车服务性机构在全国或全地区建设的安全驾驶培训基地，项目功能丰富，兼具汽车运动和汽车文化的主题，公众参与度强，可被视为汽车服务性机构倡导安全驾驶教育的汽车主题公园。

斯洛文尼亚安全驾驶中心是汽车服务性机构倡导安全驾驶教育类汽车主题公园的典型案例。斯洛文尼亚汽车协会（Avto-Moto Zveza Slovenije，AMZS）位于斯洛文尼亚首都卢布尔雅那，会员来自 79 个汽车俱乐部和汽车旅行俱乐部，总人数超过 75 000 名。AMZS 提供驾驶培训（图 4-35）、紧急道路援助、汽车维修等服务，是国际汽联（FIA）、国际摩联（FIM）、国际旅游协会（AIT）、欧洲摩联（UEM）等的会员，与欧洲道路安全组织（EuroRAP）、斯洛文尼亚高速公路运营商（DARS）等建立了合作关系。AMZS 安全

图 4-35 AMZS 驾驶培训

图 4-36 安全驾驶教育体验

驾驶中心占地面积超过 15hm^2，包括 6.6hm^2 的沥青路面，长 2.5km 精心设计的训练路线上配备了最先进的模拟不同驾驶条件的设备，可开展各种针对客车、商用车、公共汽车、摩托车驾驶人员的训练服务。AMZS 与交通管理部门合作，开办了法定的培训计划和安全驾驶课程，后者如驾驶证清分课程、新手司机的二次认证课程（Post-licence Course）、初级资格证书及拓展课程、指导员认证课程（Instructor Certification Courses）等。AMZS 安全驾驶中心也可作为教育、商业、演艺等其他活动的举办场所。

4.5.2 安全驾驶教育体验基地

除了连锁性汽车服务机构的场地，汽车主题公园本身也可作为专门的安全驾驶教育体验基地，作为社会公益性项目向普通驾驶者提供训练并推广安全驾驶（图 4-36）。随着道路安全理念的进一步推广，安全驾驶教育项目可与交通管理部门合作，作为机动车驾驶考试学习的辅助教学平台、交通事故肇事司机的二次培训平台、青少年素质拓展培训平台等，共同致力于改进普通驾驶者的驾驶习惯，普及不同路况下的驾驶策略，倡导道路安全。针对不同层次、不同需求的驾驶者和不同的车辆，安全驾驶教育能够提供对应难度等级的体验内容，并在体验或培训结束后根据实际检测数据做出分析，提供避除不良驾驶行为、改善驾驶技能的解决方案。

金华汽车文化公园将在二期用地内建成安全驾驶教育体验基地。用于模拟各种雨雪路面、冰雪路面等危险路况下的车辆转向不足、转向过度等情况，可用于测试车辆的安全性能，作为产品技术改进的参考，也可用于训练驾驶人员在突发状况下第一反应规避危险的能力，从而有效降低交通事故的发生率和死亡率，为驾驶培训机构提供更科学严谨的安全教育场地，成为安全教育宣传的窗口。项目建成后，将作为国内安全驾驶教育体验平台，面向社会大范围推广安全驾驶的中试基地。

4.6 推动全民健身的汽车主题公园

推动全民健身的汽车主题公园是以汽车运动为主导、融合多种全民健身体育项目的综合性现代体育公园。《国务院关于加快发展体育产业促进体育消费的若干意见》（国发〔2014〕46号）中提到："发展健身休闲项目。大力支持发展健身跑、健步走、自行车、水上运动、登山攀岩、射击射箭、马术、航空、极限运动等群众喜闻乐见和有发展空间的项目。鼓励地方根据当地自然、人文资源发展特色体育产业。"《全民健身计划（2016—2020年）》中强调了发挥全民健身多元功能，结合"健康中国2030"等总体发展战略，以及科技、教育、文化、卫生、养老、助残等事业的发展，发挥全民健身在促进素质教育、文化繁荣、社会包容、民生改善、民族团结、健身消费和大众创业、万众创新等方面的积极作用。

公园作为城市居民休闲游憩的场所，能够且有必要成为推动全民健身的平台与载体，而汽车运动作为具有时尚引领作用和消费引领作用的体育项目，可以发挥自身的优势，与其他体育活动联动发展，实现全民健身、健康中国的发展目标。推动全民健身的汽车主题公园一般可分为两类，一类为将极限运动与汽车运动相结合，形成面向青少年、具备时尚引领气质的新兴特色主题公园；另一类是将推动全民驾驶体验、汽车运动与文化科普同大众性体育健身项目相结合，形成致力于推广全民健身的体育运动公园（表4-6）。

表4-6 推动全民健身的汽车主题公园

地区	项目名称	开放年份
巴西戈亚尼亚	戈亚尼亚国际赛车场（Nelson Piquet International Autodrome）	1977年
芬兰尤尔瓦	博特尼亚赛车场（Botniaring）	1989年
捷克共和国布尔诺	伯诺赛车场（Automotodrom Brno）	1986年
美国北卡罗来纳州	卡罗来纳蛮荒越野车冒险旅游乐园 (Carolina Backwoods ATV Adventure Tours)	—
挪威摩城	北极圈赛车场（Arctic Circle Raceway）	1995年
印度新德里	捷彼绿色运动城（Jaypee Greens Sports City）	在建
英国苏塞克斯郡	古德伍德（Goodwood）	—
中国北京	宏昌竣体育公园	2014年
中国内蒙古	越野e族阿拉善梦想沙漠汽车航空乐园	在建
俄罗斯索契	索契赛道（Sochi Autodrom）	2014年

4.6.1 极限运动公园

结合极限运动的汽车主题公园，是极限运动公园和汽车主题公园的融合，以汽车运动为主体，同时包含一定数量的水、陆、空极限运动。从 20 世纪 90 年代进入中国，极限运动经历了从少有人问津到备受年青一代喜爱的曲折发展历程。在结合极限运动的汽车主题公园中，水上极限运动（赛艇、水上摩托等）、陆上极限运动（攀岩、越野、滑板等）、空中极限运动（滑翔、跳伞等）分别根据需要因地制宜进行设置。在国发〔2014〕46 号文件中，极限运动与汽车摩托车运动共同被称为群众喜闻乐见和有发展空间的项目，获得大力推广和支持。

国际性极限运动公园拥有相应的设计标准。欧美国家许多由企业自主运营的赛车公园即属于此类极限运动公园与汽车主题公园的融合，卡罗来纳蛮荒越野车冒险旅游乐园（Carolina Backwoods ATV Adventure Tours）是位于北卡罗来纳州南卡小河镇、由家族企业运营管理的冒险乐园，游客在此骑乘全地形越野车，在荒野树林间穿梭冒险，全程提供基本教学和保护设备，在享受汽车运动的同时体验极限越野。位于美国伊利诺伊州麦迪逊市的门户赛车运动公园（Gateway Motorsports Park）将原本以赛道为主的公园扩建至 200 多英亩（约 0.809km^2），增添了国际卡丁车赛道、改进了看台和俱乐部，成为该地区最大的户外娱乐基地（图 4–37、图 4–38）。此外，该公司将推出多用途的极限运动设施，包括越野、沙滩车和牵引车等，通过汽车运动和极限运动项目的结合，充分展现二者挑战速度与极限的特质。

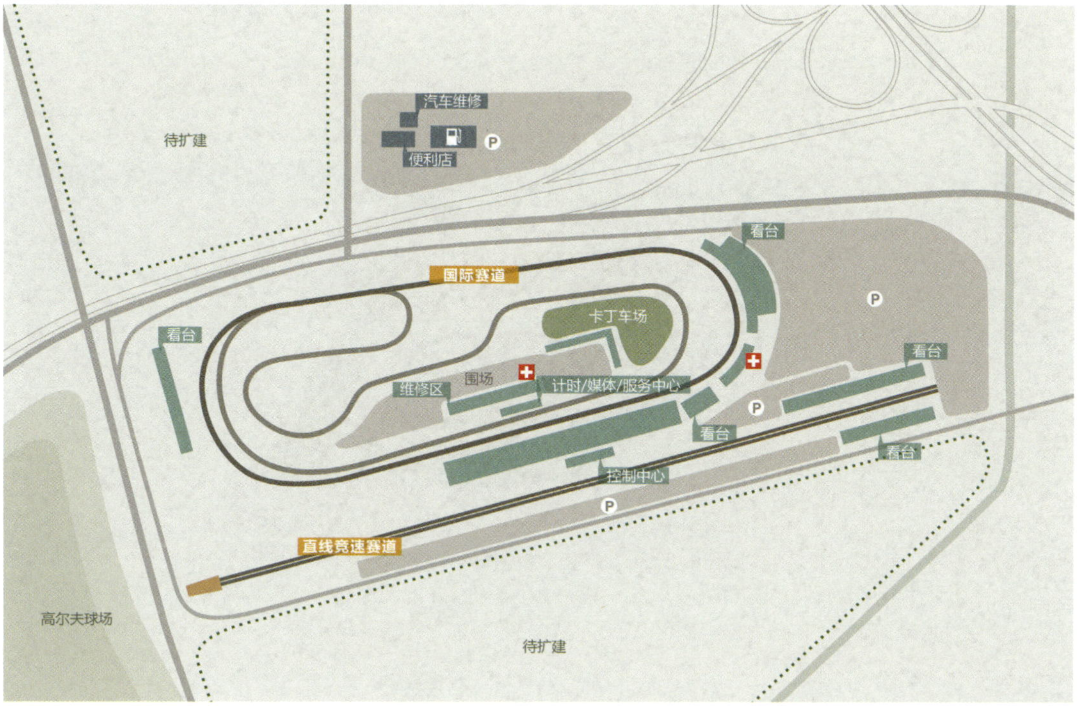

图 4–37　门户赛车运动公园功能分析示意图

4.6.2 体育运动公园

图 4-38 门户赛车运动公园

具有体育运动公园性质的汽车主题公园，以全民性的体育健身与全民性的汽车运动体验为理念，受众面广，可实现性强。它既适用于新建场地的功能定位，也适用于已建公园或赛车场的改造。国外案例中将老牌赛道升级，以丰富的体育健身业态进行扩充，使赛车场升级成为体育运动公园的做法近年来屡见不鲜，体育相关产业的融合联动作用使汽车运动的竞赛热度与体育运动的人气相互促进，相得益彰。

巴西的戈亚尼亚国际赛车场（Autódromo Internacional de Goiânia）在 20 世纪 70 年代作为现代化的专业赛道经历了相当长的辉煌期，至 90 年代由于面层损耗和修缮不当逐渐受到冷落。当地政府转变思路，将在附近建设新场地的计划取消，投入资金对原有赛道进行改造，包括拆除原有的维修区、控制塔和媒体中心，代之以符合国际汽联标准的全新设施，翻新赛道表面，达到比赛标准（图 4-39）。在场地周边同时开展多功能体育

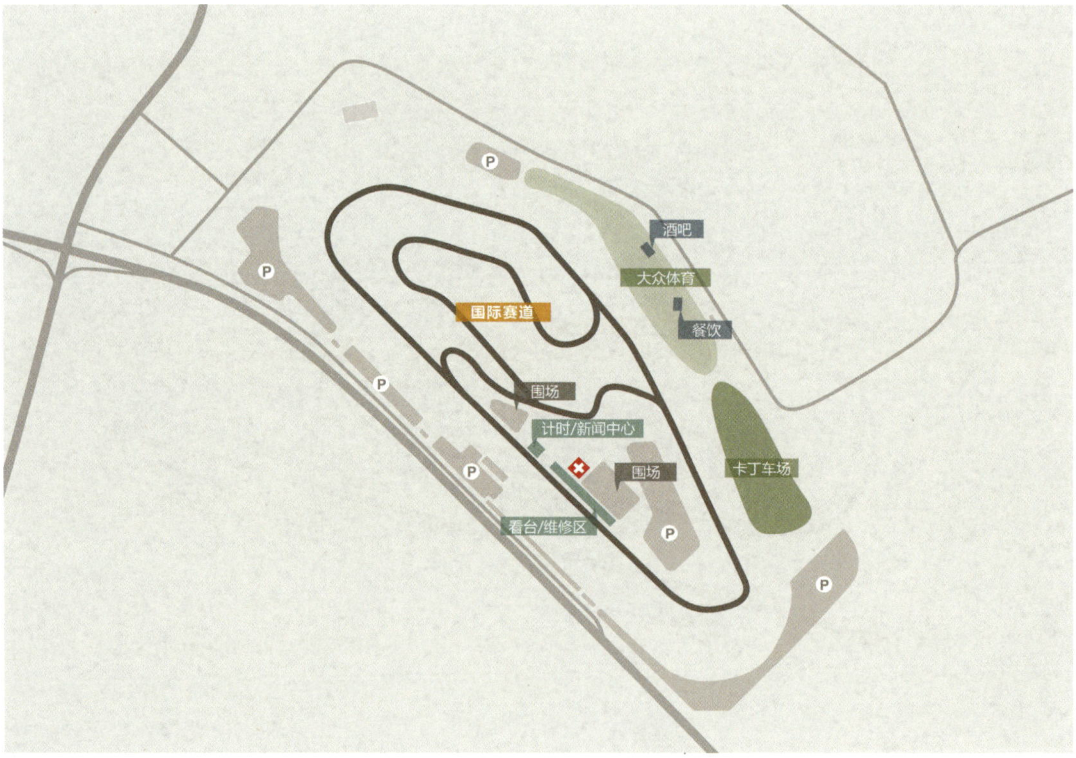

图 4-39 戈亚尼亚赛车场功能分析示意图

设施的建造规划，其中包括适合开展群众性体育项目的体育场、公园篮球场和溜冰场等。此外，场地运营方也着手策划启动适合巴西本国特色的系列车赛。戈亚尼亚国际赛道的改造获得了大量的人气，完成了跨越式的发展。

图 4-40　在宏昌竣体育公园举办的百姓徒步大会

位于北京市朝阳区的宏昌竣体育公园是目前国内较为经典的案例。公园以瑞得万国际卡丁车场和气膜建筑内的宏昌竣网羽中心为核心，打造促进汽车运动与汽车文化推广、推动全民健身的综合性体育公园。公园周边布置了满足车手训练要求、同时适用于大众体验的专业健身馆、主题酒店、主题餐饮、会员俱乐部等多种业态（详细案例分析见附录 B）。一年一度的百姓徒步大会在此举办（图 4-40），全民共享节、跨年盛典等活动也丰富了民众的生活。

4.7 探索城市公共资源二次利用的汽车主题公园

汽车主题公园形式多样，有较强的适应性。特大型体育活动后的体育场馆、一般市政道路、高压塔走廊下的绿地、城市公园、去产能过程中关闭的工厂等，都可加以改造设计成为汽车主题公园（表 4-7）。《全民健身计划（2016—2020 年）》明确提到了“充分利用旧厂房、仓库、老旧商业设施、农村‘四荒’（荒山、荒沟、荒丘、荒滩）和空闲地等

表 4-7　　　　城市公共资源二次利用的汽车主题公园

地区	项目名称	开放年份
澳大利亚墨尔本	阿尔伯特公园赛道（Melbourne Grand Prix Circuit）	1953 年
美国加利福尼亚州	汽车俱乐部赛车场（Auto Club Speedway）	1997 年
摩纳哥蒙特卡洛	蒙特卡洛赛道（Circuit de Monaco）	1929 年
意大利蒙扎	蒙扎赛道（Monza Circuit）	1922 年
英国北安普顿	银石赛道（Silverstone Circuit）	1943 年
中国澳门	东望洋跑道	1954 年
中国北京	北京 SF 汽车街道赛赛道	2010 年
中国湖北	武汉国际汽车街道赛赛道	2017 年
中国浙江	金华汽车文化公园	2017 年
中国香港	FE 中环街道赛赛道	2016 年

闲置资源，改造建设为全民健身场地设施，合理做好城乡空间的二次利用，推广多功能、季节性、可移动、可拆卸、绿色环保的健身设施”。鼓励因地制宜，有效扩大增量资源。将城市公共资源改造为汽车主题公园是最大化利用资源、节约成本的自发现象，同时也是增强城市活力、促进地区产业结构优化的积极选择。

4.7.1 城市道路的利用

城市街道赛是在城市道路上举办的汽车比赛，它可以全部利用城市道路作为赛道，也可以将一段永久赛道和城市道路组合成一条半永久的赛道。街道赛需要对原有的城市道路按照赛道的基本要求做适当的改建，安装赛道专用安全设施和必要的附属设施，所有的改建和安装工程须在比赛前完成。赛事期间相关路段的交通全部或部分封闭，比赛结束后快速恢复城市道路原貌，同时恢复交通。街道赛赛道线形和安全要求同样需要满足赛事要求的各项标准，并办理相应赛道许可证。利用城市道路的优势在于节约土地资源，让市民和赛车实现零距离的接触，有效聚合周边人气，传播汽车文化，充分利用汽车运动的特点激发城市活力。

美国纽约布鲁克林街道赛赛道在 2017 年实现了纽约举办街道赛的梦想，赛道位于布鲁克林红钩区，利用约 4 个长街区完成设计，于 7 月举办了 Formula E 电动方程式比赛（图 4-41）。赛事的举办被电动方程式执行总裁 Alejandro Agag 称为“不仅对电动方程式赛车而言是历史性的一刻，更是汽车运动历史性的一刻”。与此同时，北京、伦敦、香港等世界中心城市都留下了电动方程式赛车的身影。电动方程式的环保性和创新性与世界性大城市的发展形象拥有较高的契合力，“城市”与“汽车”主题的结合，不仅能够提升话题度，更能够彰显城市发展实力与发展成果，塑造充满活力的城市形象，将汽车运动作为新鲜血液注入城市文化之中。

1993 年，我国最早的城市街道赛在珠海举办；2004 年，我国第一场国际汽车街道赛在上海陆家嘴与国人见面。时至今日，在中国北京、上海、江苏盐城、湖北武汉等七个场地已成功举办了八场国际汽车街道赛。首届中国汽车摩托车运动大会更是汽车街道赛的一次升华。笔者自 2004 年设计第一条街道赛赛道开始，就全程跟进赛事的开展，被汽车街道赛热烈的赛车氛围深深感染。

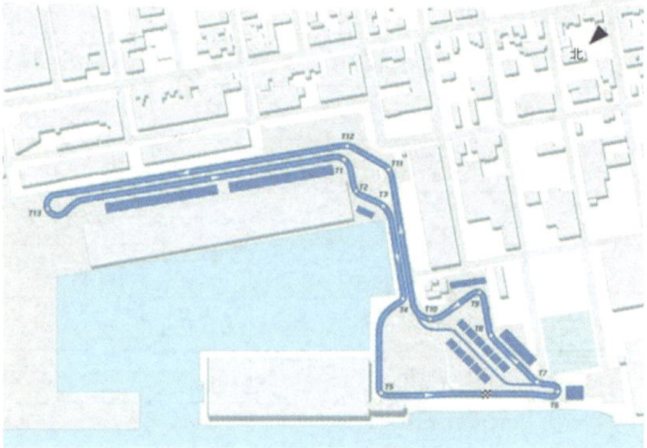

图 4-41 Formula E 布鲁克林街道赛赛道

4.7.2 废置厂房与河滩的利用

图 4-42 银石赛车场

通过对旧厂房、河滩等闲置场地的再利用建设汽车主题公园，这种方式在国外较为常见。很多知名赛车场的建成就是源于汽车爱好者寻找旧厂房、仓库、弃置的机场、空河滩等地带，自发地开展汽车运动，这一活动进而发展成为当地的文化特色，在具备一定的影响力后，通过专业的开发运营团队对场地设施进行完善，建成赛车场或汽车主题公园。

位于美国加利福尼亚州丰塔纳的汽车俱乐部赛车场（Auto Club Speedway）原场地为二战时期钢材厂，建设者将原有构筑物移除后，对土壤中的有害物质进行了净化，并最终建成赛车场；英国伦敦著名的银石赛车场（Silverstone Circuit）由飞机场改建，配建有体育俱乐部、高尔夫球场和驾驶学校（图 4-42）；挪威的北极圈赛车场（Arctic Circle Raceway）建立在一个前采石场的旧址上，夏季利用漫长的白天举办 24 小时的比赛，冬季可以举办冰球竞赛和其他冬季运动项目；德国大众汽车主题公园则在废弃采煤场的基址上设计建造。

在国内，笔者同样进行了积极的探索与实践。早在 2007 年，大连曾在采石场选址规划汽车公园；2011 年，山西曾在大型矿坑选址规划汽车公园；2014 年，北京在拒马河畔规划大型赛车公园；2013 年，山东临沂正直汽车主题公园建成，公园坐落于沂河的河畔滩地上，被打造成以汽车驾驶培训、安全体验、自驾露营与特技培训为主要功能的汽车主题公园和森林生态公园；2009—2017 年，武汉在东荆河畔的河滩地上规划了特大型汽车主题公园，经过多年论证与策划，公园以智能网联为主题定位，现已开工建设；2018 年，秦皇岛首钢旧厂房将改造成为工业文化与汽车运动文化相融合的大型主题公园，以汽车街道赛为开端，在保留历史工业风貌的基础上，以人文、艺术、运动与科技，实现工业遗址的文化创意改造和地区产业结构的转型升级。

4.7.3 城市公园或绿地的利用

在原有的城市公园中加入汽车运动的元素，建成汽车主题公园，不仅可以节约大量土地空间，作为对城市公共资源整合利用的积极尝试，同时也是对休闲旅游公园增添活力、优化配置的探索。城市公园或绿地为居民的休闲生活提供了优越的休憩环境，但景观和配置较为单一，缺少具有优势性、特色性、互动性的旅游内容，游客往往对空间利用的需求高于景区本身内容的需求。将汽车运动和汽车文化元素融入公园，对公园进行升级改造，能在较低的成本消耗下实现城市公共游憩空间的优化利用。城市公园中也可直接加入汽车主题的版块，如利用公园道路布置汽车街道赛，进行无人驾驶试验和科普等，是“临时性”汽车主题公园的突破性尝试。

图 4-43 阿尔伯特公园赛道

阿尔伯特公园赛道（图 4-43）坐落在澳大利亚墨尔本城市中心地带著名的阿尔伯特公园中，围绕中央湖而建设，赛道防撞设施、维修区、看台等设施在赛前临时搭建，比赛开始前两个月开始改造工程，赛后六周内拆除全部设施恢复原状（图 4-44）。自 1996 年首次落成以来，几乎承办了每年的 F1 大奖赛揭幕战。便捷的交通与优美的环境营造出格外火爆的观赛氛围，首次办赛就吸引了 40 多万车迷到场观战，在赛车发展史中书写了浓墨重彩的一笔。

与此类似，F1 意大利站的蒙扎赛道坐落于意大利蒙扎森林地区皇家公园中，场地建设尽可能多地使用现有的公园道路，减轻了人们对建设赛道而过度砍伐树木的担忧。它也是世界上最早被正式启用的 F1 赛道。

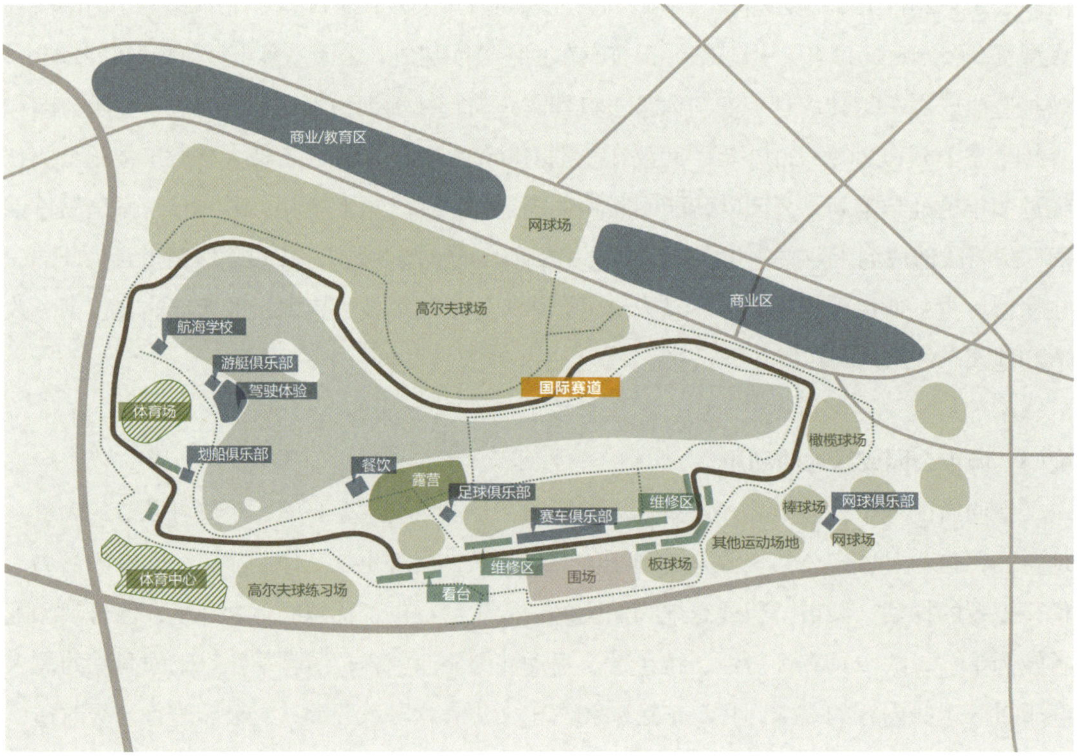

图 4-44 阿尔伯特公园功能分析示意图

北京 SF 国际汽车街道赛赛道由北京顺义奥林匹克水上中心公园的内部道路和部分外部道路组成，2010 年 10 月成功举办了国际超级联盟大奖赛。此后大众汽车多次在此开展汽车主题公园的策划。

图 4-45 俄罗斯索契赛道

4.7.4 体育场馆再利用

利用体育场馆进行改造成为汽车主题公园，是探索体育场馆运营的经典思路。如何更有效地解决大型赛事后场馆的供需失衡、功能单一、运营维护费用高等问题，同时最大限度地实现盘活存量资源，发挥体育场馆对全民健身和体育相关产业的带动作用，对于后奥运时代的中国尤其需要借鉴。对体育场馆进行适当的改造或增建，使其成为汽车运动的专业场地，可实现资源的整合与功能的多元化。

F1 俄罗斯站索契赛道建于 2014 年索契冬奥会的场馆中，作为奥林匹克公园的一部分，赛车穿梭在各个场馆之间，周边环境则是高山大海。独特的驾驶氛围为俄罗斯首条 F1 赛道带来绝无仅有的壮阔体验（图 4-45）。

武汉国际街道赛赛道大部分利用武汉体育中心内部道路、局部利用周边外部道路建设而成，属半永久性街道赛道，并于 2017 年成功举办了 CTCC 中国房车锦标赛，吸引上万观众。赛道设计的初衷是在竞技性与安全性之间达到平衡的同时，利用赛事让汽车运动文化穿梭于城市之间，激发武汉市的城市活力，彰显其朝气蓬勃、拥有无限发展可能的全新形象。2018 年，赛道将进一步优化升级，迎来首届中国汽车摩托车运动大会（图 4-46）。

4.7.5 高压走廊下的绿地利用

高压走廊指在 35kV 及以上高压架空电力线路两边导线向外侧延伸一定安全距离所形成的两条平行线之间的通道，也称高压架空线路走廊[2]。我国是名副其实的世界电力大国，电网规模居世界首位。据国际咨询机构 GlobalData 发布报告称，到 2020 年，中国输电线路总里程将从 2014 年的 115 万 km 增加至 159 万 km 以上。城市高压线走廊需要严格的保护，但大量高压走廊地段的闲置，会造成城市资源的浪费，久而久之则容易疏于监管，甚至成为城市垃圾的堆集地带，反而容易产生安全隐患。利用高压线走廊下的绿地建成汽车主题公园，以安全的方式加以利用，能将城市闲置土地资源“变废为宝”，更有利于保护电力线路。通过合理的设计布局与科学的视线分析，高压塔的视觉效果被很大程度地弱化，将原本缺乏人气的绿地改造成为汇聚人气的城市公共空间。

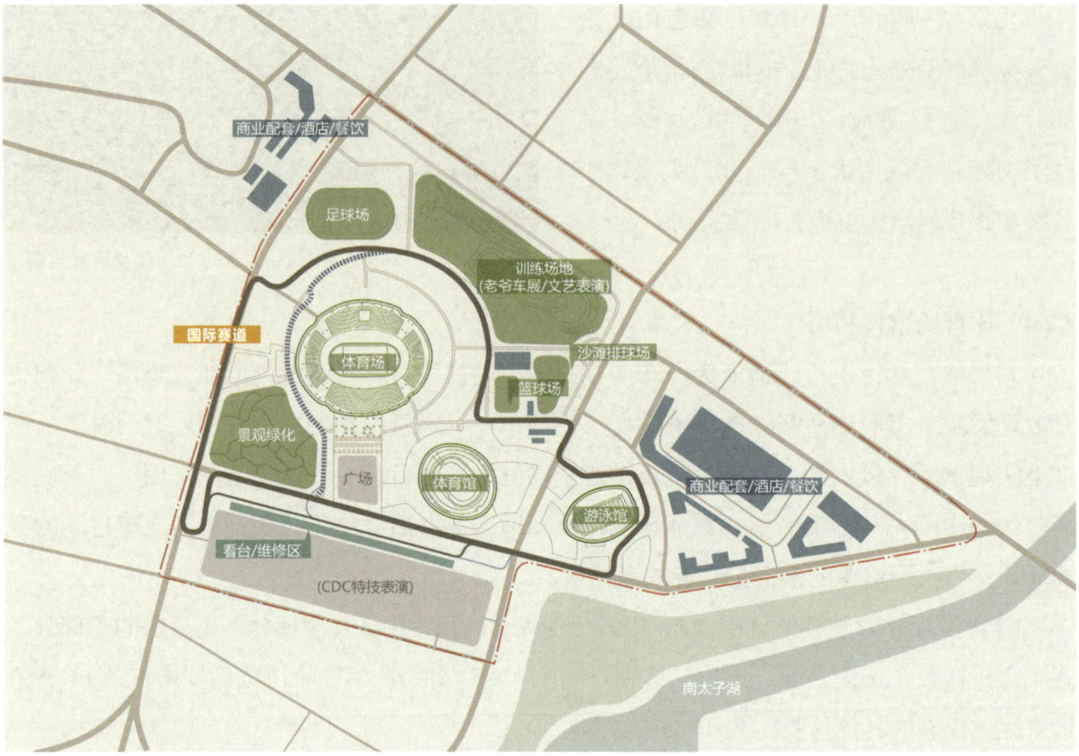

图 4-46 首届中国汽车摩托车运动大会（武汉）功能分析示意图

图 4-47 金华汽车文化公园建成实景与基地原风貌对比

高压走廊下绿地再利用的汽车主题公园以金华汽车文化公园为典型。公园在协同电力部门做好各项安全保障工作的基础上，将狭长分布的场地经规划设计转变为流动的风景线（图 4-47），成为金华新能源汽车小镇对外宣传的窗口。开放式的汽车雕塑公园和封闭管理的汽车运动场地相得益彰，能够给予城市居民充分的休闲娱乐空间，为汽车文化和汽车运动提供体验平台和展示舞台。此外，武汉汽车公园同样利用高压走廊空间规划设计。

4.8 开展汽车文化科普的汽车主题公园

作为城市文化的传播窗口，配合汽车文化科普的汽车主题公园能够满足不同年龄段的游览需求（表 4–8）。由于汽车文化内涵的多样性，相应的科普也应包括多个方面，如文化与艺术科普、技术与安全科普和未来发展方向的科普等。形式可以通过汽车博物馆、汽车文化雕塑、汽车公共艺术、科普长廊、互动体验等多种项目表现，由于开展汽车文化科普的汽车主题公园拥有特色突出、艺术性强、人文气息浓厚等特点，也能够带动特色餐厅、主题酒吧、艺术工作室等个性化、主题化服务业的发展。典型案例如长春汽车主题公园，包含汽车博物馆（在建）、汽车雕塑和各类科普景观小品。而金华汽车文化公园，也利用汽车雕塑的有机更新体现汽车文化的“生命”主题。公益性、趣味性和科普性的项目设置，将汽车文化通过与公众的亲密接触而广泛传播，作为城市精神的组成部分，融入城市文化的血脉。

表 4–8　开展汽车文化科普的汽车主题公园

地区	项目名称	开放年份
阿联酋阿布扎比	阿布扎比法拉利汽车主题公园（Ferrari World Abu Dhabi）	2010 年
德国萨克森州	大众汽车城主题公园（Autostadt）	2000 年
韩国仁川	宝马驾驶体验中心（BMW Driving Center）	2014 年
美国阿拉巴马州	巴伯赛车公园（Barber Motorsports Park）	2003 年
日本东京	丰田汽车主题公园（Mega Web）	1999 年
西班牙巴塞罗那	冒险岛法拉利公园（Ferrari Land Barcelona）	2017 年
中国吉林	长春国际汽车公园	2010 年
中国台湾	铃鹿赛道乐园（Suzuka Circuit Park）	2016 年
中国浙江	金华汽车文化公园	2017 年
中国浙江	路虎湖州体验中心	2012 年

4.8.1 开展文化与艺术科普

开展文化与艺术科普的汽车主题公园将汽车的发展历史、汽车社会的进程、汽车从生产到使用的衍生艺术以科普电子展呈、汽车文化雕塑、汽车公共艺术空间、汽车历史走廊、汽车景观小品等形式体现出来，激发游客在观览的过程中对汽车文化和艺术的理解与思考。

古德伍德速度节作为世界上最负盛名、规模最大、历史最悠久的赛车盛事，从 1997

图 4-48　1997 年的古德伍德速度节雕塑“Prancing Horse”

图 4-49　长春国际汽车公园中反映中国汽车工业发展的浮雕墙

图 4-50　金华汽车文化公园中的雕塑作品《驯服》

年起，每年都会在古德伍德宅邸（Goodwood House）前的草坪上展示当年庆典赞助商的纪念性雕塑，雕塑主题与汽车运动文化紧密关联，充满艺术气息与力量感，以庆祝当年或当届盛典的代表性事件。如 1997 年的跃马凯旋门“Prancing Horse”，将一辆法拉利 F310B 悬挂其中以纪念法拉利民用跑车 50 年的制造史（图 4-48）。1998 年第六届古德伍德速度节上，为了庆祝该年度保时捷在勒芒 24 小时耐力赛中赢下了自己的第十六个冠军，古德伍德宅邸前的主题雕塑是保时捷传奇性的耐力赛赛车 917-20、936、956 与 911 GT1。每年更换的雕塑将成为速度节期间的文化地标，令以艺术为承载的汽车运动文化深入人心。

长春国际汽车公园邀请知名景观设计师和雕塑家添加了许多汽车文化元素。例如，用红白二色沥青铺成的世界地图、镌刻有反映汽车发展史的“车辙印”雕塑、反映中国汽车工业发展的浮雕墙（图 4-49）、知名汽车品牌和汽车名人的雕塑展示等，为公园增添了厚重的文化底蕴。

金华汽车文化公园中的雕塑则各取所长，别开生面（图 4-50）。“有生命的汽车雕塑”通过重构汽车形象，植入文化元素，创造出人与自然和谐的互动空间，将雕塑作品本身巧妙地镶嵌于绿化景观之中。随季节变化和厂商主题变换而改变园内雕塑的色彩、造型，使公园自身拥有“生命力”。在契合汽车运动与文化主题的同时，宣传了绿色与生命的价值观念，增强了趣味性和亲切感。

4.8.2　开展科技与安全科普

开展汽车科技与安全科普的汽车主题公园，是通过科普使大众对汽车的科技和性能拥

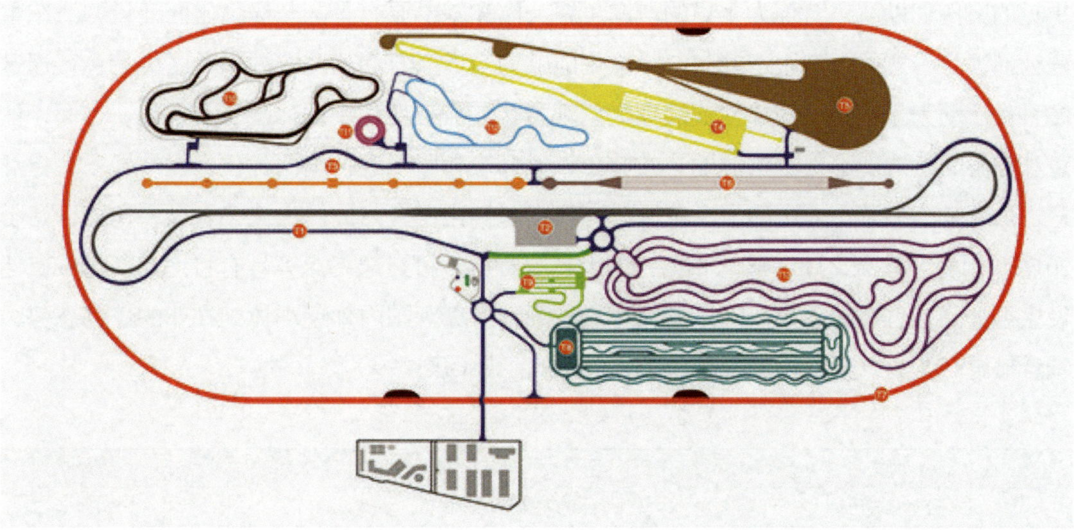

图 4-51　中国汽车技术研究中心盐城汽车试验场

有直观的了解与感受。汽车生产厂家乐于将最新的产品和科技向公众推广，提高品牌的知名度、渗透力和影响力，因此国内知名的汽车企业会在世界各地建立体验中心，依托专业设施，通过提供体验活动、科普展示和教学培训，引导驾驶者与车辆之间更好地适应与磨合，也属于科技与安全科普的范畴。此外，试车场、操控路等场地也以不同形式设置了体验性科普的内容。

国内较为成熟的案例是位于江苏省盐城市的中国汽车技术研究中心盐城汽车试验场（图4-51）。场内规划有满足汽车试验与开发、驾驶体验与竞赛的各种道路设施，主要包括最高车速可达 300km/h 以上的高速环道、用于高速变向和操控体验的直径 300m 的动态广场、满足高速直线竞速的长度为 2.7km 的性能路、多种弯角组合的用于车辆驾驶体验与操控状态测试的干湿操控路，同时建有多种附着系数的制动路、赛道和疲劳测试道路等。其中，干湿操控路不仅是国内服务于汽车行驶稳定性测试、可向多个汽车厂商同时开放的首条干湿操控路，更成为车辆操控试验与赛道体验相结合的国际先例。试验场功能以进行汽车道路试验、汽车产品和零部件测试及工程技术开发为主，依托场地打造面向国内外汽车行业的第三方技术服务平台，促进汽车技术的升级和汽车运动的推广，同时具备驾驶培训、厂商活动、汽车表演、主题旅游等功能。

4.9 促进体旅融合的汽车主题公园

主题公园是特殊的旅游产品，体旅融合的汽车主题公园拥有广泛的适建及适用范围，常见的案例如以汽车营地为主导的汽车主题公园和基于原有景区升级优化而建设的汽车主题公园等。一方面，汽车运动与汽车文化能够为当地原有的旅游资源赋予区域特色，通过多种类活动为景区带来规律性的短期大量观赛客流和长期稳定的体验客流；另一方面，体育和旅游的融合能够促进资源的有效整合，对环境和服务进行全面优化，提升娱乐性与舒适性。未来，旅游产业中的汽车主题公园将在多样化结合方面做出更多尝试，例如，始于2016年，与“丝绸之路”概念相结合的大越野赛事，可在起终点等具有特定意义的城市建设主题公园，打造一项串联全国的文化旅游项目。纵观国内外运动休闲产业的蓬勃态势，结合旅游产业的汽车主题公园拥有广阔的发展前景（表 4–9）。

表 4–9　　结合旅游产业的汽车主题公园

地区	项目名称	开放年份
阿塞拜疆巴库	巴库赛车场（Baku City Circuit）	2016 年
巴巴多斯岛圣菲利普	灌木公园（Bushy Park）	1971 年
巴西米纳斯吉拉斯	克里斯泰斯赛车场（Circuito dos Cristais）	2016 年
英国德比	多宁顿公园（Donington Park）	1931 年
法国萨尔特省	萨森赛车场（Circuit de La Sarthe）	1923 年
加拿大蒙特利尔	维伦纽夫赛车场（Circuit Gilles Villenueve）	1978 年
西班牙马拉加	阿斯卡里赛车度假村（Ascari Race Resort）	2002 年
英国苏塞克斯郡	古德伍德（GoodWood）	—
中国贵州	贵州骏驰国际赛车场	2016 年
德国北莱因 – 威斯特伐利亚	比尔德博格旅游度假村（Bilster Berg Drive Resort）	2013 年

4.9.1　汽车营地

建设汽车营地促进体旅融合的汽车主题公园，是将休闲产业与旅游业优势结合的范例。随着汽车社会的不断推动和高速交通网络的形成，汽车露营地随着自驾旅游和房车旅游的发展应运而生，其对休闲产业的促进作用也进一步显现。根据国家旅游局、国家体育总局等八部门联合发布的《汽车自驾运动营地发展规划》，到 2020 年，全国将初步形成“三圈三线”自驾线路和汽车自驾运动营地网络体系。随着相关部门对汽车营地的逐渐规范，这种在国内方兴未艾的生态休闲旅游方式将进一步丰富汽车主题公园的业态与形式，带动旅游业、汽车制造业、户外体育用品制造业等相关产业的发展。

勒芒小镇可被视为汽车露营文化的典型案例。勒芒 24 小时耐力赛激发的民众热情，促使房车露营文化从这里生根发芽。每年开赛前，临近赛场的房车露营区早早就已停满来自世界各地汽车爱好者们的房车。为了近距离体验汽车运动的氛围，赛场周围设有专门的帐篷露营区和房车生活区，需要交费并预定位置，大量汽车爱好者、露营爱好者和普通游客将在完整的赛程期间观看勒芒耐力赛，自发地组织露营活动，参与赛场外各厂商提供的体验项目，感受当地热爱汽车运动与汽车文化的氛围。露营文化因此成为整个勒芒汽车嘉年华必不可少的一部分（图 4–52）。

图 4–52　勒芒赛车场附近的露营区

4.9.2　原有景区优化

将原有景区优化以促进体旅融合的汽车主题公园借助景区优势将原有旅游资源与汽车运动休闲相结合。汽车主题公园丰富的项目内容可以在考虑功能性的同时，最大限度地保护自然环境，从而实现对旅游资源有机而永续的开发。

加拿大蒙特利尔的吉尔斯·维伦纽夫赛道（Circuit Gilles Villenueve）是一条半永久性赛道（图 4–53），由场地赛道和街道赛道组合而成，每年仅有 F1 比赛期间被完整占用。赛道位于蒙特利尔市区附近五大湖中一座人造岛屿上，拥有便捷的交通。对于汽车运动爱好者和 F1 观众而言，吉尔斯·维伦纽夫赛道的魅力很大程度来源于赛道周边优美的自然风

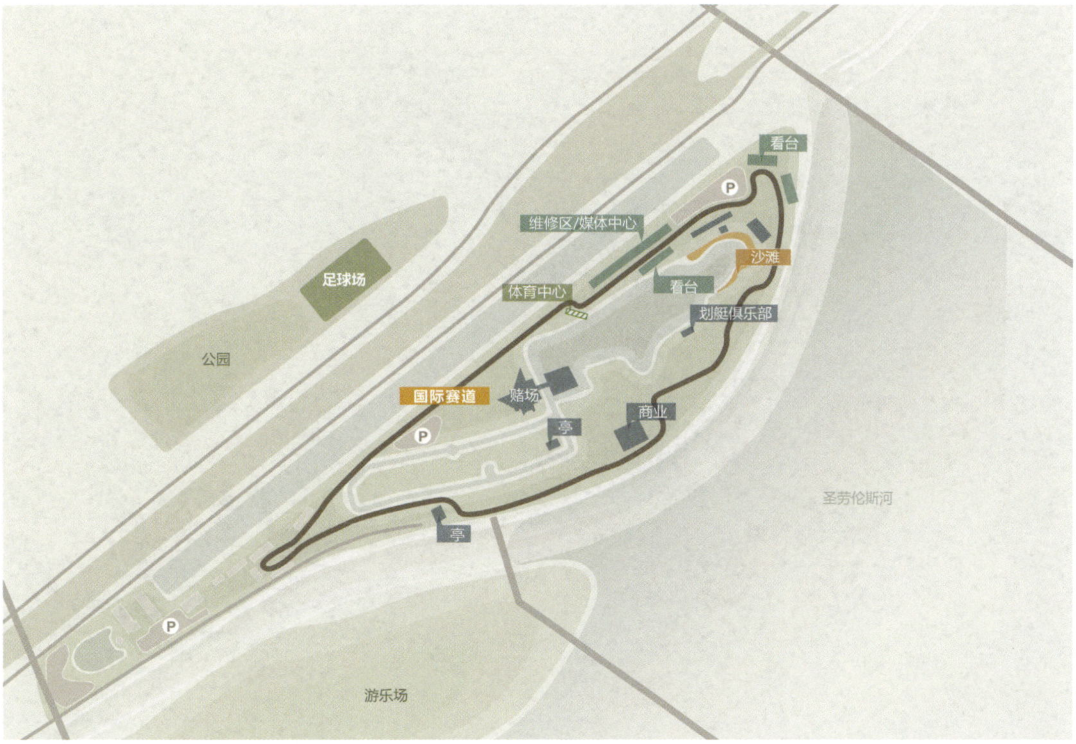

图 4–53　吉尔斯·维伦纽夫赛车场功能分析示意图

光。灵活的开发模式不但把对周围环境的影响降低到最小，更实现了汽车运动与周边景观相融合，向世界展示了加拿大高纬度地区特有的城市风貌（图 4-54）。

处于规划阶段的重庆国际赛车场位于风景秀美的山区（图 4-55），当地南川区拥有世界自然遗产金佛山，有“天然植物陈列馆”之称。赛车场在设计过程中充分结合山地条件，最大限度节约土地资源，充分体现了运动、人文、生态与自然的和谐统一（图 4-56）。主赛道形如延绵的纽带，合理地嵌入到高低起伏的山林中，观众利用地形观赛，不设固定的观众席，在确保安全的同时赋予了赛道独一无二的运动性和趣味性。赛车场建成之后，将能以不同形态丰富重庆南川的旅游资源，完善并提升重庆旅游产品质量，通过举办高级别赛事和各种特色体验活动，培育充满潜力的旅游经济增长点，并成为城市的新名片。

图 4-54　吉尔斯・维伦纽夫赛车场

图 4-55　重庆国际赛车场功能分析示意图

图 4-56　当地山民与民居

4.9.3　特色旅游

汽车主题公园打造主题旅游、体育旅游、体验式旅游等特色旅游产品是近年来广受欢迎的发展方向。根据各地区的文化需求和区域特色，旅游产品可选择的主题和形式也各有不同。若当地有一定的汽车运动发展背景或拥有群众基础极佳的特色赛事，可以开发汽车赛事的特色旅游线路，策划以赛事为主题的旅游嘉年华；若当地自然风景较有特色，可以开展汽车自驾露营或房车露营的主题系列活动；若具备一定的汽车工业发展基础，可以依托生产基地开发汽车工业主题旅游等。2016 年，由中俄两国开启，横跨俄罗斯、哈萨克斯坦与中国，从莫斯科到西安长达一万多千米的丝绸之路拉力赛，作为越野拉力赛事的新尝试，促进了汽车运动与特色旅游的融合，又能充分推动丝绸之路经济带的文化交流。

位于加勒比海巴巴罗斯的灌木公园（Bushy Park），通过自发形成的汽车赛事逐步奠定了其作为加勒比赛车中心的地位，公园中设有国际三级赛道，越野赛车道、国际卡丁车赛道、双车短程赛车道等。当地的汽车运动传统和专业的汽车运动项目，吸引了大量汽车爱好者前来参与比赛，灌木公园也因比赛期间的大量客流和对当地旅游业的深远影响力被称为开“体育旅游”的风气之先。

泰国武里南国际赛车场（Chang International Circuit）首次在汽车运动领域将泰国推向国际舞台。当地政府建设场地的初衷是把这个乡村城市武里南（以高棉语的名字命名为“幸福之城”）建设成为体育旅游目的地，以汽车运动提高地区在全国的知名度，吸引泰国东北部的旅游客源。事实证明以赛事为基础打造的特色旅游项目收获了可观的效果，借助大力推广、首次启用该条赛道的日本超级 GT 系列赛仅在周末就吸引了 13 万人次的观众参与。

4.10 配合特色小镇的汽车主题公园

特色小镇是产城融合的新载体。它融合产业、旅游、文化、社区功能，能够打破原有单一的产业发展思路，是新常态下加快区域创新发展的战略选择，也是推进供给侧结构性改革和新型城市化的有效路径。将成熟的汽车主题公园与特色小镇融合，能够在促进区域内产业转型升级的基础上，激发市场升级和消费升级，为小镇赋予文化内涵和精神活力。特色小镇与汽车主题公园的融合拥有多种思路，可配合当地的文化特色在小镇中建设汽车主题公园，也可借助特色小镇的思路建设广义的汽车主题公园，各取所长，合二为一（表4-10）。国外较著名的案例如法国萨尔特省的勒芒小镇，借助汽车运动文化的特色和汽车运动衍生出露营文化，借助良好的公众基础和广泛的影响力，将整个镇域发展成为辐射范围极广的汽车主题公园，同时也是以汽车运动休闲为主题的特色小镇。国内如已投入使用的金华汽车文化公园即将汽车主题公园与新能源汽车小镇融合，以及正在建设的中国菏泽（定陶）汽车小镇都是这类融合中值得关注的尝试。

表 4-10　　　　配合特色小镇的汽车主题公园

地区	项目名称	开放年份
法国萨尔特省	勒芒小镇（Le Mans）	—
美国北卡罗来纳州	夏洛特市（Charlotte）	—
美国密歇根州	无人驾驶城市（Mcity）	2015 年
印度新德里	捷彼绿色运动城（Jaypee Greens Sports City）	在建
英国西萨塞克斯郡	古德伍德（Goodwood）	—
中国北京	房山区张坊镇生态运动休闲特色小镇	在建
中国吉林	长春汽车小镇	在建
中国内蒙古	鄂尔多斯赛车小镇	在建
中国山东	山东菏泽（定陶）汽车小镇	在建
中国浙江	金华汽车运动休闲特色小镇	在建

4.10.1 汽车小镇

汽车小镇是以汽车及相关产业为基础，以汽车运动与汽车文化为主题，集生产、展示、交易、赛事、科普、体验、旅游、娱乐、安全驾驶教育培训等多种功能于一体的新型城镇区域空间、汽车文化科普平台和产业融合体。由于汽车小镇通常立足于当地传统汽车制造业，能够成为产城融合的有力载体，在此基础之上，根据各地的情况不同，发展自身的优势特色，培育各地方独有的汽车文化。国内如长春已经在汽车制造业的基础上衍生出富有历史文化底蕴、见证中国汽车产业发展历程的汽车文化，自发地形成汽车小镇的雏形。

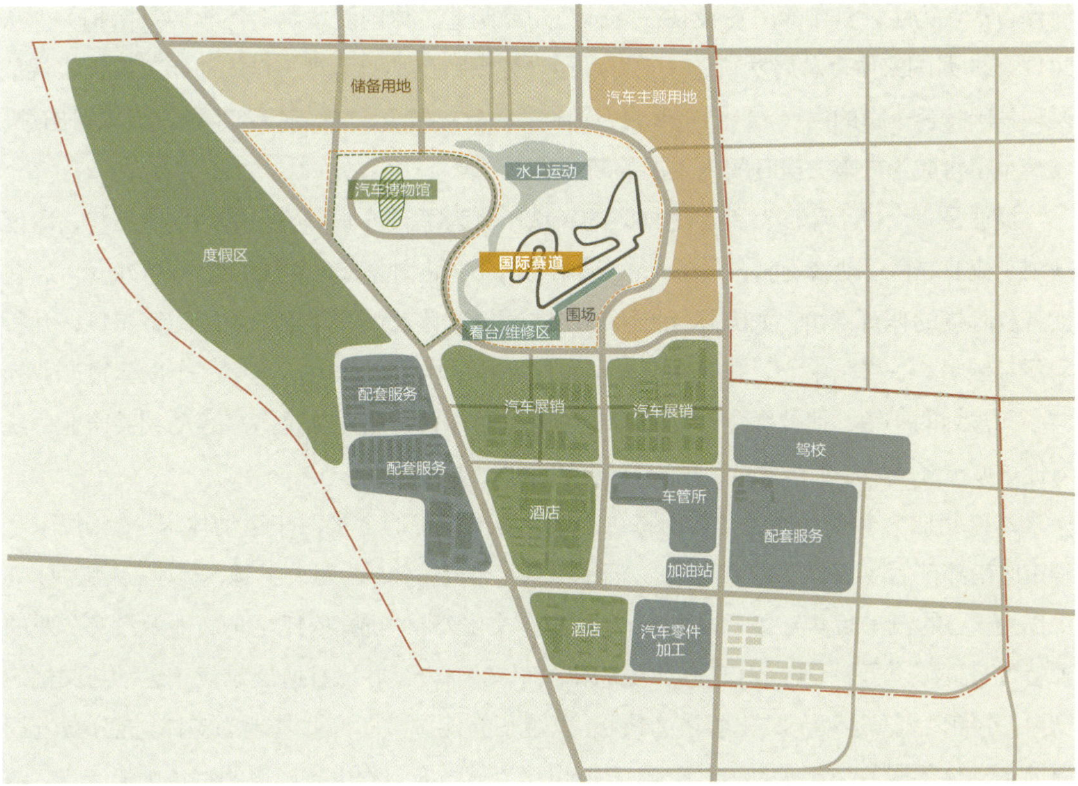

图 4–57　山东菏泽（定陶）汽车小镇功能分析示意图

处于建设中的山东菏泽（定陶）汽车小镇是具备汽车小镇发展萌芽条件的典型代表（图 4–57）。基址中已拥有驾考中心、车管所、范蠡国际汽车城等模块，其他汽车相关产业也初具规模。小镇规划以生态景观体系作为规划结构的框架，以功能互动和空间叠加激发城市活力，灵活运用现代汽车服务产业创造人性化的体验空间。小镇各功能分区依托核心功能，呈现多元的业态：运动娱乐休闲体验区布置汽车运动类项目；会展博览区布置会展展览；戚姬风情古镇深度挖掘历史人文元素并紧密联系菏泽城区发展主题商业；精品销售区沿高速连接线打造汽车商贸物流中心；居住服务区交通优越，环境良好；文旅度假区景观资源丰富，将设置汽车露营基地，发展特色旅游；配套服务区基础设施建设齐全，为未来新兴产业拓展方向。

4.10.2　体育小镇

运动休闲特色小镇，被业界简称为“体育小镇”，旨在利用体育产业，带动相关产业的发展，从而实现推进产业结构改革、助力新型城镇化建设等目标。体育小镇与 4.10.1 节所述的“汽车小镇”相比，虽然有一定的范围重叠，但拥有更多体育健身相关业态，以发展体育产业为主，其中第一产业往往与体育用品制造、休闲装备制造等领域紧密相关。从2017年5月国家体育总局发布《关于推动运动休闲特色小镇建设工作的通知》并正式规范运动休闲特色小镇的发展，到同年8月，全国第一批96个运动休闲特色小镇试点项目出炉，体育小镇将成为未来一段时间内发展的新热点。

捷彼是一个位于印度首都德里辖区的新城市。为了改善城市群经济的发展结构，印度规划了捷彼绿色运动城（Jaypee Greens Sports City），占地2 500英亩（约10.117km^2），包括各种各样的体育场馆，如国际标准板球场、曲棍球体育馆和印度佛陀国际赛车场，并将配备金融中心、娱乐中心、教育中心、居民区和社区中心。作为印度第一个以体育产业为核心而规划的小镇，捷彼绿色运动城将是政府运用体育产业尤其是汽车运动相关产业，统筹促进城市经济发展和产业升级值得持续关注的实践案例。

2017年成为全国首批运动休闲特色小镇示范性试点的金华汽车运动休闲小镇，位于金华市区南部苏孟乡。对应“汽车运动”“全民健身”“汽车休闲”三大主题，分为三大版块，其中作为核心的汽车运动与文化版块，由金华汽车文化公园构成，依托金华新能源汽车产业的独特优势资源，凭借专业的汽车运动场地和汽车文化科普项目，打造展示汽车运动与文化的窗口。小镇以汽车运动与文化版块为核心，以金华新能源汽车产业基地为支撑，充分激发湖海塘运动休闲服务综合体的活力要素，发挥梅溪流域汽车自驾生态廊道的特色优势，打造“两轴一带”的汽车运动休闲发展格局，进而以点带面，促进全域相关产业的发展，带动区域经济的辐射。

4.10.3 文旅小镇

文旅小镇是“文化旅游小镇”的简称。《“十三五”旅游业发展规划》强调实施“旅游+”战略，推动旅游业与现代服务业相融合，促进旅游与文化融合发展。在各类特色小镇中，文旅小镇是产业结构最成熟的小镇之一，以当地丰富多彩的人文风貌和自然景观为特色，带动全镇域相关产业联动和城镇化发展。国家旅游局在2016年全国旅游工作会议上提出将从景点旅游走向“全域旅游”作为新时期的旅游发展战略。旅游业发展的全域化，是以抓点为特征的景点旅游发展模式向区域资源整合、产业融合、共建共享的方向发展，旅游业与农业、林业、工业、科技、文化、体育、健康医疗等产业深度融合。文旅小镇的建设模式，与“全域旅游”的概念相吻合。

图4-58 古德伍德速度节

法国勒芒小镇即是从汽车赛事中衍生出集汽车运动、汽车文化、娱乐休闲为一身的小镇文化，平日以自然和人文景观吸引游客参观或体验，赛事期间则是全民狂欢的汽车运动节日，成为全域旅游的典型案例。英国的古德伍德小镇因举办古德伍德速度节而闻名，每年设立不同的主题，通过主题雕塑、厂商品牌纪念、古德伍德登山赛、重力车比赛等一系列特色鲜明、富有趣味的活动成为全世界汽车爱好者的嘉年华（图 4-58）。

参考文献

[1] TAKAHIKO M，AKIHIDE T，TOMONORI K，et al. An introduction of the automated control vehicle at Toyota' s amusement park (Mega Web)[C]//Toyota：7th ITS World Congress，2000.

[2] 中国城市规划设计研究院 . GB/T 50293—2014 城市电力规划规范 [S]. 北京：中国建筑工业出版社，2014.

5 汽车主题公园发展的影响因素分析

主体活动的取得协调，虽然不能跟主体归因于客观现实的那些时空协调和因果协调分割开来，但仍然既是主客体之间发生分化的根源，也是在实物动作水平上消除自身中心化过程的根源；消除中心化过程同符号功能的结合，将使表象或思维的出现成为可能。不过，尽管还限于实物动作的水平，这种协调本身却提出了一个认识论的问题；在这方面提出来的相互同化是下述那些新特征的第一个例子，这些特征不是预先决定了的，但却又成了“必然”要出现的，它们标志着认识的发展。

——[瑞士]让·皮亚杰《发生认识论原理》

汽车主题公园既是具有特色的旅游产品，也是汽车产业、休闲产业与体育产业等相关产业的聚合平台。其运营的过程既符合旅游经济学的一般规律，也拥有自身的特殊性和多元性。本章从旅游经济学的学科背景出发，结合实际案例，对汽车主题公园发展的影响因素进行分析，并为汽车主题公园的规划、建设和经营提供参考。各个发展影响因素根据旅游需求、旅游市场和旅游产品自身分为三大方面，从建设者的角度而言，旅游需求和旅游市场的影响因素需要在规划建设的初期进行详细调查和研究，进而在旅游产品层面做出相应的应对策略。此外，政策环境也是汽车主题公园发展的重要甚至决定性影响因素，需要有针对性的研究、分析和解读。

5.1 旅游需求的影响因素

由于旅游产业的边界较为模糊，关联范围极广，对旅游需求的预测因素复杂，既与消费者的个体决策过程相关，也应当考虑消费者所在的市场背景和地域背景。因此在分析的过程中，需要客观地剖析个体消费者的行为方式和认知方式，推而广之，需研究来自客源市场的影响。本书参考旅游经济学的分析，对汽车主题公园的发展影响，从与旅游需求相关的市场渗透、重游率和地域文化背景三个相对影响较深远的方面进行分析。

5.1.1 经济因素

地区的经济发展水平、人们的消费习惯、外汇汇率等都在经济层面影响着旅游需求，而旅游需求直接关系着汽车主题公园的发展。国民生产总值能够反映一个国家或地区物质财富的增加状况，衡量经济发展水平。国民生产总值的增加会提高旅游景区的服务质量；人均可支配收入与旅游需求呈正相关；区域经济发展水平，在一定程度上决定了汽车主题公园所在城市的市场消费能力。

旅游者的产生需要一定的社会经济条件。旅游学家认为，对于特定人口而言，旅游倾向随着人均可支配收入、都市化程度、受教育化程度、机动程度（如人均拥有私人汽车数）的提高而不断提高，随着家庭规模的扩大和年龄增长而降低，因此经济发达地区易于产生高旅游倾向，收入水平低的欠发达地区易于产生低旅游倾向[1]。经济的发展能从多个方面扩大和提高人们对汽车主题公园的旅游需求。人均可支配收入的提高，可以有效增加对体育赛事等休闲娱乐产业的需求、汽车与汽车相关产品的购买需求以及驾驶体验和健身休闲的需求等。此外，居民收入的增长和消费结构的变化将促进旅游需求从单一的观光、娱乐等形式向休闲化、个性化和参与化转变，更加注重体验与个性。

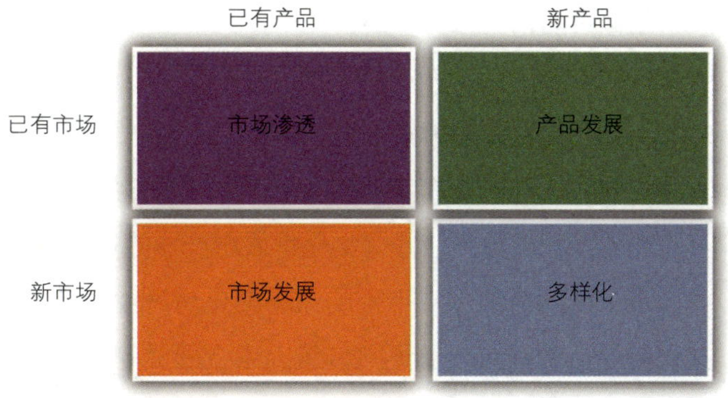

图 5-1　市场矩阵[4]

"市场渗透"一词来源于策略管理之父伊戈尔·安索夫（Igor Ansoff）提出的产品—市场矩阵（Product-Market Strategy）[2]，以 2×2 的矩阵代表企业收入或获利成长的四种选择，企业可以选择四种不同的成长性策略来达成增加收入的目标[3]（图 5-1）。这四种策略分别为市场渗透、市场开发、产品延伸、多元化经营，其中市场渗透战略是在现有市场寻求现有产品销售收入增长的战略。对于汽车主题公园而言，市场开发、产品延伸与多元化经营需要在旅游产品的层面完成，而市场渗透率的基数——潜在需求量的范围涵盖了汽车整车及零配件消费者、汽车运动与汽车文化爱好者、城市公园的日常游客等多种类型。城市人口中符合上述分类的人群所占比例越广，市场渗透的程度越高。

汽车主题公园作为城市发展伴随而来的产品，其供需变化也受到城市经济的影响和制约，总体经济状况的持续走好，将为汽车主题公园带来巨大的发展机遇。

5.1.2　重游率因素

重游率是近年来旅游业较为关注的话题，指对某一景点两次及以上到访或参与的游客占所有游客的比率[5]，重游率从旅游需求方面影响着汽车主题公园的发展。旅游目的地所能影响的客源范围较为稳定，为了能够保持其人气与活力，景区需要拥有吸引再次到访游客的能力，即较高的重游率。

随着学界对旅游研究的深入，旅游目的地从建成、发展、成熟到衰退阶段显现出生物界的普遍规律，这一现象被称为"旅游地生命周期"（Tourism Area Life Cycle）。1980 年巴特勒正式提出旅游地生命周期理论模型，描述了旅游地 S 形曲线的发展模式，即依次经历探查阶段、发展阶段、巩固阶段、停滞阶段，最后经历衰落或复苏阶段[6]。研究表明，由于游客要求提高和需求变化，主题公园间的竞争日益激烈，主题公园的生命周期呈越来越短的趋势[7]。提高重游率能够延缓衰落期的到来，有效延长旅游地生命周期。重游率是汽车主题公园发展的重要影响因素。

重游率由众多内外部因素共同作用而产生变化，汽车主题公园可以通过自发的改进提高重游率，例如提高游客的参与度与体验感，使游览经历个性化，创造出常变常新的游玩体验，或是不断丰富和充实汽车主题公园的内容，为景观赋予主题性与时代性，从而激发游客的探索需求。

5.1.3 社会文化背景因素

文化属于历史的范畴，每一社会都有和自己社会形态相适应的文化，既有阶级性，又具有民族性和历史延续性。文化是旅游产业的重要属性，更是旅游业发展的重要驱动力。

汽车主题公园依托丰富的汽车文化而产生，其发展也与社会文化背景息息相关。社会文化差异、不同民族及不同传统因素下形成的消费习惯和需求心理存在区别，对不同定位下的旅游产品的接纳度也各有千秋。因此无论在汽车主题公园的定位、规划、建设阶段，还是日后的运营、维护、改造期间，社会文化背景都是极为重要的影响因素。一般来说，文化活动较丰富、文化环境较为开放的地区，对汽车主题公园等特色鲜明的文化旅游产品接纳能力更强；在科学普及程度与居民受教育程度较高的地区，人们对体验性更强的汽车运动拥有更强烈的探索意愿；在传统文化传承更完整、人文历史积淀更厚重的地区，主打汽车文化与艺术的汽车主题公园可能会收获更多的人气。

我国将科学普及活动作为科教兴国提高全民科技素质的措施和可持续发展的战略，例如在新能源汽车的推广普及过程中，不可或缺的环节就是在国家政策的引导下，积极面向大众进行普及和宣传[8]。随着人们对科学技术认知的增强，能够带来更多科技体验的汽车文化和汽车运动项目将吸引更多的消费需求。汽车主题公园的规划和运营应充分考虑区域内的社会背景与文化背景，灵活适应当地的消费习惯，融入地域文化和传统文化，以得到更好的发展。

5.2 旅游市场的影响因素

随着旅游产品生产和交换的不断发展，旅游市场也随之扩大，并对旅游经济活动发挥着重要的功能。广义的旅游市场，是指在旅游产品交换过程中所反映出来的旅游者与旅游经营者之间各种经济行为和经济关系的总和。旅游市场将旅游者和旅游经营者连接起来[9]。各区域中，产业影响力将产生联动和集聚，汽车主题公园可以是其中的一环，而随着旅游业、体育产业等服务业的多元化跨界发展，有集聚的地方势必产生一定的竞争，在市场中，集聚与竞争是旅游产品方面自发形成的规律，而对于某一区域整体而言，自身形象在旅游者心目中的感知也影响着消费者的选择。本节从相关产业的集聚、同类产业的竞争和城市旅游形象三个主要方面分析汽车主题公园来自旅游市场的影响因素。

5.2.1 相关产业的集聚

1920年阿尔弗雷德·马歇尔在《经济学原理》首次阐述了产业集聚理论，提出产业集聚（性质相似的企业集中在特定的地方）可以带来外部规模经济和外部范围经济[10-11]。克鲁格曼认为劳动市场共享、专业化投入和服务、知识和信息三个来源形成了空间集聚的向心力[12]。汽车主题公园的相关产业多、产业链长，当汽车主题公园所在地周边具有良好的产业发展基础，例如汽车传统制造业拥有较为雄厚的实力，或汽车运动和汽车文化在当地拥有深厚的文化底蕴时，汽车主题公园的出现将改变原有的产业发展格局，使得地域产业结构经过再组织，融入原有的联动产业集群，形成具有一定规模和集聚性的旅游区域空间。集聚的出现既来源于高速发展和规模扩大的经济，也带来了客流的集中和收益的扩大，继而又会反作用于公园，成为公园日后发展的重要影响因素。

学界对于主题公园的研究中已经指出，与相关产业联动、充分挖掘相互之间的边际效益才能使主题公园良性发展[7]。汽车主题公园的相关产业横贯第一、第二、第三产业，可包含的业态丰富且多元，集聚效应所带来的影响也更加明显。例如，位于长春汽车经济技术开发区的长春国际汽车公园，经打造后依凭周边的关联业态，成为汽车文化的重要传播窗口，有效地提升了打造世界级汽车产业基地的竞争力，如果规划设计中的长春国际赛车场能够作为公园的动态体验项目早日落地，将可以更好地丰富城市文化，以汽车运动助力产业集聚，促进长春汽车产业的全面发展。

5.2.2 同类产业的竞争

竞争是旅游市场中价值规律的客观要求和必然结果。学界研究表明，适当的集聚能够促进产业的联动，但同样也会带来一定的空间竞争问题。保继刚在《主题公园研究》中指出，多个主题公园在空间上集聚，可以增加这一地区的总体吸引力，同时也产生空间竞争，使游客分流[13]。对于国内的汽车主题公园而言，由于目前尚在发展和建设的初期，整体市场处于待开发阶段，先入者能够以事半功倍的效率占取市场。未来随着市场的成熟，产生竞争的情况可能分为以下几种：①在旅游市场中，作为旅游目的地与其他景区之间的竞争；②在服务业市场中，休闲产业相关业态的竞争；③汽车运动场馆对重要赛事和观众的竞争等。事实上，汽车主题公园的业态多元性一方面为其带来了多样化的潜在竞争环境，另一方面也存在与之合作的可能，即能否精准定位与合理经营，实现优势互补，提升共同利益。其手段包括有效利用周边景区，开发具有文化特色的主题旅游产品；利用休闲产业、汽车运动产业的空间邻近效应，举办区域特色的系列活动或赛事等。因此，现代旅游产业市场环境已经不再是单纯的对抗性竞争或宽容性竞争格局，而是竞合格局[14]，

图 5-2　F1 巴林赛车场

图 5-3　印第安纳波利斯赛车场

即通过资源的合理调度，能够将潜在的竞争性不利因素转换成为打造品牌、提升影响力的有利因素。

5.2.3　城市旅游形象

城市旅游形象是指城市旅游者在游览城市的过程中通过对城市环境形体（硬件）的观赏游览和市民素质、民俗民风、服务态度等（软件）的体验所产生的城市总体印象，反映整个城市作为旅游产品的特色和综合质量等级[15]。有学者指出，城市感知形象对于主题公园的决策影响很大，城市感知形象较单一的城市，成功投资大型主题公园的机会较大，因为新生的较有特色的旅游项目能够较快成为旅游者的感知形象，能够吸引外地游客，扩大目标市场[13]。这一策略在国际知名赛车场上体现得更显著，如 F1 巴林赛车场（图 5-2）之于巴林、印第安纳波利斯赛车场（图 5-3）之于印第安纳波利斯，因其所在的城市乃至国家原本的城市建设速度较快，城市形象处于发展变化之中而并不稳定，选择建设赛车场并引进或创办大型赛事后，快速造成轰动效应并拥有了广阔的目标市场。

南非的东伦敦赛车场（East London Circuit）在今天被视为南非汽车运动的发源地，而这一文化的生根发芽源于当地一位出生于英国的记者对公路赛的热爱，他所举办的赛事甫一出现便迅速引起周边国家爱好者的关注，继而吸引开发者就地建成专业的永久性赛道并开展比赛，这一比赛即是汽车运动史上影响深远的南非大奖赛的前身。东伦敦赛车场的案例反映出地域文化与时俱进的过渡，而其顺利建成及日后的快速发展，来源于汽车运动文化与当地城市旅游形象的契合。

5.3 旅游产品的影响因素

现代旅游产品能够满足旅游者物质、精神等多方面需求。从旅游者的角度来看，是指旅游者花费一定时间、精力和费用所获得的一段旅游经历体验和感受。汽车主题公园作为一类内涵丰富的现代旅游产品，其自身的主题、特色、功能、经营方式和维护能力影响着参观者的体验。因此，汽车主题公园自身的条件和运营维护的方式，是决定其健康永续发展的最重要影响因素。汽车主题公园可以通过自发的策略调整和改建优化，灵活应对来自于旅游需求和旅游市场的影响，平衡自身的各方面影响因素，消弭不利条件，或是将不利条件转化为有利条件，从而促进自身的发展。

5.3.1 区位选择

汽车主题公园的区位选择是决定其发展的关键因素之一。“区位”是地理学和经济学共用的概念，具有区域位置和经济发展体系中的所居地位双重内涵，是物化后的经济空间，因此可以被看作是一种资源。主题公园作为大型旅游开发项目，存在一定的风险，理性投资是规避风险的首要选择，而选址问题是主题公园理性投资的关键所在[16]。区位选择包括对市场经济、客源来向、城市区划、道路交通、居民习惯等多重因素的考虑，在一定程度上影响着汽车主题公园的可达性和市场占有率。

例如，日本的铃鹿赛车场，位于日本本州中南部三重县铃鹿市西南郊，尽管属于乡村，但铁道交通发达，距离大城市名古屋较近。如从名古屋出发可以通过乘坐火车到距离较近的白子市后乘接驳车到达赛车场，行程约 1 小时。前往游玩或观看比赛的游客按照出行目的一般划分为两类：大量的赛车爱好者会选择在铃鹿市或白子市住宿；观光的游客则更多会选择当日开车或乘公共交通前往。便利的交通和自身丰富的项目体验使位于郊区的铃鹿赛车场能够在一定程度上化解其区位劣势，保持充足的人气。

在前期策划过程中，区位条件直接与公园的主题特色和目标定位相关联，建成后的运营过程中，管理者需要灵活适应区位条件的改变，调整公园的功能内容和经营策略。

5.3.2 投资规模

汽车主题公园拥有丰富的业态和多样的产业特征，属于旅游资源，其发展离不开一定规模的投入。投资的规模也是汽车主题公园在规划建设与维护运营中重要的影响因素，与投资者的经济实力和经营策略密切相关，也与模式分类、项目功能的选择相关，主要涵盖资金、劳动力、土地、人才等方面，由于劳动力、土地及人才的投入最终以资本形式体现，资金的投入就成为投资的重点。

学界对于现代旅游投资有较成熟的评价方法，即从投资者的角度出发，分析旅游投资项目是否符合国家或地方政府的旅游政策和发展目标，是否符合社会经济发展的要求，是否能够获得预计的社会效益和经济效益等，通过多项指标来反映实现程度，常用指标如投资效果系数、外汇收入指标、提供就业指标、社会文化影响指标和综合效益指标等 [17]。

与此相对应，从汽车主题公园的建设者角度出发，在策划和定位阶段根据区位与投资规模能够大致确定汽车主题公园的建设规模和核心版块的建设级别。这一点通过国内现有国际赛车场的投资情况可以形象而直观地体现。上海国际赛车场于 2004 年建成，总投资 50 亿元，其中赛道区域投资 26 亿元，赛道等级达到国际一级标准，能够举办世界一级方程式锦标赛等所有汽车运动场地类赛事，主要收入来源为赛事门票收入、企业赞助和广告转播收入；成都国际赛车场建成于 2007 年，投资规模 1.8 亿元，赛道等级为国际二级，主要收入来源为赛事运作、场租和广告牌费用；北京金港汽车公园于 2003 年建成，总投资 7 000 万元，赛道等级为国际三级，可举办 China GT 中国超级跑车锦标赛等赛事，4S 店开发与商业出租是其主要收入来源。因为最初对项目的建设有不同的定位和预期，投资规模与后期获利的方式各不相同。

5.3.3 模式与分类

根据第 4 章中所描述的内容，汽车主题公园根据主题侧重、规划理念、业态形式不同，拥有各异的模式分类。对模式与分类的选择，实际是对主题的进一步细化和建成后宏观的经营策略制定，属于汽车主题公园的内核，对未来发展起着决定性的作用。同一个汽车主题公园可以同时具备多种形态模式，在选择时需要严谨考虑当地的经济社会的发展状况、周边相关产业的集聚条件、游客对城市的旅游感知形象、投资方的投入规模等多方影响因素，经过系统地分析后，再予以拟定。例如，在经济条件相对优越、居民物质文化需求较高的地区，承办专业赛事和推广全民体验的汽车主题公园能够短时间内吸引大量的需求；而在汽车工业积淀深厚的城市中，开展汽车文化科普的汽车公园能够提升城市形象，获得所在地居民的认同感和亲切感。决策者需要从多方位角度考虑自身条件，充分发挥特色与优势，兼顾各方影响因素，权衡利弊，从而实现经济效益和社会效益的最大化。

参考文献

[1] 克里斯·库珀，约翰·弗莱彻，大卫·吉尔伯特，等．旅游学：原理与实践 [M]. 2 版．张俐俐、蔡利平，译．北京：高等教育出版社，2004.

[2] ANSOFF H I. Strategies for diversification[J]. Harvard Business Review，2008，33（5）：113-124.

[3] 佚名．安索夫矩阵 [J]. 科技智囊，2006（E01）：46-46.

[4] University of Minnesota. Principles of marketing[M]. Minnesota：University of Minnesota Libraries Publishing edition，2015.

[5] 纵翠丽，姚健杰．游客重游率提升策略研究：以芜湖方特动漫主题公园为例 [J]. 湖南工业大学学报（社会科学版），2014（1）：49-52.

[6] BUTLER R W. Tourism area life cycle[M]. Oxford: Goodfellow Publishers Ltd，2011.

[7] 林焕杰．中国主题公园与区域经济 [M]. 北京：经济科学出版社，2013.

[8] 马宗文，汤乐明，董全超，等．汽车工业蓝皮书：中国科普能力评价报告（2016—2017）[M]. 北京：社会科学文献出版社，2016.

[9] 吕宛青，陈昕．旅游经济学 [M]. 天津：南开大学出版社，2013.

[10] MARSHALL. Principle of economic [M]. London: Macmillan，1890.

[11] 朱海艳．旅游产业融合模式研究 [M]. 北京：中国发展出版社，2015.

[12] 梁琦．产业集聚论 [M]. 北京：商务印书馆，2004.

[13] 保继刚．主题公园研究 [M]. 北京：科学出版社，2015.

[14] 李伟．超竞争格局下的主题公园合作机制研究 [J]. 商业研究，2010（3）：109-112.

[15] 金卫东．城市旅游形象浅析 [J]. 城市规划学刊，1995（1）：60-63.

[16] 董观志，孟清超．主题公园选址的层次结构分析 [J]. 商业时代，2006（2）：79-80.

[17] 吕宛青．旅游经济学 [M]. 北京：高等教育出版社，2012.

6 汽车主题公园的作用与价值

室外空间生活是一种潜在的自我强化的过程。当有人开始做某一件事时，别的人就会表示出一种明确的参与倾向，要么亲自加入，要么体会一下别人正在进行的工作。这样，每个人，每项活动都能影响、激发别的人和事。一旦这一过程开始，整体的活动几乎总是比最初进行的单项活动的综合更广泛，更丰富。

——[丹麦]扬·盖尔《交往与空间》

在我国城市化进程中，城市人口规模、用地规模不断扩大，城市产业结构、用地结构不断调整，城市不断地自我更新，使空间与功能需求相适应。汽车主题公园的建设过程伴随着城市空间的演化，一方面满足了产业升级，激发了城市经济的潜能；另一方面完成了城市功能的优化，提升了城市发展的活力。它既依托于城市资源，同时也凭借自身特色对城市的规划布局、经济发展、文化形象发挥着独特的价值。

6.1 对城市总布局的作用与价值

城市布局形态是指城市的物质（环境）实体在地域空间上的投影，是城市内在的政治、经济、社会结构、文化传统的表现[1]，属于各因素作用的宏观体现。城市形态的演变在初级阶段、中级阶段需借助外界力量作用，进入高级阶段后主要靠自身的内部潜力发挥作用，通过城市产业结构的变化实现城市功能重组，优化城市的结构和布局。一般来说，汽车主题公园的建设通过庞大的关联产业链促进区域产业的集聚，在城市的空间结构上发挥无形的引导作用，带动区域地块开发价值的提升，通过滚动式的发展，达到城市资源的配置优化。因此从汽车主题公园的起点出发，促进产业集聚、刺激地产开发、优化资源配置犹如三点一线，促进城市总体布局更加合理化和科学化。

6.1.1 促进产业集聚

汽车主题公园触动的集聚体现在多种要素的匹配和共享，如：汽车主题公园本身在城市空间中的聚集；游客与旅游信息在资源上的集聚；酒店餐饮、地产、休闲、汽车、互联网等相关行业及产业在经济活动中的集聚；等等。其中，产业集聚从城市产业结构与经济结构上对资源进行重新分配，通过吸纳人才、吸引投资、多行业共同开发相互合作的机制，对城市布局的影响范围最大，意义最为深远。集聚的产生往往由市场和政策两方面的因素共同作用，汽车主题公园经营模式的灵活性高，盈利模式多样化程度强，相关产业集聚主要依靠市场与产业互动，政府对其产生间接和辅助的作用。

上海国际汽车城就是汽车运动、汽车文化相关产业集聚较为成熟的案例之一。上海国际汽车城选址嘉定安亭，规划面积 100km^2，规划范围西起江苏省昆山交界，东至盐铁河，北至规划郊区环线，南至沪宁高速公路，距离市中心 25km，包括汽车贸易区、汽车研发区、汽车制造区、安亭新镇区、赛车区、汽车教育区等功能区。以汽车制造、研发与贸易产业、汽车文化、汽车运动为集聚要素，上海国际汽车城已成为国内第一个具备全产业链功能的汽车产业基地（图 6-11），而这种集聚，也为当地带来了便捷的交通、发达的商业服务、

图 6-1　上海国际汽车城科技创新港

图 6-2　江西省九江市的一处“鬼城”

便利的教育医疗、舒适的居住条件和多彩的休闲娱乐，最终实现打造宜居城市空间的目的。在《上海市城市总体规划（2017—2035 年）》中，嘉定新城将作为重点建设对象，以研发和制造为主导的汽车产业，辐射长三角地区并为其提供服务。

6.1.2　推进城镇化进程

国家统计局公布，2016 年，我国城镇常住人口比重为 57.35%，城镇化率远未达到饱和，无论人口密度还是规模都存在巨大的提升空间。城镇化具有巨大的潜力，而与之不协调的是，在城市化进程中逐渐出现了空置率过高甚至被废弃的城市区域。这一现象产生的原因大多是当地实际发展能力与规划不协调，或是过分追逐房地产利益而缺乏产业支撑，难以吸引常住人口，形成“鬼城”[2]（图 6-2）。

城市化需要产业的支撑，才能够形成循环系统，实现螺旋式的成长。汽车主题公园作为特色旅游产品，能够通过形态丰富的产业集聚形成城市区域自身的造血系统，吸纳人口特别是高端人才的自然集聚，进而拉动居住、消费等需求，以健康的发展形态进一步助力周边地块的开发，从而促进新型城镇化的发展。图 6-3 为上海国际汽车城周边安亭新镇住宅。

据统计，从 2004 年上海国际赛车场竣工到 2015 年间，赛车场周边居住用地市场平均楼板价增长约 6.2 倍，商服用地平均增长近 25 倍，而同期区位近似的上海外围城区（如嘉定、青浦、松江各区）土地市场平均楼板价增长约 4 倍；2007 年成都国际赛车场竣工到 2014 年，赛车场周边 3~10km 范围内紧邻土地的平均“住

图 6-3　安亭新镇住宅

宅 + 商服”混合用地楼板价增长约 6 倍，对比同期区位近似的外围城区各版块（以龙泉、温江、双流、新都版块数据为主）平均楼板价增长仅为 2 倍左右。可见，建设汽车运动和汽车文化的文体类设施，通过举办赛事活动、发挥集聚效应所带来的间接价值，能为地产开发、土地升值提供长足的推动力。

6.1.3 优化资源配置

城市资源通过科学的优化配置，能够更大限度地实现可持续经营。汽车主题公园能够凭借灵活的形式和丰富的业态，整合产业发展的各方资源优势，促进粗放型生产方式向集约型生产方式的转变。

（1）旅游资源的整合。传统的资源导向型旅游产品对当地人文、自然资源禀赋的依赖性较强，与保护自然和人文景观存在一定矛盾，加之各地开发条件不平衡，难以满足不同区位的市场需求。汽车主题公园通过为游客的体验参与性活动制造主题性的旅游消费平台，对原赋性的旅游资源进行整合，例如保护性开发环境优美的自然景区，作为自驾车房车露营地，围绕或在附近布置专业或体验式的赛道等，既能最大化发挥旅游资源整合的优势，又达到了自然资源永续利用的目的。

（2）城市土地资源的整合。主题公园开发能在城市边缘引导城市有序发展，通过主题公园这一新资源的开发，开创城市发展的新区位，引导城市空间的发展方向[3]。对土地资源的合理利用在不同空间尺度上目标有所差异，例如，在田块尺度上，优先考虑在土地综合质量不致退化的前提下尽可能提高产出率；在区域尺度发展上，还要对环境保护、生物多样性、土地人口承载力、经济综合发展都予以考虑[4]。汽车主题公园对优化土地资源配置的作用，不仅在于可以盘活利用效率低下的存量土地，更对周边区域的经济、产业、布局、人口、文化产生长期的影响，促进土地资源利用价值的整体提升。

（3）体育资源的整合。包括人力资源（汽车运动专业工作者如专业车手、教练员、裁判、技师、赛事活动组织者、驾驶体验的指导员与辅助人员、相关媒体、投资方、运营方、设备管理人员等）、资金、体育设施、公众的余暇时间、信息等，通过汽车主题公园的日常运营和赛事活动得到聚合与调配，最大程度发挥其价值。

越野 e 族阿拉善英雄会是整合、优化资源配置的经典案例。“英雄会”由越野 e 族于 2006 年发起，2011 年举办地迁址阿拉善，2013 年确定内蒙古阿拉善左旗成为永久举办地，正式命名为“越野 e 族阿拉善英雄会”，在建中的阿拉善梦想汽车文化主题公园作为大本营已在 2016 年投入使用。在 2017 年的阿拉善英雄会中，既有 T3 沙漠挑战赛、腾格里沙漠挑战赛、岩石挑战赛等一系列专业的越野赛事，也有越野赛道体验、房车露营、大型车展

图 6-4 阿拉善英雄会盛况

等汽车运动与汽车文化的体验性项目，还有梦想国际航空大会、国际音乐节、国际美食节、跨界艺术节等衍生文艺活动。作为赛事 IP 与赛事旅游深度融合的实践产物，英雄会以汽车越野赛事为核心，向周边产业逐渐延伸和拓展，对以阿拉善为中心的汽车运动资源、文化艺术资源、旅游生态资源进行全局性的整合与配置，打造“体育＋文化＋旅游”的发展模式，成为汽车越野主题嘉年华式的文化盛会（图 6-4）。

6.2 对城市经济的作用与价值

研究表明，虽然主题公园初期投资规模高，但一经投资，经营过程中可变成本低，维护管理的投入较稳定。从作用方面来看，主题公园也往往是大城市中经济发展和环境保护相协调的重要媒介 [5]。同时，汽车主题公园的经济价值不应仅仅将眼光局限在本身的运营状况上，更应关注对城市周边经济的整体带动作用。通过产业的集聚效应，带动旅游业、服务业等第三产业在区域经济中的比重不断升高，从系统上实现了地区产业结构的优化，通过举办活动和持续的旅游吸引力，刺激直接与间接的消费投资，最终实现促进城市经济发展的成效。因而在促进区域经济增长方面，汽车主题公园所做出的贡献也是绿色而可持续的。

6.2.1 促进产业升级

21 世纪以来，随着全球工业化浪潮的消退和后工业社会的崛起，服务业正取代工业而成为大多数城市的核心功能产业，工业化过程中已经积累的过剩产能及其对国民经济的贡献效应，将逐步向以各级城镇为枢纽的服务业转移。旅游业作为服务业的中坚力量在产业结构转型和重构中发挥着突出作用。汽车主题公园得益于多样化的业态，既能够连接汽车制造业、汽车改装、汽车物流业，提供传统产业的升级发展平台，也与餐饮、酒店、文化创意、体育赛事、房车露营等发展潜力充沛的新兴业态紧密关联，劳动力通过产业结构转变产生自发的流动，从而在客观上促进了当地经济结构的转型。

不同的发展模式也提供了产业升级的不同路径。汽车主题公园以专业的场地为科技研发提供测试条件，能够更好地推动新技术的诞生和应用；以多样的赛事和丰富的体验活动为契机，能够促进汽车产业从产品导向到用户导向的转变，进而实现更加人性化的发展；以汽车文化为主题，为艺术创作者提供创作条件、展览场地和周边销售渠道，鼓励文化创意产业的自发式生长。从促进产业的进步到催化新兴业态的萌发，汽车主题公园的产业链通过健康的运行能够实现自身的升级和优化。

6.2.2 带动相关产业

汽车主题公园能够在自身滚动式发展的基础上，带动相关产业的发展。众多汽车主题公园的建设立足于当地已经拥有的传统制造业的产业基础，在运营过程中，提供了数量可观的服务性就业岗位，也带动了周边餐饮、住宿、娱乐、教育等行业的集中和繁荣。从汽车运动与汽车文化的核心出发，实现品牌销售、汽车改装、技术研发等支撑产业的拓展和辐射，也向周边的相关服务业、休闲旅游业、商贸服务和休闲配套进一步延伸。通过对主题不断地挖掘和拓展，实现产业价值的最大化。随着近年来其他行业具有一定实力的公司频频跨界旅游业，凭借广泛的产业资源和强大的投资能力，将旅游业务整合到整体布局中，形成跨业发展的格局[6]，汽车主题公园作为重要的载体，对相关产业的带动作用将更有针对性。

作为汽车主题公园中重要项目之一的自驾车房车露营，是娱乐与住宿结合的流行业态。根据学界 2017 年对国内主要露营地的研究表明，全国范围内，各城市私家车拥有量与营地数的相关系数达到 0.602，检验值 P 值为 0.001，在统计学意义上表现为强相关。此外，近年来房车企业为了产业链的延展和闭合，大量进入露营地设计和运营行业，种种发展也反映着相关产业向价值最大化而跨界联动的自发趋势。以举办专业的汽车运动赛事对区域经济的影响为例，体育赛事对城市的直接经济影响包括举办地的 GDP、就业人数以及政府税收。除此之外，赛事的非市场价值可以随着体制的改革而转变成市场价值，例如随着媒体广告等机制的完善，体育赛事间接利用价值中的媒体宣传价值也逐渐进入市场价值的范畴[7]。

巴西的克里斯泰斯赛车场（Circuito dos Cristais）为巴西带来了“赛事度假”的概念，在 400 万 m^2 的场地内保留了大部分的自然植被，修建了 4.4km 的赛道（图 6–5、图 6–6），同时包括越野体验项目、住宅、俱乐部、休闲购物区等相关产业项目。当地因为煤炭开采业与钢铁工业日渐衰落而失业频发，赛车场带来的丰富业态和大量的就业机会，给当地提供了产业升级的契机。

图 6-5　巴西克里斯泰斯赛车场

图 6-6　巴西克里斯泰斯赛道上的比赛

6.2.3　刺激消费投资

除了对周边地段价值的发掘，汽车主题公园能够从多方面拉动经济，刺激消费，吸引投资。以汽车运动版块举办的赛事为例，不仅包括直接利用价值，也包括间接利用价值。直接利用价值，是由赛事提供的、能够直接消费的商品，如比赛门票、周边纪念品、广告赞助、厂商活动场地费用、媒体转播权等；间接利用价值又称非利用价值，即与赛事本身的收益不直接关联，却能为所在地区带来隐形收益的价值，例如举办城市居民的自豪感的加强，城市地位与城市形象的提升，甚至在系列赛事长期的举办过程中产业结构和消费结构的改变。

政府通过修建大型赛车场达到刺激消费、提升经济实力与政治实力的举措屡见不鲜。调查显示，上海国际赛车场的日常运营中，门票收入、企业赞助（冠名）和广告转播收入是主要收入来源。而每年以 F1 为代表的大型赛事活动，会为周边汇聚大量人气。据统计，2018 年 F1 中国大奖赛（图 6-7）三天内累计到场 16.5 万人次，其中约有 14.5 万人次入场观看比赛。围绕赛事举办的汽车文化节推出一系列主题活动，促进了体育、汽车和旅游市场的繁荣。

图 6-7　2018 年 F1 大奖赛上海站

6.3 对城市文化的作用与价值

公园属于城市文化设施，是地域文化在物质环境和空间形态上的凝聚，能够体现人们的审美情趣和社会心理需求。汽车主题公园从当地的文化中获得生命力，同时也对地域文化产生潜移默化的影响。文化可以成为经济的助推力，从汽车主题公园中孕育的汽车雕塑、汽车演艺、汽车影院等隶属创意文化产业的业态（图 6–8、图 6–9），选择依托集群的互动和企业的地理集聚，与相关产业在城市的某些地方集聚，使文化企业、非营利机构与个体艺术家集聚和互动，从而形成独特的集群发展环境，以文化为突破口，实现量变到质变的转换。立足现阶段，汽车主题公园可在为游客提供体验式服务的同时，以汽车运动与文化丰富城市的文化内涵；考虑中长期影响力，它对产业、经济、社会服务、生态环境、文化生活潜移默化的作用能够塑造城市风貌，打造城市形象，促进城市发展。

6.3.1 丰富城市文化

汽车主题公园立足于地域文化出现，同时能够成为城市新文化的培养基。旅游地社会文化环境变迁的作用效果和机制，作为旅游环境影响研究的一部分，受到了学界的广泛关注，相关研究也取得了长足的进展。汽车运动既是产业文化的重要组成部分，也是时代文化的自然衍生产物，代表着对科技、智慧、速度和安全的追求，能够促使人们从关注片面的使用功能到实现更高价值的转变。汽车主题公园能够更新甚至重塑当地文化环境，也能通过发扬传统文化、传播时代文化来培养和巩固当地居民的文化自豪感。

从当地的文化中诞生，进而丰富了当地的文化，英国的布兰兹哈奇赛车场可谓是最生动的案例（图 6–10）。1926 年，罗恩 · 阿金特（Ron Argent）带领下的一群骑行爱好者在一场 125mile（1mile ≈ 1.609km）的旅行中，中途停在伦敦多佛路的一个蘑菇种植园，该场

图 6–8　汽车表演

图 6-9 汽车影院

图 6-10 英国布兰兹哈奇赛车场

地常年用于军事训练，后属于附近的品牌孵化农场（Brands Hatch Farm），骑行爱好者被场地的碗形轮廓吸引，希望将其作为骑行的练习区域，于是在征求当地农民的同意后，利用农场机械开辟出一片自行车练习场，渐渐成为当地自行车骑行爱好者的圣地。阿金特在周边建成了咖啡馆，跑步运动员和骑行者在这里自发地举办竞赛，此后，摩托车运动者也在此发起活动。到了 1947 年，在专业公司的管理运营下，这里建成了英国最完善的草地赛道，同时也是英国第二次世界大战后首个专业赛道。随后数年场地多次修缮，在规划改建过程中，依然保留了原有的自行车练习线路。布兰兹哈奇赛道在 1964 年以欧洲大奖赛的名称首次举办了一级方程式大奖赛。后来由于银石赛道的竞争、老牌赛事向海外扩张等多方面原因，布兰兹哈奇赛车场以举办 Blancpain GT、英国房车锦标赛、英国超级摩托车锦标赛等全国性及地方性特色赛事为主，仍吸引着可观的人气。类似的案例还有巴西的卡斯卡维尔国际赛车场（The Autódromo Internacional de Cascavel），和布兰兹哈奇赛车场一样，都是从一群赛车爱好者的自发组织开始，继而修建完善的专业场地，以赛事的影响力和关联产业的带动作用，逐步成为地方乃至全国性的汽车运动文化中心。

6.3.2 塑造城市风貌

城市风貌是城市的风采容貌，“风”指一座城市中文化部分的“内涵”“氛围”，是城市社会人文取向的非物质特征的概况，而“貌”是“外显”，是城市整体及构成元素的形态和空间的总和，城市风貌特色作为社会、历史、经济、地理、文化、环境等内涵所综合显现出的外部特征，是人们认识一座城市的开始[8]。城市作为巨大的系统，性质和职能随着时间变化，整体风貌也处于动态的变化之中[9]。汽车主题公园在以自身的主题特色适应城市原有空间秩序的同时，以时尚、新颖而富有生命力的形象美化城市景观空间，为城市的文化注入汽车运动和汽车文化的元素，从而参与城市风貌系统有机的演变，加强城市的独特性和可识别性。

金华汽车文化公园有效利用高压走廊下的灰色空间，在当地电力部门的技术支持和安全保障下，通过雕塑公园中的景观设计弱化高压塔和高压线的视觉存在，原本未能得到良好维护而令人排斥的废置用地成为区域性的旅游目的地。国际级卡丁车场、SUV 体验路等汽车运动项目有效汇聚人气，能够实现土地利用价值的最大化；开放式的汽车文化雕塑公园令人产生亲近感，吸引游客的驻足，从而为城市公共空间注入活力。从金华新能源汽车产业区延展、几乎横贯苏孟乡的汽车文化公园，像画图长卷塑造了金华市经济技术开发区的城市风貌。随着金华汽车运动休闲特色小镇的建设加入日程，安全驾驶教育体验中心、越野赛道、未来驾驶体验平台、汽车主题生态绿廊、汽车自驾运动营地等项目将相继落成，汽车运动和汽车文化元素实现全局性的贯联和辐射，伴随新兴业态的落地生根将为整个城市带来更深远的影响。

6.3.3 打造城市形象

城市形象是指一座城市在公众心目中的基本印象或感觉意识，是公众对一座城市的总体评价。不同的城市形象反映了不同城市在市场上为自我所做的定位，政府通过塑造城市形象，将城市推向市场，吸引更多的外部资源，以促进城市发展，招募和扩充城市财力，提高城市公共服务的供给能力。因此，城市形象不仅是能够用以经营的最大无形资产，也是城市竞争力、甚至作为生产力实现城市的资本增值[10]。汽车主题公园中的多种功能，决定它能够在不同角度打造城市形象。旅游是文化传播的有效形式，妙趣横生的主题公园能够扩充休闲业态，为城市打造富有生命力的互动空间；赛事是城市实力和发展活力的体现，在许多 F1 大奖赛的举办城市，申办比赛的初衷即是在当地经历快速的发展阶段后，希望通过举办知名赛事，向世界展示城市实力和城市特色。

德国劳奇兹赛车场（EuroSpeedway Lausitz）即是为打造城市形象而兴建，当地政府希望以汽车运动的影响力振兴当地经济、一洗当时因为政治运动而衰落的城市景观，这一举动在当时被寄予了一定的政治意义，被当作是位于柏林的著名赛道阿瓦斯赛道（AVUS）的替代品。由于赛车场靠近波兰和捷克共和国的边界，它从 Lausitzring 更名为 EuroSpeedway Lausitz，以更好地实现国际交流。劳奇兹赛车场自 1986 年开始计划建设，于 20 世纪 90 年代建成并使用至今，已经成为德国汽车运动的重要场地，也受到了汽车制造商的欢迎。2017 年底，赛车场经过改造成为欧洲最大的汽车测试设施，作为民用车技术革新的测试场地，酝酿新的价值突破。

6.4 对居民生活的作用与价值

在推进城镇化和实现基本公共体育服务均等化、标准化的过程中，以推广汽车运动、安全驾驶、汽车休闲、全民体验、文化科普与体育健身为目的的汽车主题公园，在关怀民生方面发挥着重要的作用。作为充满活力的城市互动空间，它能为周边居民提供日常休闲、娱乐与健身的场所，成为宜居城市的重要组成部分；作为汽车文化的推广窗口，它能向公众提供了解汽车文化和相关科技的媒介，为推进汽车社会的健康发展贡献力量；作为专业的汽车运动体验场，它能以科学的体验项目和针对性的专业培训，提升大众的驾驶技能，推广安全驾驶，从而降低交通事故的发生率和死亡率。

6.4.1 提供互动空间

公园作为现代城市服务和居民文化生活的重要场所，能够优化城市生态，调节人口密度，改善活动空间，满足人民群众的精神文化需求。在人口快速老龄化的大背景下，公共文化设施覆盖力不足的现象较为普遍。体育休闲场所的最主要服务对象是周边社区居民，能够满足居民日常交流互动的需求，提高生活质量，促进城市生态优化，彰显城市魅力，推动健康中国事业的发展。汽车文化与汽车运动的主题特色，能为城市互动空间提高话题度，优化人们情感层面的体验。

可触可感的汽车文化雕塑是最生动的案例，以艺术与科技有机融合的形式，将相对抽象、模糊的汽车文化通过艺术化的创作向公众传递。经典案例如长春国际汽车公园雕塑，通过步道浮雕等形式，展现了中国汽车工业的发展历程；古德伍德速度节的雕塑深刻展现当年的汽车大事记，是汽车文化的时代性表达（图 6-11）；金华汽车文化公园“有生命”的文化雕塑，根据时间和主题变换颜色、造型和展示内容，赋予公园独一无二的生命。

图 6-11　2014 古德伍德速度节上纪念梅赛德斯奔驰车队 80 年发展历程的纪念雕塑

图 6-12　金华汽车文化公园中的 SUV 体验

汽车主题公园的互动性还体现在全民体验的特点中，汽车运动版块拥有极高的全民参与性，如直线竞速赛道可供市民驾驶私家车体验，在保证安全的前提下对不同品牌或同一品牌、不同型号的车辆性能进行直观的比对；SUV 体验场地在保证车辆零车损的同时通过模拟野外环境下的不良路况，衡量车辆的越野性能，训练参与者的驾驶技术，是集竞技性、功能性、科教性、趣味性和普及性于一体的融合互动，图 6-12 为金华汽车文化公园中的 SUV 体验。

6.4.2 进行科普教育

《辞海》对于“普及”的定义为“普遍地传播和推广，使大众化”，对科普的定义为：“科学普及简称科普，又称大众科学或者普及科学，是指利用各种传媒以浅显的，让公众易于理解、接受和参与的方式向普通大众介绍自然科学和社会科学知识、推广科学技术的应用、倡导科学方法、传播科学思想、弘扬科学精神的活动。”科学从属于社会文化的发展，通过科普教育，使大众对科学进行整体、综合、全面的理解，才能使科学再次转化为发展的驱动力，服务于社会发展的需要。得益于经济社会的腾飞，我国从蹒跚起步，到自 2009 年以来蝉联世界最大汽车生产国和第一大汽车市场。截至 2017 年 6 月底，全国机动车保有量达 3.04 亿辆，从根本上改变了世界汽车产业的格局。然而，依然有大量人群对汽车的概念还简单地停留在日常出行工具的阶段，对更高精神层面的汽车运动、娱乐、休闲的庞大业态分支缺乏了解，对汽车文化、汽车科技、汽车安全的认知有待提高，而这些领域作为提升生活品质的更高诉求，拥有巨大的价值潜力，相关知识亟待普及。汽车主题公园从根本上响应了这一诉求，集中从运动、历史、安全、科技等各个方面，通过体验和互动的方式，加深公众对汽车文化的理解，使汽车实现从代步工具向渗透日常生活、提升生活质量的消费品转变。

6.4.3 提升驾驶技能

随着我国汽车化进程不断加快，驾驶人数量持续高速增长，每年考领驾驶证的人数超过 3 000 万。据公安部交管局统计，2012 年，我国驾驶人员数量已达到世界第一，截至 2017 年 6 月底，机动车驾驶人员达 3.71 亿，其中汽车驾驶人员 3.28 亿，预计到 2025 年，机动车驾驶人员将超过 5 亿。驾驶人员培训考试需求迅猛增长，对管理理念、经营模式、监管机制带来了新的挑战。驾驶技能需要系统化的教育，更科学、更专业的培训方式能够带来事半功倍的效果。在欧洲、北美等地，安全驾驶教育培训已经拥有 20 余年的发展历程。奥地利的统计数据表明，刚拿到驾照的初学者经过安全驾驶培训后，相关交通事故率降低了 17.4%，而事故中的死亡率降低了 34.7%。显著的效果使欧美国家的安全驾驶教育从最初的民间组织机构独立运作，发展到政府出台相应法令支持，部分国家要求拿到驾照的驾驶人员在规定时间内必须接受安全驾驶培训，政府给予一定的财政补贴，安全驾驶教育体验场地采用汽协组织之间商业加盟的合作模式运营。

无论是驾驶体验还是安全驾驶教育，专业的设施和场地都是其物质前提与基础。安全驾驶教育体验是在一个规定的训练场地上，由专业的训练路线、特殊路面结构和先进设备组成的，专为安全驾驶教育研发设计的训练系统，能在保证安全的前提下，通过模拟雨雪、雾霾等不良路况，训练驾驶员在突发状况的应对能力。我国从 2008 年启动安全驾驶教育体验平台的建设和推广，在国际汽联和中汽摩联的支持下，笔者与公安部及交通运输部专家多次赴国外考察，持续开展科研工作，将安全驾驶教育体验中心作为重要功能项目规划在十余个赛车场和汽车主题公园中，成为安全驾驶推广的先驱。随着汽车主题公园的新一轮建设，安全驾驶教育的进一步推广将为我国交通安全做出意义深远的贡献。

6.5 对城市创造力的作用与价值

20 世纪 90 年代以来，世界经济进入了以知识为基础的经济时代，创造力则是将知识源源不断转化为社会价值与经济价值的关键能力。自 2007 年起，世界知识产权组织（World Intellectual Property Organization，WIPO）、康奈尔大学和英士国际商学院共同发布的全球创新指数(Global Innovation Idex，GII)通过约80项指标，对世界各经济体的创新能力和排名。根据 2016 年全球创新指数报告，中国在世界国家（经济体）中排名第 25 位，在中高收入国家中排名第一。我国对创造力的重视来源于自身发展的需要，汽车主题公园作为创造力的成果之一，能够集合各方优势，充分发掘边际效益，通过构筑产业链，促进高端人才的集聚，推动科研技术的进步，催化新兴产业的萌发。

6.5.1 促进人才集聚

汽车主题公园一方面能向社会各层次人口提供大量的劳动就业机会，另一方面能够吸引汽车运动、科技研发相关的高端人才集聚。

汽车主题公园形成的产业长链中涉及的多种业态，能产生大量的流动岗位和固定岗位，合理配置劳动资源，激发城市活力。根据北京国际赛车谷的项目策划中仅赛车场一项的就业岗位的估算，赛事期间可提供的流动岗位可达 2 000 人，非赛事期间固定岗位 100 人，周边形成的产业配套、产业商贸和远期的科技研发等就业人数，按照就业人口容量指标和发

图 6-13　F1 大奖赛上的法拉利车手与技师

图 6-14　国际汽联车检人员及安全装备培训

展速度估计，可为数以万计的人才提供就业岗位。

高端人才除了汽车产业的科技研发人才和销售管理人才外，还包括场馆运营管理人员，汽车运动领域的技师、车手、教练员和裁判员等（图 6-13）。在中汽摩联发布的《汽车运动未来 10 年发展规划（2013—2022 年）》中强调了人才培养方面的发展目标，分别针对运动员、教练员、裁判员和赛事运行与管理人员建立系统的汽车运动人才培训体系，同时强调了加大力量进行汽车运动后备人才的培养，力争到 2022 年，注册车手达到 8 000 人，持照裁判达到 6 700 人，10 年累计将培训车手超过 20 000 人，培训裁判员超过 22 000 人。纵观著名赛车手的职业发展历程，专业的汽车运动场地往往成为培养著名车手的先决条件，汽车主题公园能够成为良好的高端人才培育基地。图 6-14 为国际汽联车检人员及安全装备培训。

6.5.2　推动科研孵化

F1 赛场被誉为汽车新技术的试验场，汽车运动能使车辆在极限条件下充分发挥自身性能，因此也是相关产业最新研发成果的展示平台，成熟的赛车车辆技术往往会移植到民用量产车的生产中，走向千家万户。从我国汽车工业的产业规模看，中国在全球汽车制造业的市场份额已从 2000 年的 3.5% 提高到 2016 年的 30.3%[11-12]，是名副其实的世界汽车制造大国。同时，中国品牌汽车产品的综合质量水平与国际品牌产品仍存在一定差距①，制造业的转型升级还在持续推进。《“十三五”汽车工业发展规划意见》中，明确将实施创新驱动作为汽车业持续发展方向，《“十三五”国家科技创新规划》指出需促进科技成果资本化、产业化，使之成为经济持续稳定增长的新动力。汽车产业与信息产业在汽车主题公

① 作者注：J.D.Power 中国新车质量报告显示，近年来，中国品牌汽车产品质量持续提升，新车 PP100（问题数 / 百辆车）从 2003 年的 469 个锐减到 2016 年的 112 个，与国际品牌 PP100 的差距由 2003 年的 191 个缩小至 2016 年的 14 个。

图 6-15　Roberace 电动无人驾驶赛车在赛道上行驶

图 6-16　迈凯伦技术中心

园的联动产业链中占有重要的地位，专业的汽车运动场地不仅有助于汽车新技术的研发和测试，更可以为无人驾驶、智能网联汽车、新能源汽车等汽车行业的重点发展领域提供试验环境和对接平台。

汽车运动专业场地在科研孵化上发挥的作用日益明显。西班牙的加泰罗尼亚赛道是 F1 每年休赛期间各车队性能测试的主要场地，日本的富士赛道则成为大部分专业赛车手在模拟器上的必备训练项目，英国银石赛道曾多次被用于无人驾驶赛车的测试。2017 年 2 月，Roborace 电动无人驾驶赛车竞赛在布宜诺斯艾利斯的 Formula E 赛道上举行了首场比赛（图 6-15），无人驾驶技术借助汽车运动真实地将尖端科技成果展现在人们面前，为民用车自动驾驶技术的深入研发和广泛普及打下基础。

6.5.3　鼓励新兴产业

新兴产业是指正处于产业自身生命周期的形成阶段的产业 [13]。它承担了新的社会生产分工职能，具有一定规模和影响力，代表着市场对经济系统整体产出的新要求和产业结构转换的新方向，同时也代表着科学技术产业化新水平 [14]。新兴产业有多重形成因素：原有产业的不断分化，新产品、新生产方式的产业化、规模化，企业对各种生产要素的创新组合，社会需求的拉动等。汽车主题公园中丰富的功能项目为新兴产业的孕育和成长提供了良好的契机和辅助。单以汽车运动版块为例，可能涉及赛事运营、新能源汽车、新材料、汽车高端零部件设计等包罗万象的新兴行业或部门。

英国银石赛道为伦敦西郊北安普敦郡带来了百年汽车运动文化，也带来了英国最大的汽车运动产业集群——赛车谷（Motorsport Valley）。在这里驻扎的汽车运动研究机构提供汽车性能方面的工程解决方案，是全球高性能汽车底盘、引擎、制动、悬架、传动和遥测元件的生产中心，不仅为 F1 提供尖端技术，更以领先的科技主导了当今世界绝大多数汽车运动赛事中使用的零部件的设计和制造，迈凯伦技术中心（图 6-16）、威廉姆斯的格洛弗工厂、雷诺车队技术中心、红牛车队工厂等 F1 老牌车队的技术研发机构也坐落在这里。不仅如此，赛车谷还拥有支撑这些世界级设计和制造企业的技术支持服务网，提供专业的法律、金融和保险服务。从这里走出的成果大量用于民用汽车、国防工业、航空航天、医疗器械等多个领域。根据英国汽车运动工业协会（Motorsport Industry Association，MIA）2013 年的统计，英国汽车运动产业年营业额为 90 亿美元（2000 年为 46 亿美元）。约有 4 500 家公司积极参与英国的赛车运动和高性能工程行业，其中 87% 的企业出口产品或服务，活跃就业人数保守估计达 41 000 人。赛车谷是英国经济结构中一个重要的附加值来源，其每年的平均研发支出占营业额的 25%，甚至超过了英国的制药和 IT 行业。在这里，汽车制造商对先进技术的巨额投资促进了节能、低碳技术等重要工业领域的发展，通过对尖端技术的研发投入，弥补了专业原型设计和主流商业化之间的鸿沟，赛车谷也因此被誉为“赛车硅谷”。

参考文献

[1] 肖健飞 . 论城市布局形态 [J]. 规划师，1995（4）：51−55.

[2] 刘新静，聂翔宇 . 城市化进程中“鬼城”类型分析及治理研究 [M]// 刘士林，刘新静 . 城市群蓝皮书：中国城市群发展指数报告（2013）. 北京：社会科学文献出版社，2013：145−161.

[3] 张雪伟 . 主题公园建设与城市发展 [J]. 现代城市研究，2003，18（1）：47−49.

[4] 钱海滨，薛永森，田彦军 . 土地资源合理利用评价研究综述 [J]. 中国土地科学，2001，15（2）：14−19.

[5] 林焕杰 . 中国主题公园与区域经济 [M]. 北京 : 经济科学出版社，2013.

[6] 何德旭，张广瑞，刘德谦，等 . 旅游绿皮书：2016~2017 年中国旅游发展分析与预测 [M]. 北京：社会科学文献出版社，2017.

[7] 黄海燕，陆前安，方春妮，等 . 体育赛事的价值评估研究 [J]. 上海体育学院学报，2008，32（1）：20−24.

[8] 俞孔坚，奚雪松，王思思 . 基于生态基础设施的城市风貌规划 [J]. 城市规划，2008，243（3）：87−92.

[9] 蔡晓丰 . 城市风貌解析与控制 [D]. 上海 : 同济大学，2005.

[10] 李广斌，王勇，袁中金 . 城市特色与城市形象塑造 [J]. 城市规划，2006，30（2）：79−82.

[11] 丰田汽车公司，中国汽车技术研究中心，中国汽车工业协会 . 汽车工业蓝皮书 : 中国汽车工业发展年度报告（2016）[M]. 北京 : 社会科学文献出版社，2016.

[12] 丰田汽车公司，中国汽车技术研究中心，中国汽车工业协会 . 汽车工业蓝皮书：中国汽车工业发展年度报告（2017）[M]. 北京 : 社会科学文献出版社，2017.

[13] 张书云，王万宾，王坤 . 新兴产业的进入壁垒及竞争分析 [J]. 经济问题探索，2002（10）：35−38.

[14] 陈刚 . 新兴产业形成与发展的机理探析 [J]. 理论导刊，2004（2）：40−42.

7 汽车主题公园的规划设计

世之兴造，专主鸠匠，独不闻三分匠、七分主人之谚乎？

故凡造作，必先相地立基，然后定其间进，量其广狭，随曲合方，是在主者，能妙于得体合宜，未可拘率。

——[明] 计成《园冶》

合理的规划设计是生态友好、资源集约、功能有效、设施安全和运营成功的保障。汽车主题公园设计的关键在于因地制宜地以汽车为核心，深度挖掘人文资源，塑造汽车主题元素。主题明确后，其规划设计的要点在于把握主题，明确设计理念与设计原则，结合当地相关领域内市场、人文环境、自然环境、投资规模和形势政策等已有条件，进行专业系统的规划和设计。尽管如第 6 章中所述，汽车主题公园对城市总体布局、经济、文化、居民生活和城市创造力的发展具有深远的意义，但也不可无差别地一味照搬成功案例，应当结合当地的实际环境和具体条件，考虑远期发展，量体裁衣，谨慎规划。

7.1 前期调研

前期调研是设计立足的基础，具体调研资料包括但不限于以下内容：

（1）测绘部门提供的近期地形资料。应包括汽车主题公园最大可用地范围及周边市政道路、河岸蓝线等市政资料，以及水文地质资料、工程地质资料和气象资料等自然地理条件资料，具体的原则和要求在 7.3 节中说明。

（2）土地性质。明确拟建设区域内的土地性质，尤其关注是否有基本农田及基本农田的具体位置。

（3）上位规划。如项目所在地的地方志、近三年的统计年鉴、当地发展计划、近年涉及区域发展的各项政府文件和会议、总体规划、各类控规、当地人口资料、现状开发条件和当地规划设计要求等。为了使项目建成后实现延续性的价值利用，应在设计时将上位规划等资料作为重要的参考内容，具体参考方式在 7.2.1 节中详细说明。

（4）周边规划。包括场地周边路网现状及规划条件，周边市政基础和商务、娱乐及停车等配套情况，场地周边建筑的功能、层高和风格。

（5）建设者和运营者的具体需求。例如是否有厂商、科研机构和相关业态商家入驻的需要，对公园的主题、文化内涵、功能定位的具体要求等。

（6）安全保护条件。场地内是否有洪泛地段、通信微波走廊、高压输电通廊等不安全因素；周围是否有需特殊保护的文物古迹、自然保护区等。

获得各项基础资料后，应对全部建设条件综合考量，进行整个汽车主题公园设计建造的必要性及可行性论证。在确认有建设必要性并具备建设条件的基础上，对已有选址的场地进行基地条件分析，对尚未选址的场地进行选址分析比较。结合各项基本条件，确定整个汽车主题公园的战略定位，如主题、模式、功能、目标群体、经营策略等，为项目的发展绘制蓝图，作为细化设计的指导方针。分析项目整体存在的风险，逐一识别、评估后，提出有针对性的应对方案。最终参照各类技术标准和具体需求，对各个功能区块进行详细规划设计。

7.2 必要性、可行性论证

可行性研究是决策科学在项目领域的应用，即在项目前期对拟建项目所进行的全方面技术经济分析论证和评价，从而确定项目是否可行或选择最佳方案的一项工作[1]。必要性研究指项目建设的理由和目标，是项目存在的依据。必要性研究通常属可行性研究与项目评估过程的一部分，但因含义所对应的工作内容有一定区别，在前期工作中通常并行提及可行性论证和必要性论证。

7.2.1 必要性论证

必要性论证从市场、经济、社会等方面论证建设者和决策者对项目的期许与需求，从而总结出项目建设的必要性。论证内容一般分为项目层次和国民经济层次。

1）项目层次

建设者或投资者建设汽车主题公园的理由，通常为在向社会提供产品与服务的同时，获取合理的投资回报。侧重从项目产品和投资角度论证项目建设的必要性。

（1）汽车制造、研发、销售等产业相对集中的地区，通过运动休闲项目实现功能业态的更新、营销策略的改进和产业结构的优化。

（2）赛事运营机构为扩大市场和提升品牌影响力，以建设汽车主题公园的方式整合赛事、体验、销售、展览等资源，实现经济利润和社会效益的最大化。

（3）市场需求方面的必要性。当地及周边居民生活水平的提高和日益增长的对美好生活的需要，使得对汽车主题公园所提供的物质商品、服务性商品的需求更加迫切，供不应求。

（4）为改善投资区域分布，形成合理的投资布局，分散经营风险，改善投资经营结构，从而在宽度和广度上扩大投资领域，全方位、多元化投资经营。

（5）拥有独特的科学技术研发优势，利用专业汽车运动项目的建设进一步开发测试新产品，填补空白，开辟潜在市场。

（6）受国家宏观政策、社会大环境、行业大方向的影响，把握机会，创造条件，以满足主体发展战略的优化等。

2）国民经济层次

国家或地方行政部门建设汽车主题公园的理由，一般从宏观的国民经济发展的角度出发论证兴建必要性。

（1）通过建设汽车主题公园整合利用多种资源，以造福民生，如实现土地资源的最优化配置，自然资源的保护性开发，旅游资源的永续利用等。

（2）促进产学研结合，填补市场空白，激发创新活力。有科研需求的区域，利用汽车主题公园中的专业设施条件，使之成为科技创新的孵化器。

（3）涉及新兴产业的发展需求、政府鼓励的国有企业技术改造和支柱产业项目等。

（4）建设汽车主题公园，既可满足周边居民休闲文化需要，也能激发旅游市场活力、促进旅游产业繁荣。

（5）释放社会投资潜力。采取社会经济模式（又称 BOT 模式，BOT 为 Build Operate Transfer 的缩写）或政府和社会资本合作模式（又称 PPP 模式，PPP 为 Public Private Partnership 的缩写）参与公共基础设施的建设，实现社会资本获得合理投资回报的同时，通过政府的有效监管，保证公共利益的最大化，从而提高公共服务质量，惠及民生。

除以上列举的方面外，依据建设条件不同，分析角度和内容也各有区分，对必要性的研究应建立在系统、科学评定的基础上有重点地开展。

7.2.2 可行性论证

可行性分析依据必要性论证中的内容，分析和总结汽车主题公园项目提出的背景，在技术、市场和外部协作条件等方面做出可行或不可行的判断[1]。通过相关产品市场的调查研究、相似旅游产品的供需预测、门票等商品的价格预测、项目自身在整个旅游市场中的竞争力与市场风险的预测等，对已有的资源条件做出评价，包括资源的品质情况、赋存条件、可利用量和开发价值，进一步进行场址选择和方案规划[2]。由于汽车主题公园包含汽车运动项目，对选址的可行性，尤其是土地性质、土地规模、交通环境和地质条件等基础条件的要求更高。结合一般投资项目可行性研究与项目评估可能需要论证的内容，汽车主题公园建设可行性论证的内容可分为技术论证、经济论证、管理论证、政治与社会论证四个方面：

（1）技术论证。包括：①土地性质是否满足建设建设汽车主题公园特别是公园内赛车场项目的合法规定；②土地规模是否满足功能要求；③交通环境是否满足使用要求；④地质条件是否满足建设要求。

（2）经济论证。基于对市场的预测，分为财务评价和国民经济评价。其中，财务评价包含市场营销预测、财务规划与财务分析三方面内容，研究该汽车主题公园的建设项目在汽车产业、体育产业、旅游产业等相关领域的市场战略是否合理，资金筹措条件是否具备，分析项目的投入、盈利能力与远期效益。

（3）管理论证。汽车主题公园的投资周期、建设周期、经营维护周期等各个时期的组织、协调、管理、监督等工作条件是否齐备。

（4）政治与社会论证。包括对汽车主题公园项目实施的社会与政治环境条件评价，对居民生活影响评价，对社会文化、习俗和心理的影响评价，社会效益评价，国家安全评价等。

7.3 选址与定位

汽车主题公园的选址在不同的背景条件下要求也不同。如果投资者在某地拥有明确的开发意向和选址设想，那么土地性质是否满足、地质条件是否适合、配套设施是否完善等问题都需要专业机构在前期进行研究分析，如果相关部门对项目理解不够、对政策把握不足以及存在其他开发许可限制等，则需要专业机构进行正确的方向引导和政策解读，与相关部门积极沟通，争取对此类项目的支持。对选址尚未确定或是同时有多个条件不同的地块可选择的项目，则需要专业机构对城市上位规划、客源市场、自然环境、交通条件、资金条件等多种因素研究分析，平衡各方利弊做出选择。选址应与汽车主题公园的主题特色与模式形态等定位综合考量。

7.3.1 上位规划

我国的规划体系与行政体系相对应，是由横向规划层级和纵向规划类型交织而成的网络，可以划分成发展规划和空间规划两类[3]。发展规划包括国民经济和社会发展规划、产业发展战略等，空间规划包括国土规划、土地利用规划、区域规划和城市规划等[4]，项目在规划设计过程中须参照的规划，统称上位规划，体现当地发展战略及发展目标。汽车主题公园的前期选址和主题定位，应首先对该区域的上位规划进行归纳梳理和研究分析，明确当地发展的理念和趋势，在遵从上位规划的基础上，结合具体现状进行。重点关注上位规划中的以下几个方面：

（1）产业发展战略。区域内的政治、经济和产业发展规划对汽车主题公园的场址选择与业态布置有重要的参考价值，在符合区域发展战略的基础上，积极以科技推动产学研结合，促进新兴产业的发展。

（2）用地性质。在选址时首先明确土地性质。《中华人民共和国土地管理法（2004年修正版）》将土地分为农用地、建设用地和未利用地三类，并严格限制农用地转为建设用地。

汽车主题公园的建设中应尽量避免涉及农用地范围。

（3）道路规划。汽车主题公园对远期发展的考虑是否周密是决定其能否健康运营的重要条件。由于项目初期投入较大，在选址时出于对土地成本的考虑，往往选择在中心城区周边地段，项目地交通路网的便捷性、通达性是保证未来项目可达性、客源稳定性的关键因素。

（4）周边环境。对可能的选址范围内已有设施和已有规划做出详尽的调研，如基础设施的建设情况与规划情况、周边建筑的功能业态等，与周边功能的协调、联动和互补能够实现汽车主题公园影响力的扩展及城市公共资源的集约。

7.3.2 城市环境

城市环境指产业布局、历史人文、经济环境、政策法规、教育培训等非自然因素促成的社会背景。从城市设计学科的角度出发，汽车主题公园作为互动性、交流性极高的城市开放空间，应当是区域乃至城市中的活力集聚地。汽车主题公园作为以人为影响为主导、自然禀赋为辅助的后天旅游产品，具有鲜明的社会性特征，因此在选址时应特别注重城市环境方面的分析。

城市的产业布局特征是选址和定位的关键性影响因素，根据产业的层级分布和空间分布特点，充分挖掘汽车主题公园与当地产业基础的内在关联，从而在选址和功能定位等方面为公园注入发展活力。如当地产业以传统制造业为主，则要在选址和主题选择中特别注重工业文化的传承记忆，由传统产业的内核向外延展，培植多种业态；有的地区拥有著名品牌或龙头产业，可考虑借助品牌文化培植城市形象；有的地区体育产业较发达，可考虑在有一定观众基础的区域或利用已有的体育场馆，引入国际赛事，培育特色赛事等。

人文指人类社会的各种文化现象，在发展过程中自然孕育的地域文化，包含了人们外在的衣食住行和内在的思维活动。汽车主题公园的建设应充分考量地域性的人文与历史因素，才能最大程度提高当地客源市场对汽车主题公园的接纳能力，具体措施如在选址和布局时尊重当地传统信仰和习俗，将汽车运动和汽车文化与节日文化有机交融，在功能定位等方面充分迎合居民日常休闲的需求等。

经济环境包括了企业生存发展的社会经济状况、社会经济政策、消费者购买能力和购买特征等，经济发展态势好或发展空间广的地区通常有利于旅游业的发展，而收入水平与可支配收入高往往意味着大量的旅游消费需求，更适合汽车主题公园选址。

政策法规因素包括两方面，一是当地的政治氛围与社会稳定情况，二是政府对汽车主题公园的建设态度和相应政策[5]。在法律措施、土地政策、组织机构监管、金融财政和产业发展策略等方面，相关部门的各项措施会影响投资者的信心和投资走向，以及客源市场的旅游消费力，进而影响汽车主题公园的选址和建设。

7.3.3 自然环境

汽车主题公园中考虑汽车运动场地的安全性和休闲设施的游憩体验，需要对自然环境进行详细考察，包括气候条件、水文条件、地理条件、自然景观等多种因素。

气候与汽车运动的安全性密切相关，是汽车主题公园在自然环境中首要的考量条件。多雨地区尤其应注重排水设施的合理性，在储水、节水与蓄水方面引入“海绵城市”的概念；在严寒地带冻土地区，寒冷的气候条件会导致土壤中水分冻结成冰并膨胀[6]，对于汽车运动要求较严格的高等级赛道，则需要避免高寒地区路面开裂和不均匀沉降等问题。

对水文条件的勘察应关注可能的选址场地中是否包含河道、泄洪区、泄洪渠、暗浜等，包含河流湖泊的，需获知河床断面，常水位，五年、十年、三十年一遇的洪水位等基础信息。选址在保护水利系统的前提下进行，如条件允许，也可通过景观将河流湖泊融合利用，助力水系统的生态整治和水体保护。

地理条件如地形、地物、地貌和地质条件是选址、设计和施工的重要参考要素。赛道对平整度和工后沉降有严格的要求，选址时尽量避开大面积水塘、河流及淤泥、膨胀土、岩石等不良地质构造，地形相对平坦的地带线形灵活性较高且工程量相对较小。如果在我国南方和中部多水域的城市选址，前期的地质勘察尤为重要。对软土地基的处理因赛道工程对平整度和工后沉降的要求而远比高速公路更加严格。

在其他条件相仿而有多种选址可能时，优先考虑自然风景优美、旅游资源丰富的区域，将汽车运动和文化的动态环境空间与自然景观的静态空间交汇融合，对原有的自然景观实现动态的保护性开发，获得整体效益的提升。

7.3.4 交通环境

纵览国内外人气较高、影响力较大的汽车主题公园，分析其成功因素，无不包括便捷的交通优势。交通通达性较高的旅游地更易于产生相关产业的集聚，降低服务企业的运输成本；节约旅游者的交通费用和时间成本，进而增强旅游者选择意向，扩大客源市场，开拓发展空间。因而交通环境也是选址时优先考虑的关键性条件。《2017 中国自驾旅游大数据》中显示游客追求旅游时间的最大化，表现出缩短旅途时间并延长景点停留时间的趋势，昭示着我国正在进入“快旅慢游”的时代。因此，交通道路网的完善和交通通达性对出行意愿产生着直接的影响。

汽车主题公园与中心城区的相对位置灵活，一般而言，大型汽车主题公园在用地限制较小的大城市边缘区选址，中小型汽车主题公园既可选择小城镇，也可选择与中心城区联系较密切的地带；选址应位于主要公路干道附近，利用公路干道视野开阔的特点，将公园作为向过往旅客展示的标志性景观，强化当地旅游形象[7]。在初步确定选址后，以基址作为辐射中心，关注与机场、高铁站、高速公路出入口、轨道交通站点等各类交通枢纽和交通节点的距离，现状路网及规划路网，是否可为中心城区及邻近城市的客源市场提供便捷多样的交通路径。在基地周边，考察现状外围市政路网是否完善，是否可以做市政接口。此外，出于对建设及运营期间器材、设备、展品、车辆等运输成本的考虑，还应考察选址的铁路、公路、水运、空运等交通运输条件。

专业的汽车运动场地可能为公园带来大型汽车赛事，同时也对周边路网带来大量交通压力。除了对日常使用的可达性要求外，还需研究大型活动或赛事期间的交通组织，控制交通流量，协调分配路网资源，合理组织静态交通，科学调度公共交通以缓解拥堵与浪费，有效疏导人流、车流等措施，解决短时突发性、临时性的交通需求矛盾。

7.3.5 资金条件

汽车主题公园投资的重点应在于找准方向，适应实际发展需求，有高瞻远瞩的行业预判和政策敏感度，但不应好高骛远。盲目的大规模投资计划可能导致前期投入成本高昂，致使项目在建设前期搁浅、建设期间资金链断裂或建成后经营压力过大而倒闭等后果。反之，在深入把握行业痛点、充分了解市场的前提下，审慎投资，通过分期投入、分期建设等方式，使项目通过经营累积规模或扩大经营范围，延长产品线，同时，根据国家政策、行业动态和市场导向等及时调整策略与方向，最终可实现汽车主题公园动态可持续的发展目标。

投资者的资金来源，除自有资金外，还可通过股权融资等便捷可操作的融资渠道，符合一定要求的可申请政策性贷款。当地政府也可根据实际的发展需求，对惠及民生的项目给予一定的资金补贴和政策扶持。

7.3.6 辐射区域

辐射区域指项目的服务范围。适当的集聚可增加当地的总体吸引力，也可能带来空间竞争，但汽车主题公园根据建设背景、目标客源、经营策略等多因素的影响，个体之间的定位和主题具有较大差异性，因而竞争一般为非替代性竞争。通常情况下，以基址为中心，辐射半径 200km 范围内无相同级别与功能定位的场地，即可以考虑选址。但如功能互补，或当地需求量较大，在半径 200km 范围内建设多个汽车主题公园，同样能具备良好的发展空间。如北京金港汽车公园与宏昌竣体育公园直线距离不足 10km，分别拥有国际三级赛道和国际卡丁车赛道，建设方向与运营策略不同，因而实现了各自的良性发展和功能互补；上海天马赛车场距离上海国际赛车场仅 30min 车程，同样拥有国际赛道，但二者具备的功能和面向的客户群体均有一定差异，也分别实现了健康运转。

7.4 风险分析

项目风险的广义定义为：“与可以实现的项目执行水平有关的，存在显著不确定性的影响。”是项目全寿命过程中由于技术上的不足或缺陷等原因，而产生的危害或对危险进行风险识别、量化和控制的过程 [8]。汽车主题公园投资规模大，建设周期长，运营要求高，社会影响广泛，更应提高对全生命周期风险的识别、评估与管理。通过风险分析，可以加深对汽车主题公园项目的风险认知，权衡各方面利弊条件，确保投资、决策、设计、施工、运营全周期的科学性，有效应对各类风险，控制成本，提高效益。

7.4.1 风险识别

对工程的风险进行判断和整理，尽可能鉴定有关风险的性质，确定该风险是否处于可管理的范围，以便制定有效的管理策略。风险因素的识别是风险评价的基础，主要包括三方面的内容：识别潜在的风险、引起风险的主要因素和风险可能引起的后果 [9-10]。对风险的识别方法一般分为主观与客观两类，主观方法主要包括智暴法、德尔菲法（专家调查法）、情境分析法等，客观方法主要包括风险核对表法、因果分析图法、故障树分析法、幕景分析法、流程图法、工作分解结构法等。

对汽车主题公园项目而言，项目风险是指在公园良性运营这一总目标的前提下，由于相关原因影响而不能最终实现的可能性和不确定性。汽车主题公园包含多元化业态，组成项目涉及数十个行业门类（见 1.4.4 节），项目的每个阶段都存在诸多不确定性。同时，国内成功建设案例个性化较强，缺乏普适性，相关资料有限。因而对汽车主题公园项目的风险识别建议采用专家调查法，根据实际的策划选址、规划设计、建设施工、运营维护等汽车主题公园项目的各个阶段，延请各领域专家对不同方面的风险因素识别汇总。

7.4.2 风险评估

风险评估，即风险估计与评价，将汽车主题公园项目的风险按照影响程度进行分类和排序，评价风险处于何种状态，对已辨识的风险进行定性和定量地分析，得出各风险发生的概率和对工程项目影响的后果与范围。主要工作步骤为[11]：第一步，确定工程项目风险评价的基准，包括工程项目整体风险评价基准和单个风险评价基准；第二步，通过数学模型或者其他分析方法，计算工程项目整体风险水平和单个风险的水平；第三步，将工程项目整体风险水平和整体风险评价基准进行比较，单个风险水平和单个风险评价基准进行比较。常用方法如专家决策法、蒙特卡罗模拟法、层次分析法（Analytic Hierarchy Process，AHP）、决策树分析法等。其中专家决策法与层次分析法，可灵活应用于难以量化的多准则、多目标问题的风险分析，建议二者配合使用以评估汽车主题公园项目的风险。

7.4.3 风险应对

风险管理包含风险的应对以及风险的监控。工程项目常用的风险应对策略主要有风险规避、风险转移、风险缓解、风险自留和风险利用等。在识别与评估可能出现的风险及其概率、影响后，合理选择应对策略以减轻风险或避免风险对项目的威胁，将损失尽量控制在可接受的程度内。其中应对方式包括[12]：

（1）风险回避。在风险尚未发生时主动放弃或拒绝实施可能导致损失的方案。

（2）风险缓解。通过风险预防降低风险发生的机会，从而减少损失或当风险事件发生时尽可能防止扩大和恶化。

（3）风险转移。包括保险和非保险风险转移，对具有非投机、偶然性较强、损失较大等特点的风险，可通过保险解决；对发生概率小、潜在损失大的风险可通过非保险方式将风险的结果转移给他方。

（4）风险自留。指风险发生时由项目主体自行承担风险后果。

（5）风险分散。通过资金分配等方式将项目风险分配到多个主体之间，以减少个体的压力。

风险监控贯穿于项目的全过程，在实施风险应对策略的过程中，对风险的发展变化保持观察，及时反馈信息，评估风险应对措施实施的效果和偏差，从而更好地控制风险。

7.5 核心版块

汽车运动与汽车文化是汽车主题公园的核心与灵魂，是不可缺失的关键要素。本节将赛车场等汽车运动场地、安全驾驶教育体验、汽车文化雕塑、汽车公共艺术、汽车体验、汽车休闲等项目统称为汽车主题公园的核心版块。这些版块特色鲜明，决定了汽车主题公园的总体布局。

7.5.1 赛车场（场地赛与街道赛）

赛车场的设计是一个复杂的系统工程。从科学、安全、经济、实用、美观的角度出发，充分考虑其功能的多元化、竞技的专业性、未来经营的策略和对行业发展的预判。在总体设计时，更要充分考虑与周边环境的融合、对自然资源的保护和重大赛事期间的交通组织等。赛车是一项充满各种风险和不确定性的极限运动，因此在具体设计时，要充分把握赛车场每个组成元素的设计要求，以人为本，以安全为重，精益求精，力求科学严谨。

1）赛道工程

赛道的线形设计包括平面、纵断面和横断面。赛道线形所关联的区域不仅仅是赛道本身，更直接影响到缓冲区和急救通道等，设计时必须全面、总体考虑，以满足经济性、安全性、合理性等要求。

赛道应尽量避免软土地基，减少桥梁和隧道的数量，避免不均匀沉降或跳车。主赛道长度依据国际汽联的标准应大于 2km，不同等级的赛事会根据赛车的性能对赛道长度有自身的建议值，但具体长度不是评价赛道等级的指标，赛道的理想长度应根据其承办最高等级赛事的需求和用地、投资等情况适当调整。确定平面线形时，首先根据地形、交通、朝向等因素综合确定发车直道位置，参考不同等级赛车的性能、赛道的总体走向结合地形设计具体线形，弯道不宜过多而应有自身特色，以便在安全的前提下，更好地展现车辆的性能与车手的驾驶技术，整条赛道应具有良好的速度节奏。

平面线形是保障赛道竞技性、安全性和趣味性的一个重要参数，可通过短接路进行巧妙的分割组合，以满足多样的使用功能，合理分区与独立运营可以更加充分地利用土地资源，从而降低成本。赛道也可考虑与园区内部道路或外部城市道路进行合理衔接，举办街道赛事。赛道的线形、发车直道、维修区等要素的设置均应从专业角度出发，结合实际情况设计。

赛道纵坡是保障赛道竞技性、安全性和趣味性的另一个重要参数。纵坡的设计既要结合赛车的速度与性能，也要有效地结合横坡和平面线形的设计。一条好的赛道不仅应满足运动的要求，还需兼顾生态与投资，同时结合地形，尽量做到依山就势，保护自然环境。

赛道横坡同样是保障赛道竞技性、安全性和趣味性的重要参数。其设计同样要结合赛车的动力特性、弯道特点及纵坡的设置情况、赛车途径区域的行驶速度和地势情况等多重因素。

赛道路面结构设计也是赛道设计的重要环节。路面结构包括面层、基层和垫层，由于赛车对路面平整度、附着力与工后沉降有特殊要求，赛道面层的抗滑性能、耐磨性能、抗高温稳定性能、抗低温开裂性能等方面均应进行科学系统的研究，不仅要结合赛道等级、赛车性能和轮胎特性等车辆参数，还要结合当地的气候特点，必要时须开展专项研究。赛道路基如遇不良地质构造，也应开展专项研究。

2）专用安全设施

赛道专用安全设施也是赛道的重要安全保障，主要包括赛道专用的防撞设施和防护设施，能够保障赛事安全，并有效保护观众、车手、赛事工作者和其他各类汽车运动参与者的人身及财产安全。当车辆性能不断提升，车速越来越快时，赛道安全凸显重要。专用安全设施的设置应充分考虑赛道本身的特性和赛道理想状态下在赛道上任意一点的最大速度值，以及失控后产生的碰撞力。

赛道在规划设计时应留有足够的安全区域并科学合理地设置安全防护设施，图 7–1 为武汉国际街道赛赛道防护网。

3）赛事设施

赛事设施是针对不同汽车运动比赛需要而提供的赛道专用装置。赛事工程分布在赛车场各个位置，包括计时记分系统、赛道监控系统、转播系统、广播系统、各种信号灯、信号旗等。同时也包含赛道上的各种标志标线、颁奖台、发令台、摄影台等确保赛事顺利进行的必要设施。设计时应充分考虑赛事需求，为未来发展留出足够空间。

图 7–1　武汉国际街道赛赛道防护网

4）核心功能建筑

核心功能建筑主要包含指挥中心、计时中心、维修区（图 7–2）、医疗中心等，和赛道、安全设施、赛事设施一样是赛车场重要的组成部分，也是赛车场对外展示的重要载体。设计时应充分考虑赛车场所在地的城市风貌和周边地形地物的协调统一。国际汽车联合会针对国际赛车场的核心功能建筑提出具体的功能性要求，以确保赛事的正常运行。

图 7–2　鄂尔多斯国际赛车场的维修区

5）公共配套设施

公共配套设施包括公共路网系统、绿化景观系统、综合管网系统、静态交通系统、安防系统等。公共配套设施与赛道工程、专用安全设施、赛事设施、核心功能建筑共同组成了一个相对完整的赛车场功能体系，为赛车场日常运营和赛事举办提供了基础的保障（图 7-3）。在规划设计中，应力求系统化、集约化、科学化，兼顾汽车主题公园内其他区域的公共服务体系，充分融入汽车文化和地域文化。

图 7-3　Paul Ricard 赛车场中的赛道排水设施

7.5.2　其他汽车运动场地

汽车运动场地的种类丰富多样，除场地赛与街道赛赛车场以外，还包括驾驶体验中心、卡丁车场、跨界拉力赛道、汽车试验操控赛道、越野及拉力赛道等，具有极强的灵活性与适应性，满足各种形式汽车运动的开展，充分打造内容多样的汽车主题公园。

1）驾驶体验中心

驾驶体验中心一般建设在城市核心区或风景名胜区，是汽车品牌形象展示的动态窗口。通过体验赛道的植入，能够全方位发挥驾驶体验中心集运动、体验、展示、安全和休闲于一体的多维度空间。

2）卡丁车场

卡丁车场是用于卡丁车比赛、训练和科普活动的专业性场地。卡丁车运动作为汽车运动的重要分支，具有其他运动项目不可替代的作用，不仅是职业车手成长的摇篮，也是老少皆宜的运动项目。卡丁车场按照服务对象不同，一般可分为专业竞速型卡丁车场和娱乐型卡丁车场两类；按场地位置不同则可分为室内卡丁车场和室外卡丁车场，一般室内卡丁车场为娱乐型场地。卡丁车赛道和汽车赛道一样，必须满足线形、速度、安全等基本要求，以确保车手和体验者的生命安全。专业竞速性场地只要提供娱乐车型，同样可以进行各种娱乐、科普活动。标准的专业竞速型卡丁车场数量目前在国内还略显不足。2017 年 12 月，由中国汽车摩托车运动联合会、同济大学和上海詹妮建筑设计咨询有限公司联合起草的《卡丁车场技术标准》（QM/TS B01—2017）正式发布，成为目前规范与指导国内卡丁车场建设的重要依据。

3）跨界拉力赛道

跨界拉力赛道是兼具场地赛和拉力赛形式的赛道，由沥青和砂石路两种路面共同组成。

跨界拉力运动起源于欧洲，将场地赛和拉力赛的特点融合在一起，让观众在一场比赛中既能观看到场地赛的精彩，又能欣赏到拉力赛的魅力。2017 年，贵州骏驰国际赛车场跨界拉力赛道建成，并成功举办了中国首届跨界拉力锦标赛，标志着跨界拉力这项运动正式在中国落地生根。

4）汽车试验操控赛道

汽车试验操控赛道是笔者在探索汽车制造业源头与体验式销售末端有效衔接的创造性产物，是更好的开拓汽车测试与赛道体验相互结合的新思路，也是将车辆研发、测试、改良、发布融合于一体的新平台。与一般的赛道相比，汽车试验操控赛道在线形的选择上要更多考虑车辆在各种极限状态下的操控和测试，同时应兼顾汽车运动对运动性和安全性的基本要求。

5）城市 SUV 体验路

城市 SUV 体验路即针对 SUV 车型设计的障碍路，是笔者根据目前国内的主流车型特点与驾驶员对车辆性能的认知和操控需求，研究开发的创新体验项目。城市 SUV 体验路与传统的场地越野赛道不同，所有障碍均参考当前市售 SUV 车型参数设计，并划分为多种不同的难度等级，在保证驾驶安全、零车损的前提下，全方位、多角度衡量车辆越野性能，训练驾驶者的驾驶技术，满足厂商各 SUV 主力车型的推广和驾驶体验需求，也让 SUV 车主在车辆 Off-Road 功能的使用方面得到专业的指导。

7.5.3 安全驾驶

安全驾驶教育体验场地是具备在各种道路环境、车辆状况和突发事件下的安全驾驶体验、安全驾驶教育、安全驾驶培训、安全产品测试及应急救援处理等功能的专业场地。其核心项目包括通过模拟不良路况环境，如雨雪路面模拟、转向不足、转向过度、速度模拟和突发事故模拟等，训练驾驶人员的驾驶技术与应对突发事件的能力。众多西方国家已具备成熟的安全驾驶培训体系。面对国内更加复杂的道路环境和驾驶习惯，2014 年，在公安部和交通部的支持下，由中国汽车运动联合会和同济大学联合发布了安全驾驶教育体验平台，旨在定制符合我国交通特点、驾驶行为以及事故特性的技术产品，从而更好地提升我国道路安全水平。

7.5.4 汽车文化

汽车不仅仅是一种交通工具，更具有丰富的文化内涵。随着我国汽车保有量的不断攀升，汽车的文化作用也在不断扩大。汽车主题公园作为传播汽车文化的窗口，是科技感、力量感与文化艺术的碰撞和交融，独特的创意经过主题化的表现，丰富了汽车文化版块的形式，较为成功的项目如汽车文化雕塑、汽车公共艺术、汽车博物馆和展览馆、汽车主题虚拟现实技术互动、汽车主题景观小品等。

图 7-4　勒芒 24 小时耐力赛博物馆

汽车文化雕塑和汽车公共艺术是艺术家基于对汽车运动、汽车历史及汽车社会的思考，充分利用艺术语言的再次具体化表达，具有典型的受众群体、极强的形象感染力和可阅读性，塑造游客对公园的直观印象，让汽车文化与艺术变得触手可及，成为汽车主题公园的抽象化标识和城市的人文新地标。古德伍德速度节的主题雕塑和金华汽车文化公园中“有生命”的汽车文化雕塑就是典型的案例。

汽车博物馆是汽车历史最全面的展现形式，游客通过参观汽车工业、汽车运动和汽车社会的发展历程，能够获得对汽车文化的系统性认识，从而达到科普和推广的目的（图 7-4）。汽车展览馆通常以展示汽车品牌理念、汽车产业发展的最新成果和未来汽车科技为主，同样能够让游客了解汽车当前科技成果和未来发展方向，达到科普和推广的目的。

此外，汽车主题公园可根据自身条件，设计契合游客需要的汽车文化体验项目，如法拉利的汽车主题公园将 F1 文化与虚拟现实、3D 影像等技术高度融合，创造出一系列旅游服务产品，给予游客独特的体验。

7.5.5　汽车休闲

汽车休闲是近年来人们关注的热点，最受欢迎且运营较为成熟的形式是自驾车房车露营地，还包括汽车表演、汽车主题特色旅游、汽车影院、汽车主题餐饮等丰富多样的形式。

汽车露营以保护性开发的策略，充分发挥原赋性旅游资源的优势，实现了汽车文化与露营旅居文化的交汇，也成为体旅融合的经典形式（图 7-5）。中国汽车摩托车运动联合会汽车露营分会 2014 年发布体育行业标准《汽车露营营地开放条件和要求》，规定了各类汽车（含旅居车）露营营地开放应具备的基本条件和星级评定要求。国家系列标准《休闲露营地建设与服务规范》（GB/Y 31710—2015）从具体的

图 7-5　法国勒芒 24 小时耐力赛赛道附近的露营区

选址与布局、服务设施、服务管理和安全保障等方面对露营地的建设予以规范。规范与标准的发布为以汽车露营为代表的汽车休闲行业健康发展提供了技术保障，是汽车主题公园中露营地规划、设计、建设及运营的重要参考。

7.6 功能版块

功能版块是汽车主题公园中服务于核心版块的配套功能区域，以适用性为目的，满足公园中各业态日常的运营和服务要求，包括构成汽车主题公园中汽车产业元素的 4S 店、汽车商场、会员俱乐部、赛车培训学校、汽车改装中心、二手车市场、汽配商店、汽车物流基地、主题酒店、综合办公等关联业态，以及车管所、加油站、停车场等配套的服务设施。

7.6.1 相关产业

1）汽车展销

为整车、零配件及出行服务产品提供的展览销售场所，也可用于厂商活动、新车发布等，与国内大量以汽车销售为主的“汽车城”相区别，汽车主题公园中的汽车展销侧重消费者及游客的体验性，以宣传品牌文化、科普安全驾驶理念和推动汽车社会健康发展为目的，并与汽车运动和汽车文化的核心版块紧密联系，拥有更广泛的受众群体。图 7–6 为日内瓦国际车展。

图 7–6　日内瓦国际车展

2）汽车仓储物流

汽车仓储物流是指汽车供应链上原材料、零部件、整车以及售后配件在各个环节之间的实体流动过程，是实现汽车产业价值流顺畅流动的根本保障[13]（图 7–7）。汽车主题公园将汽车的仓储物流服务融入自身特色，服务于顾客，甚至成为主题和内容的一部分。例如大众汽车主

图 7–7　汽车物流

题公园的标志性建筑物“汽车塔”即是新车存放处，顾客可在此提车，既服务于消费者，也成为能够优化用户体验的旅游产品，为大众汽车提升了品牌形象和服务水平。

3）4S 店与汽车商场

4S 店为集整车销售、零配件、售后服务、信息反馈四位一体的汽车销售企业，汽车商场则是多品牌厂商的集合性销售平台，二者与汽车主题公园的个性化体验的定位契合度极高，在公园中布置一定数量的品牌 4S 店与汽车商场，一站式满足客户咨询、试驾、购车及售后服务的诉求，既有利于资源的集约化利用，也可为汽车主题公园的经营创造直接收益。

此外，汽车主题公园中还可布局为汽车运动爱好者提供服务的会员俱乐部、富有个性化的主题酒店及主题餐饮、文化创意周边商店等项目，需要由投资者和规划设计方根据项目的功能定位进行组合布局和系统设计。

7.6.2 配套服务设施

汽车主题公园的游客中，考虑爱好、年龄、消费特征等因素，自驾出行的比重相较普通景区更大，因此对静态交通组织即停车设施的要求较高，在规划和建设期间应对停车需求做出科学预测，尤其关注大型活动期间的临时性大量停车需求，实现功能性与集约性的双赢。与此对应，公园中的路网规划应基于日常使用和短期大流量的交通组织。

配合核心版块的加油站可在保证安全的前提下，采用主题化的外观设计；游客服务中心、管理用房、安全保卫机构、卫生设施、各类引导标志标识等基础服务设施应严格按照旅游景区的相关要求设计和配备，同时应尽可能体现汽车主题和文化元素。

7.7 特色版块

特色版块是从汽车运动与汽车文化向更广阔领域衍生的新业态或新形式，同样作为汽车主题公园的重要特色，也可作为汽车主题公园发展到一定阶段后实现自身优化和拓展的方向性参考。

7.7.1 特色小镇

随着政府相关政策与鼓励举措的推进，全国面临新一轮的特色小镇建设热潮。汽车主题公园作为特色小镇中的“特色版块”，公园本身内部的项目规划应当配合特色小镇的功能需要而进行，作为小镇中交流性、开放性最强的公共空间，公园中必须有能够生动体现特色小镇之“特色”的部分。汽车主题公园由自然的演变产生，是从汽车运动面向大众的普及化和面向文化的多样化而来，而汽车运动休闲特色小镇是这一趋势更加深入和拓展的结果。

从大众参与性和普及性的趋势来看，当赛车场突破专业局限向普罗大众沉积，增加平民化与娱乐化的体验时，便成为拥有极高参与度的汽车主题公园；而继续向辐射范围内的居民生活中渗透，加入覆盖人们日常衣食住行的基础设施和社会服务，成为以汽车运动与汽车文化为特色的产业发展平台和新型镇域空间，即汽车运动休闲特色小镇。

从文化的培育和衍生方面来看，当赛车场注入文化元素，向文化领域延伸和拓展时，即可成为兼容文化传播与科学普及的汽车主题公园，而继续加入产业与经济元素，融合地域文化与地域特色，发展成为具有浓郁人文色彩的汽车运动休闲小镇。

影响范围、生活气息和产业要素是汽车主题公园向特色小镇进化的关键（图 7-8），本书附录中金华汽车文化公园发展为国家首批运动休闲特色小镇示范性试点的成功案例，可作为相关项目的样本以供参照。

7.7.2 科技研发与测试

在本书的第 4 章中提到助力科技研发的汽车主题公园是汽车主题公园中一类重要的模式。专业的汽车运动场地汇聚了领域内前沿技术，同时为科学技术研发工作提供了极佳的实践场地和发展环境，加强产学研合作。

因此，科技研发与测试项目的设计可与核心版块的体验内容相结合，还可借助体验项目获得用户对新技术的一手评价，或作为新产品向社会展示和推广的平台。具体形式如在

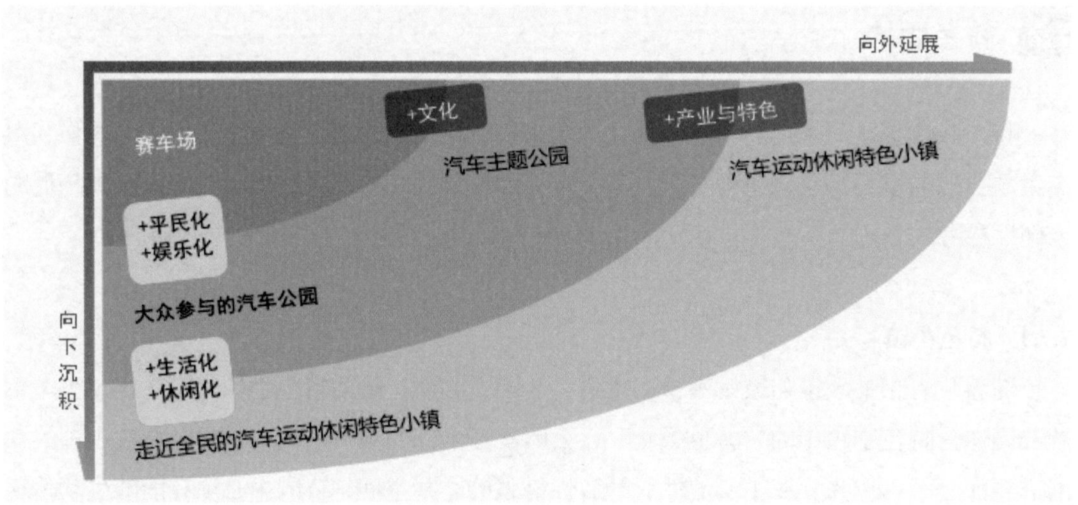

图 7-8 从赛车场到汽车运动休闲特色小镇的发展路径

核心版块周边布置厂商技术研发中心、专业的零部件性能测试机构、智能驾驶测试场、高校或研究所的试验站、车手与技师培训学校等。

7.7.3 全民健身与极限运动

汽车运动的体育属性使之与其他大众性的体育项目拥有较好的契合度。在体育事业发展空间较大的地区，汽车主题公园可逐渐向群众性与专业性相结合的体育公园方向延伸，例如面向专业人士体能、技巧型训练的健身场馆，形式新颖、吸引年轻消费群体的极限运动，以及根据城市规划需要、面向中高端消费人群的其他传统体育场馆和设施等。北京宏昌竣体育公园在汽车运动的基础上进一步发展网球羽毛球健身，北欧部分赛车场在不适宜汽车比赛的冬季开展冰雪运动。汽车主题公园应依据自身情况量体裁衣，因地制宜，实现经济效益和社会效益的最大化。

参考文献

[1] 简德三 . 项目评估与可行性研究 [M]. 上海：上海财经大学出版社，2009.

[2] 《投资项目可行性研究指南》编写组 . 投资项目可行性研究指南 [M]. 北京：中国电力出版社，2002.

[3] 王向东，刘卫东 . 中国空间规划体系：现状、问题与重构 [J]. 经济地理，2012，32（5）：7-15.

[4] 高中岗，张兵 . 论我国城市规划编制技术制度的创新 [J]. 城市规划，2009，33（259）：26-32.

[5] 薛凯 . 主题公园选址研究 [M]. 重庆：重庆大学出版社，2014.

[6] 程国栋，何平 . 多年冻土地区线性工程建设 [J]. 冰川冻土，2001，23（3）：213-217.

[7] 保继刚 . 主题公园研究 [M]. 北京：科学出版社，2015.

[8] 克里斯・查普曼，斯蒂芬・沃德 . 项目风险管理：过程、技术和洞察力 [M]. 北京：电子工业出版社，2003.

[9] 林关成 . 软件项目管理中的风险分析与管理 [J]. 渭南师范学院学报，2007（2）：59-62.

[10] 赵树，王玉 . 项目的风险识别和防范 [J]. 上海管理科学，2002（5）：51-52.

[11] 沈琳 . 汽车街道赛建设项目风险分析与管理研究 [D]. 上海：同济大学，2016.

[12] 袁剑波，刘苇，刘伟军 . 工程建设项目风险应对策略应用 [J]. 中外公路，2006，26（1）：14-16.

[13] 汽车百科全书编纂委员会. 汽车百科全书 [M]. 北京：中国大百科全书出版社，2010.

8 汽车主题公园的典型问题及解决方案

摆在我们面前的有两种选择，一种是以自我为中心的和非共生的社会系统，这种社会系统不能应付新环境的挑战，追求整齐划一，甚至依靠把功能不佳的机构凝聚成官僚主义的僵硬版块来维持本身的存在；另一种是互相依存的世界社会系统，这种系统把新的环境状况反映到它灵活的组织机构中，并通过建设性的再组织来应付变化。

——[意大利]欧文·拉兹洛《系统哲学引论》

8.1 汽车主题公园的选址

汽车主题公园的选址是涉及多方因素的系统性决策过程，不同的功能模式对应各异的影响因素与比重，而选址又反作用于公园的经营策略与规划定位。选址的过程和具体条件在第7章7.3节“选址与定位”中已有详细的描述。在项目整体的前期阶段应留足时间，由专业机构尽可能全面地调研，对城市上位规划、客源市场、自然环境、交通条件、资金条件等多种因素进行综合的研究分析，全面考察政策法规、土地性质、配套设施等条件，从专业的角度，充分考虑投资者需求，并与相关部门及时沟通交流，平衡各方利弊进行选址。

图 8-1　CCRC 中国汽车场地拉力锦标赛贵阳站　贵州骏驰国际赛车场

例如，汽车专业玩家与爱好者组成了汽车主题公园重游率高、稳定性强的客源，此类用户的分布是选址时需要着重考虑的因素之一。贵州被称为“拉力大省”（图 8-1），无论从资深车手的带动作用、专业场地等基础条件还是新人爱好者的培养速度来看，都适合以拉力为重要功能的汽车主题公园在此落地和推广。新疆、甘肃、内蒙古土地开阔，沙漠、戈壁、河床众多，地理与路况均适合越野拉力运动，车手与爱好者在自发的活动中为这些地区积累了广泛的基础与影响力，因而越野盛会——阿拉善英雄会选址腾格里沙漠，中国环塔拉力赛在塔克拉玛干沙漠、罗布泊、古尔班通古特沙漠、库姆塔格沙漠等地区开展，由于契合客源市场的需求，人气也迅速增长。

面对大量的影响因素，具体案例中的选址问题可借助城市地理学研究区域影响范围的方式，运用大数据采集和整理方法，将影响变量根据实际建设经验和专家建议，综合为多个可量化的指标，采取 GIS（Geographic Information System，地理信息系统）法建立地理信息模型，得到各个区域的选址适宜程度的量化评定结果，并利用软件直观地体现出来。这一过程将在本书第 9 章中详细说明。

8.2 专业场地的合理运营

主题公园与传统旅游产品相比汽车运动版块占地面积较大，投资较高，且不能作为商

图 8-2　博特尼亚赛道上的冬季卡丁车项目

图 8-3　博特尼亚赛道上的摩托车比赛

品出售，因此，科学而合理的运营方式至关重要。汽车主题公园拥有多元的业态，其运营模式需要结合项目功能综合考虑。汽车运动场地作为大型比赛的举办场地，日常可向厂商产品测试与品牌活动提供场地租赁服务，向车队提供训练场地，向会员、散客提供各种驾驶体验服务等。公园也可以结合当地的气候特点，开发自行车运动、水上运动和冰雪运动等。

为了最大限度提高赛道的利用率，一种近年常见的做法是利用短接路将高级别的专业赛道进行临时分割，形成多个能够各自独立运营的赛道区域，满足不同的使用需求，大大提高了场地的利用率。室内卡丁车场服务于娱乐赛事、大众体验，也可在举办其他活动时移除安全设施，作为展览或演艺场馆。这些举措在近年来国内新建赛车场中得到广泛应用，也体现了我国专业汽车运动场地设计机构的先进理念。

芬兰的博特尼亚赛道（Botniaring）是场地合理改造后实现多样化运营的优秀案例（图 8-2、图 8-3）。该赛道位于尤尔瓦，于 1989 年首次开放，长 1.627mile（约 2.618km）的赛道采用了矩形布局。尽管该赛道的长度只适用于芬兰本土的赛车锦标赛和俱乐部赛事，但场地对于当地汽车运动推广的贡献不可小觑。除了主赛道外，还有一条不适合开展赛车项目的椭圆线形赛道。2011 年，博特尼亚赛道进行了规划扩建，升级成为一条全长 2.494mile（约 4.014km）的全新赛道，继续举办芬兰的各项场地赛，包括保时捷 GT3 杯挑战赛、北欧赛车和 12 小时耐力赛。与此同时，更多的线形扩展出新的功能，包括完整的测试和培训设施，允许大众于每周开放的训练日在赛道上驾驶私家汽车或摩托车评估自己的驾驶技能和车辆性能，测试设施也助力当地汽车和轮胎工业的发展。由于当地的气候原因，博特尼亚赛道于 4~10 月进行汽车运动，秋冬季节开展冰雪运动。赛道周边设施完备，在平日，各式餐厅、商店与特色旅游项目面向赛道的使用者提供服务，也能吸引游客专程光顾；在赛道维护期间，周边业态依然可以保持正常运转，实现最佳的经济效益。

8.3 汽车运动版块的安全问题

汽车运动从诞生之日起，就始终在竞技性、趣味性与安全性之间寻找平衡，其中安全至关重要。尽管汽车运动的惊险性在一定程度上也是其魅力所在，但生命高于一切，汽车主题公园中的汽车运动版块应最大可能地避免恶性事故尤其是人员伤亡的发生。

图 8-4　笔者在国际汽联赛道安全培训上授课

汽车运动安全是一个“车手—赛车—赛道—环境—救援”相互作用的复杂“生态系统”，其中赛道安全是决定性因素之一（图 8-4）。著名的比利时斯帕赛道由于车速过快、天气多变等危险因素，从 1924 年建成至今，共有 23 位车手在此丧生，赛道也在 1970 年后被一度停用（1983 年重新启用）。戴通纳国际赛道以举办纳斯卡系列赛最重要的一场比赛——戴通纳 500 英里大赛而著称，但同时，它也被称为世界上最危险的赛道之一，赛道规模和赛制使得恶性连环撞车事故极易发生。自 1959 年至今已有 34 人因事故死亡，其中包括纳斯卡传奇车手达勒·恩哈德（Dale Earnhardt）。从 20 世纪 50 年代 F1 赛车出现，国际上对于安全的认知随着事故的不断发生而愈发深刻。从早年的关注点局限在赛车安全和救援水平，到 90 年代知名车手塞纳的离去，行业真正开始重视起赛道安全，并在 21 世纪开始全面推行赛道安全仿真。老牌赛道的危险因素难以阻挡爱好者们的情怀，而新建场地应从赛道设计的源头开始，严格保障车手及其他人员的安全。

赛道安全的三重保障，分别是合理的赛道线形、缓冲区和防撞设施，此外，路面结构、平整度与附着力，以及赛道的管网设施、计时监控设施的完善程度等也是赛道安全的影响因素。

除了在设计时需要追求更科学系统、更经济有效、更安全可靠的目标，经营时也应当严格管控，恪守设计初衷，杜绝安全隐患。

8.4 公众参与度与体验感

提升游客的旅游参与度和体验感，以优化旅游产品的服务质量，这既是设计策略，也是经营策略。

顾客的参与是主题公园的生命。美国纳斯卡系列赛是充分调动汽车爱好者参与性的生动案例，与 F1 大奖赛的尖端定位不同，纳斯卡系列赛明确拒绝精英路线，比赛几乎都在椭圆形的赛道上进行，观众对整个比赛过程一目了然，所用赛车往往是量产车改装而来，因而车迷观看比赛后可以立即在汽车销售点购买与心仪赛车最为相似的车型。汽车是美国人生活的必需品，纳斯卡系列赛的形式给予观众极高的认同感和参与感。因此纳斯卡系列赛在美国的人气甚至超过了 F1 大奖赛，在美国体育赛事中收视率仅次于全美职业橄榄球联赛（National Football League，NFL）。纳斯卡系列赛也通过比赛举办一系列的展销活动，如“纳斯卡汽车保养展览会”（Nascar Car Care Auto Fair），面向汽车爱好者开放，汽车护理产品公司利用比赛的平台收集汽车使用数据，更有针对性地向车迷推广最新产品。

“体验式营销”则是充分迎合消费者在接受产品或服务时的“非大众”心理[1]，以个性化极强、时空及个体差异极大的游览内容，吸引游客获得独一无二的游览体验。例如，卡丁车场为客户每一次驾驶计算时间和圈速并跟踪记录，提供一系列从娱乐到专业的成长方案。直线竞速让客户体验加速与制动之间的极限；SUV 体验项目可使客户提高对自身驾驶特点与车辆性能的认知和把握，安全驾驶教育体验平台为每次体验获得的数据提供有针对性的解决方案等。提升公园项目的参与度和体验感，更易于获得用户黏度，保证汽车主题公园的重游率。汽车主题公园作为体验式消费的典型案例，专业性用户为消费群体的主力。专业性用户的重游率也是保证公园运营的重要资源。

8.5 节能环保

汽车主题公园应以先进的绿色生态理念，成为节能环保的实验性、示范性基地和向大众推广的生动范本。

1）中水处理

将雨水与污水分流收集，通过中水处理系统处理后用于洗车、喷洒绿地和清洁场地，以节约水资源，减少对环境的污染；赛车场比赛工作区清洁用水与维修区机油、汽油混合而产生的废弃含油污水需单独收集，经专业的油水分离后再利用，保证对环境的零污染。

2）装配式建筑与模块化建筑

装配式建筑是运用在工厂中生产加工完成的预制构件，直接在工地装配完成的建筑，相对传统的现场施工，有施工方便、工程进度快、对周围环境影响小且建筑构件质量易保证等特点[2]。

模块化（集装箱）建筑则是将标准集装箱组合后，改造成为高品质的小型建筑，有效实现建筑功能的多元化和小型化的结构理念，便于未来灵活扩建和改建，被称为可持续建筑 [3]。集装箱建筑在施工过程中有效节省人力、物力，有效缩短建筑施工时间，减少了建筑基础部分和外立面的施工过程。据相关统计研究，以 Travelodge 集团在伦敦建造全球第一家可回收式集装箱酒店（图 8−5）的施工过程为例，通过与传统施工过程中的碳排放量分析图对比，集装箱装配式施工有效减少了 35.4% 左右的排放量 [4]。装配式建筑与集装箱建筑外形简洁直观，组合形式多样，符合汽车主题公园中功能性建筑的建筑性格，且方便组装，节省造价，可持续利用，是便捷经济而又节能环保的理想选择。

3）海绵城市

给排水系统是确保汽车主题公园中赛道正常运行的重要基础设施。例如位于比利时中部山区内的斯帕赛道，由于当地气候多变，赛道时常出现部分大雨部分晴天的场面，加之管线设施陈旧，赛道时常出现积水和湿滑状况。1998 年在该场地发生了 F1 史上最大连环撞车事件（图 8−6），在发车阶段由于赛道积水扬起水雾导致视线受阻和路面湿滑等原因，13 辆车相撞并损毁，最终完赛的只有 8 辆赛车。可见，无论从涵养水源等生态角度出发，还是出于对人身财产安全的考虑，完善的给排水系统对于汽车主题公园中的汽车运动场地而言至关重要。汽车主题公园利用低影响开发的生态设计理念，整合硬质工程与软质工程，使雨水径流和污水在设施网络时得到有效处理。

2012 年 4 月，在“2012 低碳城市与区域发展科技论坛”中，“海绵城市”的概念被首次提出 [5]。这里所说的“海绵城市”，不能简单地理解为排水防涝或雨水收集利用，在《国务院办公厅关于推进海绵城市建设的指导意见》（国办发〔2015〕75 号）中解释为“通过加强城市规划建设管理，充分发挥建筑、道路和绿地、水系等生态系统对雨水的吸纳、蓄渗和缓释作用，有效控制雨水径流，实现自然积存、自然渗透、自然净化的城市发展方式。”其概念包括了基础设施，即属于源头的海绵城市建设。

由于汽车主题公园中拥有对给排水系统更严格、更生态、更科学的要求，其中储水、

图 8−5　集装箱酒店

图 8−6　1998 年 F1 大奖赛比利时站撞车事件

节水与蓄水装置，在海绵城市所提倡的“渗、滞、蓄、净、用、排”等方面得到了最大程度的实现，相关的先进技术可以将汽车主题公园作为海绵城市推广的首站和范本。笔者自2004年至今在设计所有汽车专业赛道时，都以最前沿的技术将“海绵城市”的理念运用到排水工程之中。

8.6 结合大数据的汽车主题公园智慧化管理

大数据（Big Data）的概念是随着信息社会的发展衍生而来的，最初指需要处理的信息量过大，超出一般计算机处理数据能够占用的内存量，因此在工程上需要对处理数据的工具进行改进。随着更先进的数据处理方式诞生，更加智能化的数据处理方式替代了原有僵化的层次结构。在采样数据的基础上，运用智能化的计算手段，实现预测功能，从而用于项目决策等方向。最早洞见大数据时代发展趋势的数据科学家之一维克托·迈尔－舍恩伯格（Viktor Mayer-Schönberger）认为“大数据是人们获得新认知、创造新价值的源泉，是改变市场、组织和政府与民众关系的方法”[6]。

在信息化时代飞速发展的大背景下，旅游业与互联网、新型信息技术的融合已成为趋势，旅游业开始寻求以信息技术为纽带的旅游产业与服务管理模式的重构。受智慧城市的理念及其在我国建设与发展的启发，“智慧旅游”应运而生[7]。但在国际同类产品高速信息化的对比下，国内主题公园及景区的信息化基础较为薄弱，因此距离结合大数据的现代化主题公园目标的实现依然长远。2005年9月，《国务院关于印发促进大数据发展行动纲要的通知》（国发〔2015〕50号）提出“深入发掘公共服务数据，在交通旅游、消费维权等领域开展大数据应用示范”并对旅游服务大数据提出了发展任务，即“利用交通大数据开展出行信息服务、交通诱导等增值服务。建立旅游投诉及评价全媒体交互中心，实现对旅游城市、重点景区游客流量的监控、预警和及时分流疏导，为规范市场秩序、方便游客出行、提升旅游服务水平、促进旅游消费和旅游产业转型升级提供有力支撑”。2009年，国务院发布《关于加快发展旅游业的意见》（国发〔2009〕41号）中再次强调通过信息化途径提高旅游服务效率，“积极开展旅游在线服务、网络营销、网络预订和网上支付，充分利用社会资源构建旅游数据中心、呼叫中心，全面提升旅游企业、景区和重点旅游城市的旅游信息化服务水平”。

智慧旅游及大数据与汽车主题公园的实践结合，主要体现在以下四个方面：

（1）公园内项目功能的评估。如进行目标市场定位、目标消费人群定位、项目竞合分析、投入产出分析等前期工作，进一步细化到分析影响区域内的产业联动模式，客源市场的所在区位和客源吸纳、流失分析，适宜的票价范围设置等内容。

（2）游客需求的调研分析。随着汽车主题公园建设的成熟，散客体验者比例相应上升，作为以汽车运动与文化主题为最大亮点的旅游产品，是否能满足客户对个性化的诉求直接关系到用户黏度的产生。通过大数据采集，规划者和管理者能够更好地识别汽车爱好者的需求，根据游客的行为特征、偏好等属性进行分析，提供多元化的定制服务。可以利用会员机制，借助客户关系管理系统（Customer Relationship Management，CRM），建立游客档案数据库，分析游客年龄、性别、行为偏好、消费习惯等属性特征，通过数据库分析找出个性化服务的依据[8]。

（3）提高营销效率。通过互联网大数据的信息抓取等方式，汽车主题公园的运营者可以制定更精准、便捷而有效的营销策略，在满足消费者即时性需求的同时，降低人力、物力成本。还可通过优化投诉机制和舆情监控机制，利用大数据建立旅游投诉及评价全媒体交互中心等[9]。

（4）实现景区联动。除了目前已在全国广泛应用的通过景区票务系统统计游客量数据，通过监控系统及后台数据布置人力、实现风险的预防和监测外，还可与一定区域内其他主题公园、赛车场、汽车自驾运动营地、景区甚至特色小镇联网，将资源进行整合，通过差异化运营实现服务质量的整体提升。

参考文献

[1] 邵一明 . 体验营销的参与实施 [J]. 经济管理，2002（23）：72−74.

[2] 李滨 . 我国预制装配式建筑的现状与发展 [J]. 中国科技信息，2014（7）：114−115.

[3] 贡小雷，张玉坤 . 集装箱的建筑改造：一种可持续建筑的发展尝试 [J]. 世界建筑，2010（10）：124−127.

[4] 王蔚，魏春雨，刘大为 , 等 . 集装箱建筑的模块化设计与低碳模式 [J]. 建筑学报， 2011（s1）：130−135.

[5] 车生泉，谢长坤，陈丹，等 . 海绵城市理论与技术发展沿革及构建途径 [J]. 中国园林，2015，31（6）：11−15.

[6] NAIMI A I，WESTREICH D J. Big Data：a revolution that will transform how we live，work，and think[J]. American Journal of Epidemiology，2014，47（17）：181−183.

[7] 张凌云，黎巎，刘敏 . 智慧旅游的基本概念与理论体系 [J]. 旅游学刊，2012，27（5）：66−73.

[8] 李九全，杨金华 . 信息时代下国内主题公园的管理创新 [J]. 经济地理，2007，27（3）：505−508.

[9] 董观志. 深圳华侨城旅游经营模式创新研究 [J]. 旅游学刊，1999，（3）：38.

9 国内汽车主题公园的发展建议

建立指标来判断一个特定解释是否合理和满意是高度主观的，不能否认这一事实。科学本身就是通过为科学家树立常规——行为的规则来解决这一问题的，如果他想以合理的方式进行解释，他必须符合于这些规则。科学方法不过就是这些规则的明确发展而已。为了建立这类规则和常规惯例，一批实践的科学家发展了一种规范用来判断一个特定的解释是否合理。例如，现代统计决策理论就提供了一整套客观决策规律，倘若适当运用，就能保证不同的科学家对于所给定的假设或一整套数据，会得出同样的决策。

——[英]大卫·哈维《地理学的解释》

根据本书第 4 章中汽车主题公园的形态模式与第 7 章中对汽车主题公园的选址分析为理论基础，本章采用层次分析法与适宜度分析法，选取汽车主题公园的量化评估标准，以多指标综合评价的形式得到各影响因素对不同形态模式汽车主题公园发展适宜度的作用权重，利用全国范围内以省级行政区划分的统计数据，得到汽车主题公园在国内分布与发展的战略性建议。

以上研究方法在解决问题的同时，存在一定的局限性，主要体现在以下几点：

（1）汽车主题公园通常影响的范围涵盖所在市区及邻近市区，因此对于选址在行政区划边缘区的汽车主题公园，可能影响的范围对相邻城市有一定叠加效应，而对自身城市影响较小，与此相对应，相邻城市的各项指标对其影响可能大于其所在城市；

（2）我国各类统计数据一般以行政区划为单位，各行政区划空间尺度存在差异，可能影响研究结果的准确性；

（3）由于研究所需数据领域覆盖面广，笔者收集能力有限，本书中统计数据仅以省级行政区为划分，在现实具体项目的应用中判别尺度过于庞大。

因此，本书获得的结论性成果只可作为发展途径的方向性参考，在具体项目的选址定位与规划设计时，建议在掌握尽可能全面资料的基础上，参照本书的研究方法，有针对性地对具体问题做细化分析。

9.1 量化评估标准

汽车主题公园适宜度的影响因素众多，本书根据专家意见法和类比筛选，总结出 12 项重要的影响因素类别，并对每一类的可量化指标提供若干可选项，作为评估分析的参考。

1）人口

汽车主题公园首先应服务于当地居民，人口的集聚意味着客源市场的潜力。可选用的影响因素指标有常住人口、人口密度等。

2）经济

经济发达地区汽车主题公园的建设条件相对多元。经济特征可通过所在地区的生产总值、人均生产总值和人均可支配收入等指标体现，各指标侧重点不同，如生产总值代表当地的整体发展实力，对汽车主题公园的规划建设起到积极作用；人均生产总值和人均可支配收入反映人们的消费能力，进而影响汽车主题公园的客源市场。

3）城镇化程度

城镇化程度可反映出汽车主题公园向小镇的发展趋势或需求、公园的定位和人们消费的倾向。城镇化程度可用城镇化率体现。

4）交通

交通通达性与人们的旅游意向紧密相关，从而影响汽车主题公园的发展。反映交通覆盖程度的指标较多，如高速路网密度、公共交通运营车辆数和线路长度等，具体地区可通过规划部门获得路网的实际分布图，利用 GIS 空间分析法中点、线、面结合的缓冲区分析法进行适宜度分析。

5）交通安全

交通安全指当地发生交通事故的频率以及对道路安全、驾驶安全的重视程度等，道路环境安全性欠缺的地区，更有必要以体验和科普的形式推广安全驾驶知识与技能。交通安全可以通过交通事故发生率及万车死亡率等指标来反映。

6）旅游资源

当地的旅游业可与汽车主题公园资源整合，适宜通过规划特色旅游线路、汽车露营地或优化原有景区，发展体旅融合的汽车主题公园。旅游部门认证的景区数量及等级和游客数量在一定程度上体现当地旅游资源的丰富性与旅游业的实力。

7）汽车产业发展状况

从传统产业向文化积淀的过渡是汽车主题公园的发展路径之一，汽车制造业、品牌产销、汽车装配、二手车交易、汽车后市场和汽车物流等业态都可作为汽车主题公园可开发的重要资源。可参照的指标有汽车及零部件产销量、进出口量和税收等，在具体的工程实践中应依据当地的业态特征选择合适的评估参考指标。

8）文化消费

文化消费水平可反映出当地物质文明和精神文明的发展程度，最终影响汽车主题公园的市场定位，体现于人们对汽车主题公园的消费意向。教育文化娱乐支出可作为文化消费水平的量化指标。

9）汽车普及程度

汽车普及程度反映出当地居民中对汽车运动与汽车文化的理解程度、接受度和潜在的客源规模，可体现汽车普及程度的指标有汽车保有量和汽车普及率等。

10）受教育程度

汽车主题公园中科技研发、全民体验和专业赛事等项目的顺利开展与该地区的科学普及程度和人们的受教育程度有一定关系。可反映的量化指标如当地居民的人均受教育年限及各种受教育程度人口比重等。

11）体育发展状况 / 汽车运动发展程度

体育发展状况在一定程度上影响汽车运动在当地的发展环境，也是推动全民健身的汽车主题公园的定位参考。可通过体育场馆数及体育产业产值等指标体现。汽车运动发展程度可体现为汽车赛事的数量或汽车运动参与者的数量。

12）当地已有汽车公园数量

当地已有的汽车主题公园是后续新建公园定位和选址的重要参考。

9.2 评估系统

汽车主题公园的分布受多种复杂的非确定性因素影响，既有定性、定量的因素，又有空间定位性质因素，其实质上是一种涉及多指标、多属性的空间决策问题。地理信息系统（GIS）是计算机科学、地理学、测量学和地图学等多门学科的交叉，它是以地理空间数据库为基础，采用地理模型分析方法，适时地提供多种空间的、动态的地理信息，为地理研究和地理决策而服务的计算机技术。为了更准确、有效地评价路线方案，把影响技术指标、工程造价的主要因素具体化，并把这些因素列为单项指标，在进行方案比选时，应抓住可比的关键问题和控制方案的重点指标加以对比分析，从而确定最适宜的方案。GIS 空间分析可用于空间性指标量化的主要有以下功能：

（1）叠加分析。叠加是将同一区域内不同专题层的图形进行叠合，并对其属性值进行运算的过程。

（2）缓冲区分析。缓冲区是一种典型的接近度量度，是以某类特征要素为基础拓展一定的宽度而形成的区域。

（3）分类。分类是将大量的数据按某种规律进行归类，以满足某种分析与建模需要，其贯穿于 GIS 空间分析的各个环节。

（4）查询与显示。GIS 可以直观地显示指标数值、标准化值及评价结果在空间分布上的差异，可为决策者提供较为直观的定量认识，为主观判断提供依据。

适宜性分析是指土地针对某种特定开发活动的分析，在汽车主题公园选址与模式选址的评估系统中，可对适宜性模型中应具有更大影响力的数据集进行加权，然后将数据集合并可视化呈现，以查找合适的位置。对适宜性分析而言，指标体系构建的合理性、可信性和准确性十分重要，主要遵循以下原则[1−3]：

（1）把握主要因素原则。对汽车主题公园适宜度综合评价的影响因素有多个，主要选取影响大的因素，舍弃影响较小的因素。

（2）可量化性原则。评价的因素指标要易于收集、可量化，并且独立性强，尽量利用已有的统计数据和图件。

（3）区域差异原则。评价指标体系的设计应考虑各地的实际情况，所选择的因素指标必须能反映不同研究区域内部的差异。

根据以上原则，同时考虑汽车主题公园在国内的分布现状和具体规划的需要，制作汽车主题公园的适宜性地图，包括以下步骤：

（1）输入数据集。汽车主题公园选址适应性综合评价根据从 9.1 节中提出的 12 个影响因素类别，选择数据可信度高的对应指标，利用 GIS 对属性数据的操作功能，对获得的数据进行统计和处理，得到各影响因素在地理空间分布的可视化信息，如图 9-1—图 9-12 所示（数据来源：国家体育总局体育经济司、国家旅游局、中国高速网、数据圈、智研咨询数据、前瞻数据库；数据年份：2015-2016）。

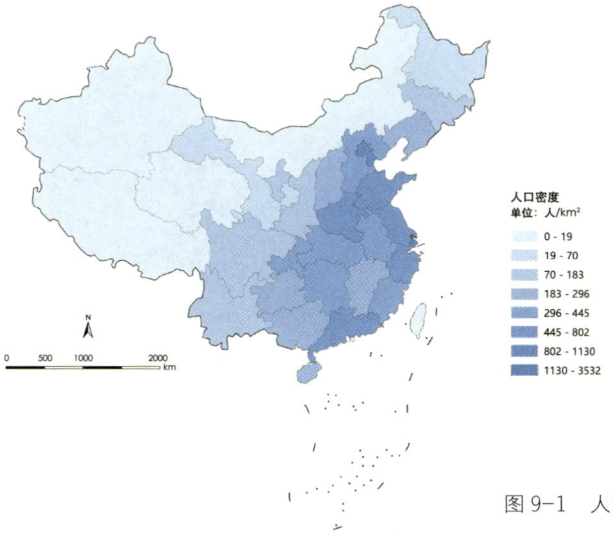

图 9-1　人口密度

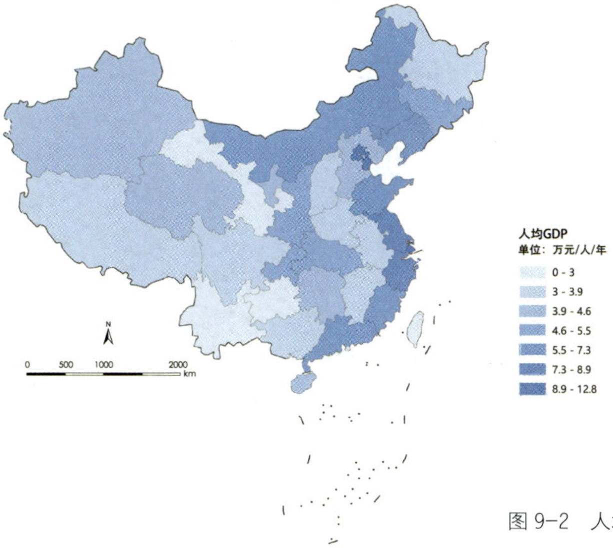

图 9-2　人均 GDP

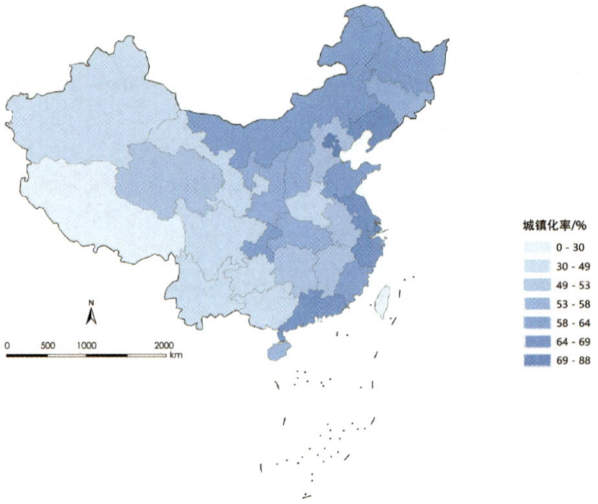

图 9-3　城镇化率

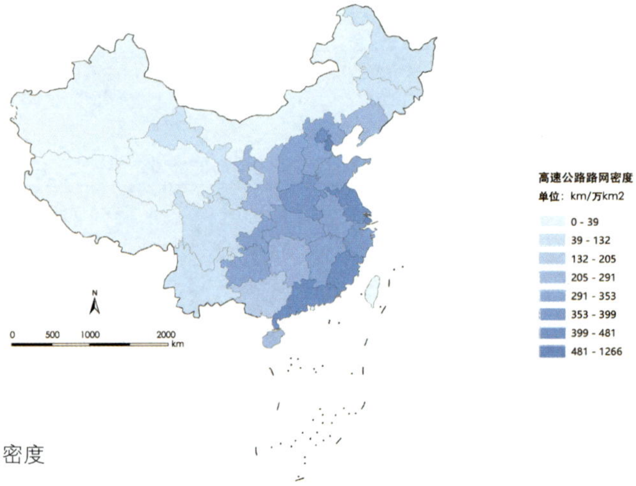

图 9-4　高速公路路网密度

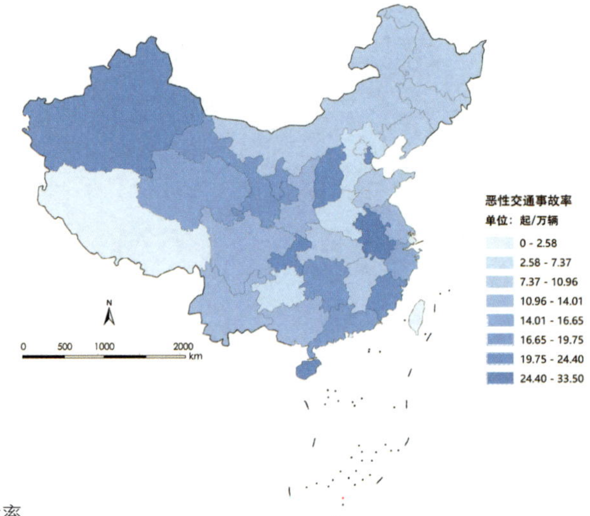

图 9-5　恶性交通事故率

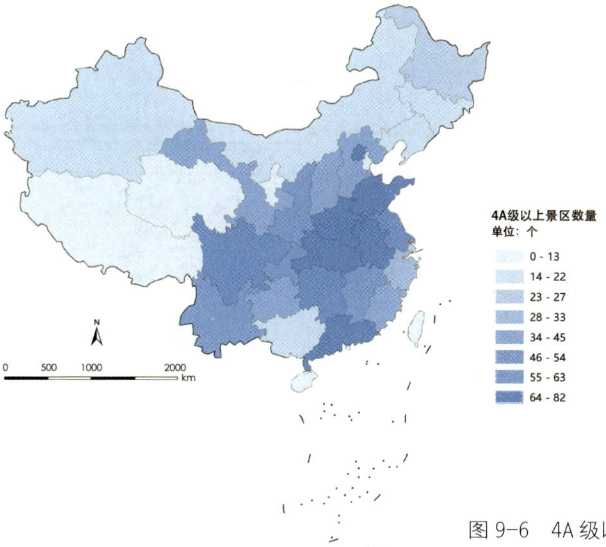

图 9-6 4A 级以上景区数量

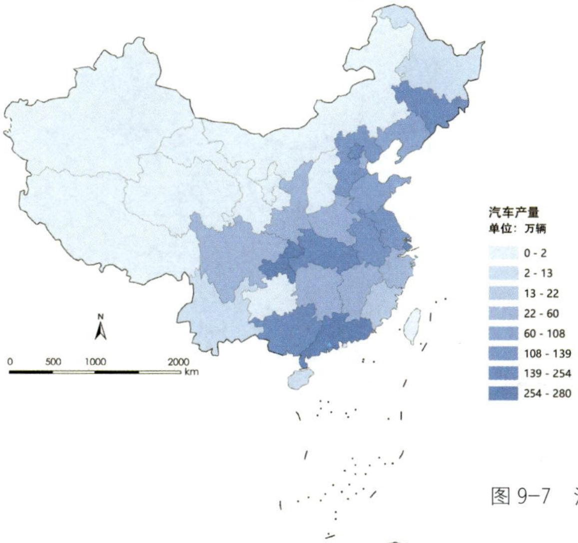

图 9-7 汽车产量

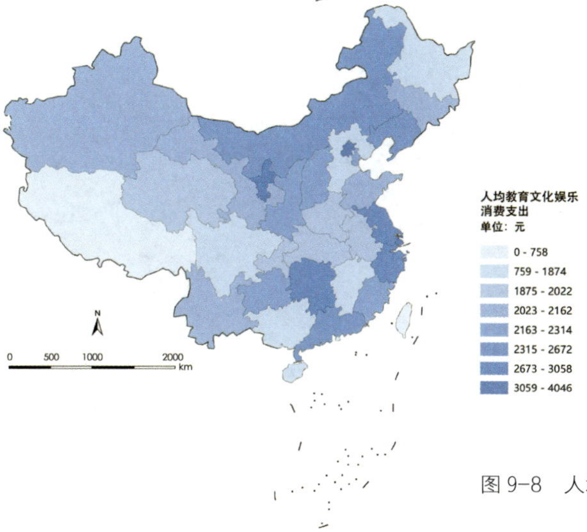

图 9-8 人均教育文化娱乐消费支出

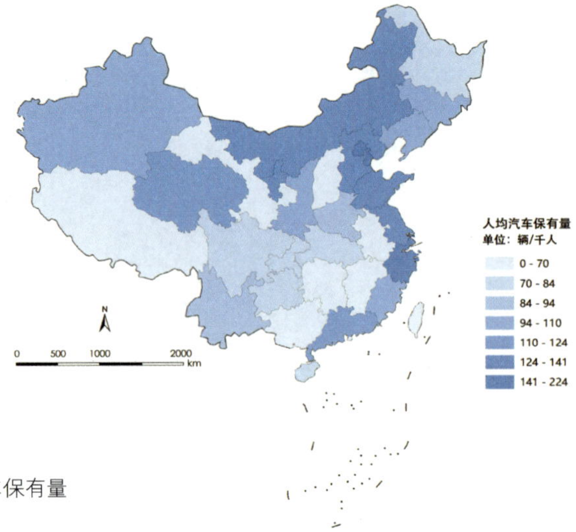

图 9-9　人均汽车保有量

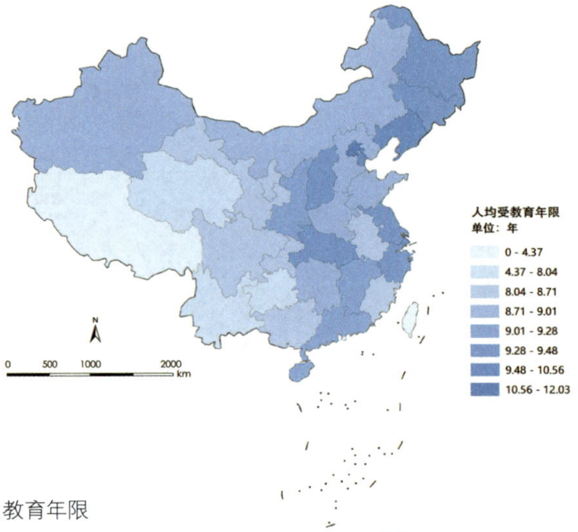

图 9-10　人均受教育年限

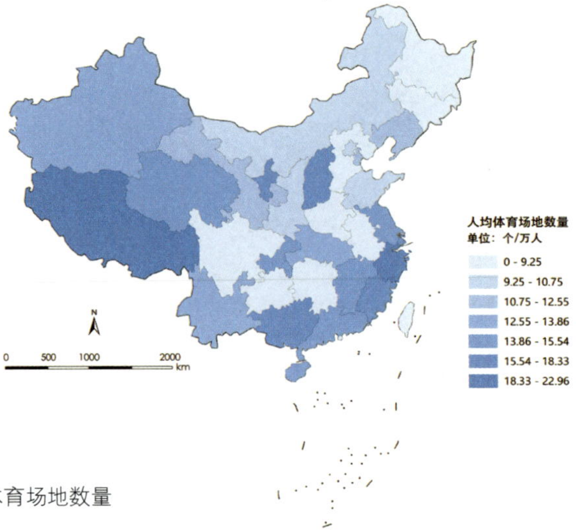

图 9-11　人均体育场地数量

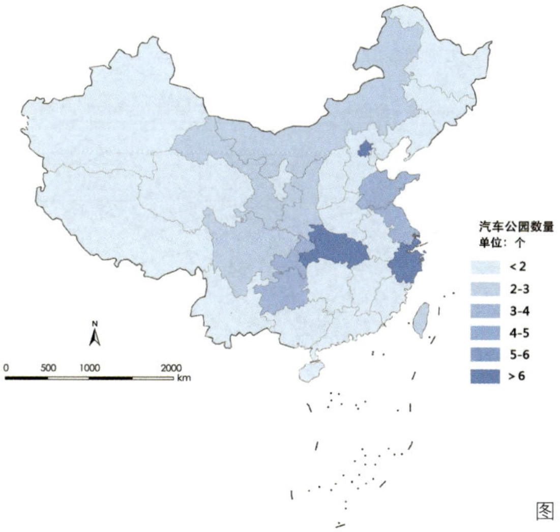

图 9-12　汽车公园数量

（2）对数据集进行重分类。按相同等级（如 1～10）将每个数据集重分类，属性的适宜程度越高，设定的等级值（1～10）应该越大。通过对多个专题图层的重分类操作，可以将数据值重分类为公共比例，从而为数据值创建一个相同标准的等级，以适用于多指标综合评价。

（3）利用多指标综合评价的方法，确定各因素的影响权重，对数据集进行加权后将其合并。

多指标综合评价是一种结构化的建模方法，是方案选优和决策的基础，是一种较为成熟的辅助决策技术。主要过程通常包括指标体系设计、指标量化及标准化， 权重确定、综合评价及灵敏度分析等步骤，其中由于各评价因子对评估系统的影响程度不一样，所以需要确定各因子的权重。常用的权系数赋值方法有直接绘图给出法、比较矩阵法、层次分析法（AHP）、环比评分法、模糊子集法和二项系数法等。评价方法有线性加权法、理想点法、模糊综合评价、灰色评价、主成分分析评价法和神经网络法等 [4]。权重的确定通过层次分析法求得，在多次专家咨询的基础上确定判断矩阵，是定性思维的定量化过程。

层次分析法是一种整理和综合人们主观判断的客观分析方法，也是一种定性与定量分析结合的系统分析方法，特别适合于具有多层次结构的多目标决策问题、综合评价问题的各指标权重确定和多指标决策的可行方案优劣排序 [5]。具体程序如下：

1）建立层次分析结构模型

首先建立层次结构模型，如图 9-13 所示。最高层为总目标层，中间层为准则层，最底层为目标的具体属性层。应注意的是，为避免两两比较过于复杂，心理学家建议每层次中

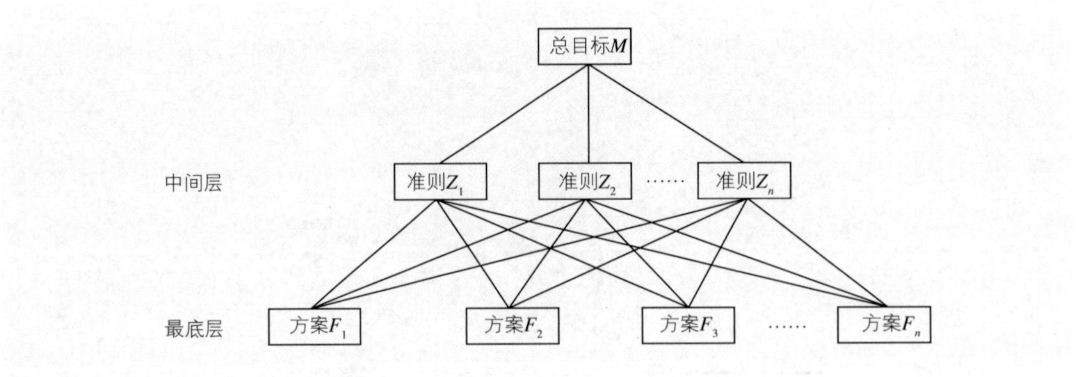

图 9-13 层次分析结构模型

各元素所支配的元素一般不超过 9 个，以保证结果的精确。

2）建立判断矩阵，检验一致性

对同一层次中的任意两个元素对于上一层中某一元素的相对重要性进行比较并标度，以矩阵形式表达出来。各目标相对于总目标的重要性通过两两比较，运用 1-9 标度法标度，如表 9-1 所示。

表 9-1　1-9 标度法

标度	定义	说明
1	同样重要 / 有优势	两个目标同等重要性
3	稍微重要 / 有优势	一个目标比另一个稍微重要
5	明显重要	一个目标比另一个明显重要
7	重要得多	一个目标比另一个十分重要
9	极端重要	一个目标比另一个极端重要，甚至可忽略另一目标
2，4，6，8	上述相邻两判断的折中	表示在上述相邻标度间折中时的定量标度
上述各数的倒数	反比较	若目标 i 与目标 j 相比较得判断值 $b_{ij}=1/b_{ji}$

一般从层次分析结构模型的最底层开始逐层建立判断矩阵。假设多目标决策问题有 n 个目标 G_1，G_2，…，G_n，评价指标 G_j 的权重为 W_j。若决策者估计准确，则 $b_{ij}=W_i/W_j$，即各目标对于总目标两两比较重要性的判断矩阵见式（9-1）。

$$\boldsymbol{B}=\begin{bmatrix} b_{11} & b_{12} & \cdots & b_{1n} \\ b_{21} & b_{22} & \cdots & b_{2n} \\ \vdots & \vdots & & \vdots \\ b_{n1} & b_{n2} & \cdots & b_{nn} \end{bmatrix}=\begin{bmatrix} \frac{W_1}{W_1} & \frac{W_1}{W_2} & \cdots & \frac{W_1}{W_n} \\ \frac{W_2}{W_1} & \frac{W_2}{W_2} & \cdots & \frac{W_2}{W_n} \\ \vdots & \vdots & & \vdots \\ \frac{W_n}{W_1} & \frac{W_n}{W_2} & \cdots & \frac{W_n}{W_n} \end{bmatrix} \tag{9-1}$$

B 有如下性质：① $b_{ii}=1$；② $b_{ij}=1/b_{ji}$；③ $b_{ij}=b_{ik}\cdot b_{kj}(i,j,k=1,2,\cdots,n)$。

若判断矩阵 **B** 具有上述性质，则称判断矩阵 **B** 具有完全一致性。完全一致性判断矩阵 **B** 具有唯一的最大特征根 $\lambda_{max}=n$，其余特征根全为 0，各目标元素的权重，可通过具有完全一致性的判断矩阵 **B** 的最大特征根对应的归一化特征向量获得。在实际中，若判断矩阵的阶数 $n\leqslant 2$，则判断矩阵始终具有完全一致性，当阶数 $n>2$ 时，由于人们的思维判断能力有限，所获得的判断矩阵往往不具有一致性，往往有最大特征根 $\lambda_{max}>n$，为了求得各目标较真实的权重，希望有 λ_{max} 接近于 n，即判断矩阵 **B** 具有满意一致性，可用一致性比率 CR 检验。

$$CR=\frac{CI}{RI} \tag{9-2}$$

其中，

$$CI=\frac{\lambda_{max}-n}{n-1} \tag{9-3}$$

称 CI 为判断矩阵的一致性指标。CI 越小，**B** 的最大特征根 λ_{max} 越接近完全一致性判断矩阵的最大特征根 n，判断矩阵 **B** 越接近于完全一致性，对应的归一化特征向量的各分量才越接近于各目标的真实权重。

由于判断矩阵 **B** 的不完全一致性可能是由于随机性原因造成，所以对 **B** 的满意一致性检验还需考虑平均随机一致性指标 RI。RI 为判断矩阵 **B** 的一致性指标，各阶判断矩阵的 RI 值是通过随机试验的方法构造若干个相同阶数的判断矩阵，并计算判断矩阵的一致性指标 CI，然后将所取得的所有一致性指标求平均而得。RI 的取值如表 9-2 所示。

表 9-2　　平均随机一致性指标值

阶数 n	1	2	3	4	5	6	7	8	9
RI	0	0	0.58	0.90	1.12	1.24	1.32	1.41	1.45

当 $CR<0.1$ 时，则判断矩阵 **B** 具有满意一致性。

由于阶数较高时，以线性代数理论求矩阵 **B** 的最大特征根 λ_{max} 和对应的归一化特征向量 **W** 非常复杂，而成对的比较矩阵是通过定性比较得到的较为粗糙的结果，一般情况下，判断矩阵 **B** 不具有完全一致性，所以在该过程中采用相对简便近似方法计算。其中，幂法为求特征根对应特征向量的迭代方法，适用于计算机计算，可得到任意精确度的最大特征根 λ_{max} 及其相应的特征向量 **W**。其计算步骤如下：

设 $\boldsymbol{A}=(a_{ij})_{m\times m}$，$\boldsymbol{A}>0$，则

$$\lim_{k\to\infty}\frac{\boldsymbol{A}^k\cdot\boldsymbol{E}}{\boldsymbol{E}^{\mathrm{T}}\cdot\boldsymbol{A}^k\cdot\boldsymbol{E}}=\boldsymbol{C}\cdot\boldsymbol{W} \tag{9-4}$$

式中，$\boldsymbol{E}=(1,1,\cdots,1)^{\mathrm{T}}$；$C$ 为常数；

① k=0，任取初始正向量

$$\boldsymbol{X}^{(0)}=(x_1^{(0)},x_2^{(0)},\cdots,x_m^{(0)})^{\mathrm{T}},\ m_0=\max\{x_i^{(0)}\},\boldsymbol{Y}^{(0)}=\frac{\boldsymbol{X}^{(0)}}{m_0} \tag{9-5}$$

② k=1，迭代计算

$$\boldsymbol{X}^{(1)}=\boldsymbol{A}\cdot\boldsymbol{Y}^{(0)},\ M_1=\max\{x_i^{(1)}\},\ \boldsymbol{Y}^{(1)}=\frac{\boldsymbol{X}^{(1)}}{m_1} \tag{9-6}$$

③ 迭代计算（k=0，1，2，3，…）

$$\boldsymbol{X}^{k+1}=\boldsymbol{A}\cdot\boldsymbol{Y}^{(k)},\ M_{k+1}=\max\{x_i^{(k+1)}\},\boldsymbol{Y}^{(k+1)}=\frac{\boldsymbol{X}^{(k+1)}}{m_{k+1}} \tag{9-7}$$

④ 精度检查，当$|m_{k+1}-m_k|<\varepsilon$，转入⑤；否则令 k=k+1 转入③；

⑤ 求最大特征值和对应的特征向量

$$\lambda_{\max}=m_{k+1},\ \boldsymbol{W}=\boldsymbol{Y}^{(k+1)}/\sum_{i=1}^{m}y_i^{(k+1)} \tag{9-8}$$

用特征向量法判断矩阵的满意一致性时，由于人的主观性以及客观事物的复杂性，在实际决策问题中，一次性构造出满足一致性要求的判断矩阵是很难实现的，经常需要对判断矩阵进行多次调整修正才能达到一致性要求。本书运用以层次分析法和模糊综合评价法为基础的综合评价辅助软件 Yaahp，用幂法检查一致性比率，辅助计算得出具有满意一致性的判断矩阵。

3）层次单排序

根据满意一致性判断矩阵，计算本层次元素相对于上一层次某元素的相对重要性的权重值。即求满意一致性判断矩阵的最大特征根$\lambda_{\max}$对应的归一化特征向量 $\boldsymbol{W}$，其分量为本层次对应元素关于上一层次某元素的单排序的权重值。

4）层次总排序

层次总排序是从最底层开始，从下到上或从最高层到最底层逐层进行，直到求出最底层元素相对于总目标最高层的相对重要性权重。

设 Z，A，B 为从高层到底层相邻的三个层次，A 层有 m 个元素 A_1，A_2，…，A_m，对上一层次 Z 经过层次单排序得出的重要性权重为 a_1，a_2，…，a_m，B 层有 n 个元素 B_1，B_2，…，B_n，对上一层次 A 中 A_j 的层次单排序为 b_{ij}，b_{2j}，…，b_{nj}（j=1，2，…，m），则层次 B 的元素相对于层次 Z 的元素重要性权重如表 9-3 所示。

表 9-3 层次 B 的元素相对于层次 Z 的元素重要性权重表

层次 A / 层次 B	A_1 a_1	A_2 a_2	… …	A_m a_m	总排序结果
B_1	b_{11}	b_{12}	…	b_{1m}	$\sum_{j=1}^{m} a_j b_{1j} = b_1$
B_2	b_{21}	b_{22}	…	b_{2m}	$\sum_{j=1}^{m} a_j b_{2j} = b_2$
⋮	⋮	⋮	⋮	⋮	⋮
B_n	b_{n1}	b_{n2}	…	b_{nm}	$\sum_{j=1}^{m} a_j b_{nj} = b_n$

逐层向上或逐层向下，得到各目标或方案对于总目标的重要性权重值。

根据以上理论，用于汽车主题公园的适应性评估，同样分为四步骤进行：

（1）建立层次分析结构模型。

最高层为总目标层，即汽车主题公园的适宜性；中间层为准则层，是实现预定目标的若干准则和影响因素；最底层为目标的具体属性层，即九大形态模式。在利用第 4 章汽车主题公园的形态模式作为备选方案时，探索城市公共资源二次利用的汽车主题公园的模式应用取决于具体选址条件，故暂时剔除。最终建立的层次分析结构模型如图 9-14 所示。

（2）建立判断矩阵，检验一致性。

对同一层次中的任意两个元素对于上一层中某一元素的相对重要性进行比较并利用 1-9 标度法进行标度，以判断矩阵的形式表达出来，如表 9-4—表 9-17 所示。根据前文中列举的计算方法，验证矩阵的一致性比例 CR，当 $CR<0.1$ 时，判断矩阵 $\boldsymbol{B}$ 具有满意一致性，如不满足，则返回修正标度，直到满足一致性为止。根据层次结构模型，共需建立 17 个判断矩阵，其中第一个中间层里“产业发展”“旅游资源”“集聚与竞争”三要素分别对应单一的第二个中间层要素，必然满足一致性比例，故不予列出。

表 9-4 第一个中间层对“汽车主题公园的适宜性”的权重

汽车主题公园的适宜性	社会发展状况	经济发展状况	产业发展	旅游资源	集聚与竞争	W_i
社会发展状况	1.0000	0.3333	0.5000	3.0000	3.0000	0.1702
经济发展状况	3.0000	1.0000	4.0000	6.0000	4.0000	0.4810
产业发展	2.0000	0.2500	1.0000	3.0000	2.0000	0.1961
旅游资源	0.3333	0.1667	0.3333	1.0000	0.5000	0.0592
集聚与竞争	0.3333	0.2500	0.5000	2.0000	1.0000	0.0935
一致性比例：0.0465；对“汽车主题公园的适宜性”的权重：1.0000；λ_{max}：5.2081						

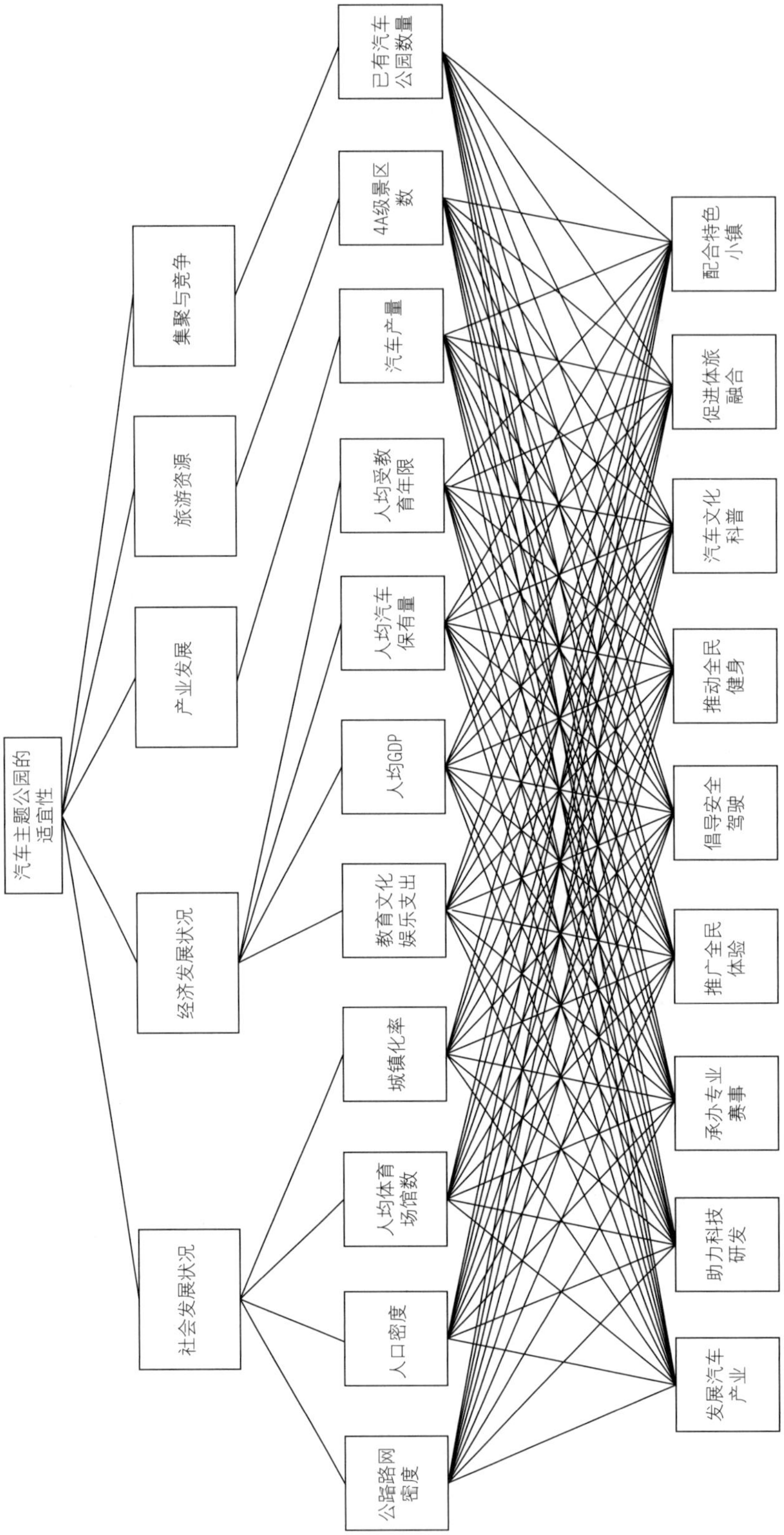
汽车主题公园的适宜性
集聚与竞争
旅游资源
产业发展
经济发展状况
社会发展状况
已有汽车公园数量
4A级景区数
汽车产量
人均受教育年限
人均汽车保有量
人均GDP
教育文化娱乐支出
城镇化率
人均体育场馆数
人口密度
公路路网密度
配合特色小镇
促进体旅融合
汽车文化科普
推动全民健身
倡导安全驾驶
推广全民体验
承办专业赛事
助力科技研发
发展汽车产业

图 9-14 层次结构模型

表 9-5　　　　　第二个中间层要素对“社会发展状况”的排序权重

社会发展状况	公路路网密度	人口密度	人均体育场馆数	城镇化率	W_i
公路路网密度	1.0000	3.0000	4.0000	0.5000	0.2842
人口密度	0.3333	1.0000	1.0000	0.1667	0.0882
人均体育场馆数	0.2500	1.0000	1.0000	0.1429	0.0790
城镇化率	2.0000	6.0000	7.0000	1.0000	0.5487
一致性比例：0.0029；对”汽车主题公园的适宜性”的权重：0.1702；λ_{max}：4.0078					

表 9-6　　　　　第二个中间层要素对“经济发展状况”的排序权重

经济发展状况	教育文化娱乐支出	人均 GDP	人均汽车保有量	人均受教育年限	W_i
教育文化娱乐支出	1.0000	0.1429	0.3333	2.0000	0.0936
人均 GDP	7.0000	1.0000	3.0000	7.0000	0.5947
人均汽车保有量	3.0000	0.3333	1.0000	5.0000	0.2524
人均受教育年限	0.5000	0.1429	0.2000	1.0000	0.0593
一致性比例：0.0274；对“汽车主题公园的适宜性”的权重：0.4810；λ_{max}：4.0731					

表 9-7　　　　　方案层对第二个中间层中“公路路网密度”的权重

公路路网密度	发展汽车产业	助力科技研发	承办专业赛事	推广全民体验	倡导安全驾驶	推动全民健身	汽车文化科普	促进体旅融合	配合特色小镇	W_i
发展汽车产业	1.0000	8.0000	0.2500	0.2000	7.0000	4.0000	0.2500	2.0000	3.0000	0.1010
助力科技研发	0.1250	1.0000	0.1111	0.1111	0.5000	0.2000	0.1111	0.3333	0.5000	0.0167
承办专业赛事	4.0000	9.0000	1.0000	2.0000	8.0000	8.0000	2.0000	7.0000	7.0000	0.2977
推广全民体验	5.0000	9.0000	0.5000	1.0000	9.0000	5.0000	1.0000	6.0000	8.0000	0.2314
倡导安全驾驶	0.1429	2.0000	0.1250	0.1111	1.0000	0.1429	0.1667	0.2500	0.3333	0.0198
推动全民健身	0.2500	5.0000	0.1250	0.2000	7.0000	1.0000	0.2500	1.0000	4.0000	0.0638
汽车文化科普	4.0000	9.0000	0.5000	1.0000	6.0000	4.0000	1.0000	5.0000	4.0000	0.1898
促进体旅融合	0.5000	3.0000	0.1429	0.1667	4.0000	1.0000	0.2000	1.0000	1.0000	0.0451
配合特色小镇	0.3333	2.0000	0.1429	0.1250	3.0000	0.2500	0.2500	1.0000	1.0000	0.0348
一致性比例：0.0699；对“汽车主题公园的适宜性”的权重：0.0484；λ_{max}：9.8159										

表 9-8　　方案层对第二个中间层中“人口密度”的权重

人口密度	发展汽车产业	助力科技研发	承办专业赛事	推广全民体验	倡导安全驾驶	推动全民健身	汽车文化科普	促进体旅融合	配合特色小镇	W_i
发展汽车产业	1.0000	5.0000	0.1250	0.1667	6.0000	0.5000	0. 2500	5.0000	0.5000	0.0700
助力科技研发	0.2000	1.0000	0.1250	0.1429	0.5000	0.1667	0.1429	0.2000	0.2000	0.0176
承办专业赛事	8.0000	8.0000	1.0000	1.0000	5.0000	2.0000	3.0000	6.0000	4.0000	0.2631
推广全民体验	6.0000	7.0000	1.0000	1.0000	7.0000	5.0000	1.0000	6.0000	3.0000	0.2309
倡导安全驾驶	0.1667	2.0000	0.2000	0.1429	1.0000	0.3333	0.2500	0.5000	0.2500	0.0271
推动全民健身	2.0000	6.0000	0.5000	0.2000	3.0000	1.0000	0.2500	3.0000	0.3333	0.0762
汽车文化科普	4.0000	7.0000	0.3333	1.0000	4.0000	4.0000	1.0000	5.0000	2.0000	0.1693
促进体旅融合	0.2000	5.0000	0.1667	0.1667	2.0000	0.3333	0.2000	1.0000	0.1667	0.0350
配合特色小镇	2.0000	5.0000	0.2500	0.3333	4.0000	3.0000	0.5000	6.0000	1.0000	0.1108
一致性比例：0.0896；对“汽车主题公园的适宜性”的权重：0.0150；λ_{max}：10.0466										

表 9-9　　方案层对第二个中间层中“人均体育场馆数”的权重

城镇化率	发展汽车产业	助力科技研发	承办专业赛事	推广全民体验	倡导安全驾驶	推动全民健身	汽车文化科普	促进体旅融合	配合特色小镇	W_i
发展汽车产业	1.0000	1.0000	0.1429	0.1667	1.0000	0.3333	0.5000	0.3333	0.1250	0.0298
助力科技研发	1.0000	1.0000	0.2000	0.1250	1.0000	0.1250	0.2500	0.1667	0.2000	0.0245
承办专业赛事	7.0000	5.0000	1.0000	2.0000	3.0000	1.0000	6.0000	5.0000	3.0000	0.2407
推广全民体验	6.0000	8.0000	0.5000	1.0000	4.0000	0.3333	3.0000	6.0000	1.0000	0.1637
倡导安全驾驶	1.0000	1.0000	0.3333	0.2500	1.0000	0.2000	0.3333	0.5000	0.1667	0.0338
推动全民健身	3.0000	8.0000	1.0000	3.0000	5.0000	1.0000	5.0000	3.0000	2.0000	0.2234
汽车文化科普	2.0000	4.0000	0.1667	0.3333	3.0000	0.2000	1.0000	0.5000	0.1429	0.0516
促进体旅融合	3.0000	6.0000	0.2000	0.1667	2.0000	0.3333	2.0000	1.0000	0.5000	0.0719
配合特色小镇	8.0000	5.0000	0.3333	1.0000	6.0000	0.5000	7.0000	2.0000	1.0000	0.1606
一致性比例：0.0743；对“汽车主题公园的适宜性”的权重：0.0134；λ_{max}：9.8672										

表 9-10　　方案层对第二个中间层中“城镇化率”的权重

城镇化率	发展汽车产业	助力科技研发	承办专业赛事	推广全民体验	倡导安全驾驶	推动全民健身	汽车文化科普	促进体旅融合	配合特色小镇	W_i
发展汽车产业	1.0000	6.0000	0.5000	0.3333	4.0000	2.0000	0.5000	5.0000	3.0000	0.1241
助力科技研发	0.1667	1.0000	0.1250	0.1250	0.3333	0.3333	0.2500	0.2500	0.2000	0.0195
承办专业赛事	2.0000	8.0000	1.0000	2.0000	6.0000	3.0000	4.0000	3.0000	4.0000	0.2526
推广全民体验	3.0000	8.0000	0.5000	1.0000	7.0000	4.0000	5.0000	5.0000	6.0000	0.2710
倡导安全驾驶	0.2500	3.0000	0.1667	0.1429	1.0000	0.3333	0.5000	1.0000	0.3333	0.0353
推动全民健身	0.5000	3.0000	0.3333	0.2500	3.0000	1.0000	0.3333	3.0000	0.5000	0.0644
汽车文化科普	2.0000	4.0000	0.2500	0.2000	2.0000	3.0000	1.0000	5.0000	1.0000	0.1107
促进体旅融合	0.2000	4.0000	0.3333	0.2000	1.0000	0.3333	0.2000	1.0000	0.2500	0.0384
配合特色小镇	0.3333	5.0000	0.2500	0.1667	3.0000	2.0000	1.0000	4.0000	1.0000	0.0840
一致性比例：0.0759；对“汽车主题公园的适宜性”的权重：0.0934；λ_{max}：9.8868										

表 9-11　　方案层对第二个中间层中“教育文化娱乐支出”的权重

教育文化娱乐支出	发展汽车产业	助力科技研发	承办专业赛事	推广全民体验	倡导安全驾驶	推动全民健身	汽车文化科普	促进体旅融合	配合特色小镇	W_i
发展汽车产业	1.0000	0.5000	0.1667	0.2000	0.3333	0.2000	0.2500	0.1667	0.3333	0.0240
助力科技研发	2.0000	1.0000	0.1250	0.2000	0.5000	0.5000	0.1429	0.2500	0.2000	0.0266
承办专业赛事	6.0000	8.0000	1.0000	5.0000	6.0000	5.0000	3.0000	4.0000	3.0000	0.3190
推广全民体验	5.0000	5.0000	0.2000	1.0000	3.0000	2.0000	0.3333	1.0000	4.0000	0.1186
倡导安全驾驶	3.0000	2.0000	0.1667	0.3333	1.0000	1.0000	0.5000	0.2500	0.3333	0.0480
推动全民健身	5.0000	2.0000	0.2000	0.5000	1.0000	1.0000	0.2000	0.2000	0.5000	0.0502
汽车文化科普	4.0000	7.0000	0.3333	3.0000	2.0000	5.0000	1.0000	2.0000	7.0000	0.2096
促进体旅融合	6.0000	4.0000	0.2500	1.0000	4.0000	5.0000	0.5000	1.0000	2.0000	0.1282
配合特色小镇	3.0000	5.0000	0.3333	0.2500	3.0000	2.0000	0.1429	0.5000	1.0000	0.0758
一致性比例：0.0821；对“汽车主题公园的适宜性”的权重：0.0450；λ_{max}：9.9593										

表 9-12　　方案层对第二个中间层中“人均 GDP”的权重

人均 GDP	发展汽车产业	助力科技研发	承办专业赛事	推广全民体验	倡导安全驾驶	推动全民健身	汽车文化科普	促进体旅融合	配合特色小镇	W_i
发展汽车产业	1.0000	7.0000	0.3333	0.2500	5.0000	6.0000	0.2500	3.0000	4.0000	0.1183
助力科技研发	0.1429	1.0000	0.1250	0.2000	1.0000	0.5000	0.1429	0.3333	0.2500	0.0220
承办专业赛事	3.0000	8.0000	1.0000	3.0000	9.0000	8.0000	2.0000	4.0000	8.0000	0.2942
推广全民体验	4.0000	5.0000	0.3333	1.0000	7.0000	5.0000	2.0000	4.0000	9.0000	0.2210
倡导安全驾驶	0.2000	1.0000	0.1111	0.1429	1.0000	0.2500	0.1667	0.2000	0.5000	0.0202
推动全民健身	0.1667	2.0000	0.1250	0.2000	4.0000	1.0000	0.3333	0.3333	3.0000	0.0459
汽车文化科普	4.0000	7.0000	0.5000	0.5000	6.0000	3.0000	1.0000	5.0000	4.0000	0.1791
促进体旅融合	0.3333	3.0000	0.2500	0.2500	5.0000	3.0000	0.2000	1.0000	2.0000	0.0645
配合特色小镇	0.2500	4.0000	0.1250	0.1111	2.0000	0.3333	0.2500	0.5000	1.0000	0.0348
一致性比例：0.0825；对“汽车主题公园的适宜性”的权重：0.2861；λ_{max}：9.9639										

表 9-13　　方案层对第二个中间层中“人均汽车保有量”的权重

人均汽车保有量	发展汽车产业	助力科技研发	承办专业赛事	推广全民体验	倡导安全驾驶	推动全民健身	汽车文化科普	促进体旅融合	配合特色小镇	W_i
发展汽车产业	1.0000	8.0000	3.0000	0.2500	3.0000	7.0000	2.0000	0.5000	5.0000	0.1740
助力科技研发	0.1250	1.0000	0.2500	0.1111	0.5000	1.0000	0.1667	0.2000	1.0000	0.0246
承办专业赛事	0.3333	4.0000	1.0000	1.0000	7.0000	8.0000	3.0000	2.0000	6.0000	0.1925
推广全民体验	4.0000	9.0000	1.0000	1.0000	5.0000	4.0000	2.0000	3.0000	8.0000	0.2591
倡导安全驾驶	0.3333	2.0000	0.1429	0.2000	1.0000	3.0000	1.0000	0.2500	4.0000	0.0548
推动全民健身	0.1429	1.0000	0.1250	0.2500	0.3333	1.0000	0.2000	0.1429	0.5000	0.0234
汽车文化科普	0.5000	6.0000	0.3333	0.5000	1.0000	5.0000	1.0000	0.5000	7.0000	0.0952
促进体旅融合	2.0000	5.0000	0.5000	0.3333	4.0000	7.0000	2.0000	1.0000	5.0000	0.1510
配合特色小镇	0.2000	1.0000	0.1667	0.1250	0.2500	2.0000	0.1429	0.2000	1.0000	0.0254
一致性比例：0.0831；对“汽车主题公园的适宜性”的权重：0.1214；λ_{max}：9.9701										

表 9-14　　方案层对第二个中间层中“人均受教育年限”的权重

人均受教育年限	发展汽车产业	助力科技研发	承办专业赛事	推广全民体验	倡导安全驾驶	推动全民健身	汽车文化科普	促进体旅融合	配合特色小镇	W_i
发展汽车产业	1.0000	0.2500	0.5000	0.2500	0.3333	0.5000	0.1667	0.3333	0.5000	0.0318
助力科技研发	4.0000	1.0000	2.0000	3.0000	4.0000	8.0000	2.0000	7.0000	6.0000	0.2735
承办专业赛事	2.0000	0.5000	1.0000	0.5000	3.0000	4.0000	0.5000	5.0000	7.0000	0.1352
推广全民体验	4.0000	0.3333	2.0000	1.0000	5.0000	7.0000	1.0000	4.0000	5.0000	0.1812
倡导安全驾驶	3.0000	0.2500	0.3333	0.2000	1.0000	3.0000	0.2500	0.3333	4.0000	0.0599
推动全民健身	2.0000	0.1250	0.2500	0.1429	0.3333	1.0000	0.3333	0.5000	3.0000	0.0392
汽车文化科普	6.0000	0.5000	2.0000	1.0000	4.0000	3.0000	1.0000	6.0000	8.0000	0.1908
促进体旅融合	3.0000	0.1429	0.2000	0.2500	3.0000	2.0000	0.1667	1.0000	2.0000	0.0611
配合特色小镇	2.0000	0.1667	0.1429	0.2000	0.2500	0.3333	0.1250	0.5000	1.0000	0.0274
一致性比例：0.0876；对“汽车主题公园的适宜性”的权重：0.0285；$\lambda_{\max}$：10.0229										

表 9-15　　方案层对第二个中间层中“汽车产量”的权重

汽车产量	发展汽车产业	助力科技研发	承办专业赛事	推广全民体验	倡导安全驾驶	推动全民健身	汽车文化科普	促进体旅融合	配合特色小镇	W_i
发展汽车产业	1.0000	8.0000	2.0000	4.0000	8.0000	7.0000	3.0000	8.0000	2.0000	0.3018
助力科技研发	0.1250	1.0000	0.5000	0.2000	3.0000	6.0000	0.3333	5.0000	0.5000	0.0654
承办专业赛事	0.5000	2.0000	1.0000	0.3333	6.0000	5.0000	2.0000	4.0000	0.5000	0.1185
推广全民体验	0.2500	5.0000	3.0000	1.0000	5.0000	8.0000	1.0000	6.0000	1.0000	0.1668
倡导安全驾驶	0.1250	0.3333	0.1667	0.2000	1.0000	4.0000	0.2500	0.5000	0.1250	0.0278
推动全民健身	0.1429	0.1667	0.2000	0.1250	0.2500	1.0000	0.1250	0.3333	0.1667	0.0173
汽车文化科普	0.3333	3.0000	0.5000	1.0000	4.0000	8.0000	1.0000	7.0000	2.0000	0.1400
促进体旅融合	0.1250	0.2000	0.2500	0.1667	2.0000	3.0000	0.1429	1.0000	0.3333	0.0312
配合特色小镇	0.5000	2.0000	2.0000	1.0000	8.0000	6.0000	0.5000	3.0000	1.0000	0.1312
一致性比例：0.0820；对“汽车主题公园的适宜性”的权重：0.1961；$\lambda_{\max}$：9.9574										

表 9-16　　方案层对第二个中间层中“4A 级景区数”的权重

4A 级景区数	发展汽车产业	助力科技研发	承办专业赛事	推广全民体验	倡导安全驾驶	推动全民健身	汽车文化科普	促进体旅融合	配合特色小镇	W_i
发展汽车产业	1.0000	1.0000	0.2500	0.3333	0.5000	0.3333	0.1429	0.1111	0.1429	0.0243
助力科技研发	1.0000	1.0000	0.1667	0.2000	0.2500	0.2000	0.2000	0.1250	0.1250	0.0209
承办专业赛事	4.0000	6.0000	1.0000	0.5000	4.0000	0.5000	0.5000	0.5000	0.5000	0.0900
推广全民体验	3.0000	5.0000	2.0000	1.0000	7.0000	3.0000	0.3333	0.3333	0.5000	0.1274
倡导安全驾驶	2.0000	4.0000	0.2500	0.1429	1.0000	0.5000	0.1667	0.1667	0.2000	0.0371
推动全民健身	3.0000	5.0000	2.0000	0.3333	2.0000	1.0000	0.5000	0.2500	1.0000	0.0892
汽车文化科普	7.0000	5.0000	2.0000	3.0000	6.0000	2.0000	1.0000	0.5000	2.0000	0.1899
促进体旅融合	9.0000	8.0000	2.0000	3.0000	6.0000	4.0000	2.0000	1.0000	4.0000	0.2822
配合特色小镇	7.0000	8.0000	2.0000	2.0000	5.0000	1.0000	0.5000	0.2500	1.0000	0.1389
一致性比例：0.0624；对“汽车主题公园的适宜性”的权重：0.0592；λ_{max}：9.7287										

表 9-17　　方案层对第二个中间层中“已有汽车主题公园数量”的权重

已有汽车公园数量	发展汽车产业	助力科技研发	承办专业赛事	推广全民体验	倡导安全驾驶	推动全民健身	汽车文化科普	促进体旅融合	配合特色小镇	W_i
发展汽车产业	1.0000	4.0000	0.3333	0.5000	6.0000	7.0000	3.0000	3.0000	6.0000	0.1608
助力科技研发	0.2500	1.0000	0.1250	0.1250	1.0000	0.2500	0.1429	0.1429	0.3333	0.0193
承办专业赛事	3.0000	8.0000	1.0000	3.0000	8.0000	9.0000	6.0000	6.0000	8.0000	0.3466
推广全民体验	2.0000	8.0000	0.3333	1.0000	7.0000	5.0000	2.0000	5.0000	6.0000	0.1904
倡导安全驾驶	0.1667	1.0000	0.1250	0.1429	1.0000	0.2500	0.1250	0.1667	0.2500	0.0179
推动全民健身	0.1429	4.0000	0.1111	0.2000	4.0000	1.0000	0.1667	0.3333	2.0000	0.0399
汽车文化科普	0.3333	7.0000	0.1667	0.5000	8.0000	6.0000	1.0000	3.0000	4.0000	0.1192
促进体旅融合	0.3333	7.0000	0.1667	0.2000	6.0000	3.0000	0.3333	1.0000	3.0000	0.0723
配合特色小镇	0.1667	3.0000	0.1250	0.1667	4.0000	0.5000	0.2500	0.3333	1.0000	0.0338
一致性比例：0.0880；对“汽车主题公园的适宜性”的权重：0.0935；λ_{max}：10.0281										

（3）层次单排序。

根据满意一致性判断矩阵，计算本层次元素相对于上一层次某元素的相对重要性的权重值，即求满意一致性判断矩阵的最大特征根λ_{max}对应的归一化特征向量 $\boldsymbol{W}$，其分量为本层次对应元素关于上一层次某元素的单排序的权重值。以第一个中间层中要素对决策目标的排序权重为例（表 9–18）。

表 9–18　第一个中间层中要素对决策目标的排序权重

中间层要素	权重
经济发展状况	0.4810
产业发展	0.1961
社会发展状况	0.1702
集聚与竞争	0.0935
旅游资源	0.0592

第二个中间层要素对于各类形态模式的排序权重已在步骤（2）中列举，按照形态模式分类整理如表 9–19—表 9–27 所示。

表 9–19　第二个中间层中要素对备选方案的排序权重

中间层要素	对“发展汽车产业的汽车主题公园”权重
公路路网密度	0.1010
人口密度	0.0700
人均体育场馆数	0.0298
城镇化率	0.1241
人均教育文化娱乐支出	0.0240
人均 GDP	0.1183
人均汽车保有量	0.1740
人均受教育年限	0.0318
汽车产量	0.3018
4A 级景区数	0.0243
已有汽车公园数量	0.1608

表 9-20　　第二个中间层中要素对备选方案的排序权重

中间层要素	对“助力科技研发的汽车主题公园”权重
公路路网密度	0.0167
人口密度	0.0176
人均体育场馆数	0.0245
城镇化率	0.0195
人均教育文化娱乐支出	0.0266
人均 GDP	0.0220
人均汽车保有量	0.0246
人均受教育年限	0.2735
汽车产量	0.0654
4A 级景区数	0.0209
已有汽车公园数量	0.0193

表 9-21　　第二个中间层中要素对备选方案的排序权重

中间层要素	对“承办专业赛事的汽车主题公园”权重
公路路网密度	0.2977
人口密度	0.2631
人均体育场馆数	0.2407
城镇化率	0.2526
人均教育文化娱乐支出	0.3190
人均 GDP	0.2942
人均汽车保有量	0.1925
人均受教育年限	0.1352
汽车产量	0.1185
4A 级景区数	0.0900
已有汽车公园数量	0.3466

表 9-22　　第二个中间层中要素对备选方案的排序权重

中间层要素	对“推广全民体验的汽车主题公园”权重
公路路网密度	0.2314
人口密度	0.2309
人均体育场馆数	0.1637
城镇化率	0.2710
人均教育文化娱乐支出	0.1186
人均 GDP	0.2210
人均汽车保有量	0.2591
人均受教育年限	0.1812
汽车产量	0.1668
4A 级景区数	0.1274
已有汽车公园数量	0.1904

表 9-23　　第二个中间层中要素对备选方案的排序权重

中间层要素	对“倡导安全驾驶的汽车主题公园”权重
公路路网密度	0.0198
人口密度	0.0271
人均体育场馆数	0.0338
城镇化率	0.0353
人均教育文化娱乐支出	0.0480
人均 GDP	0.0202
人均汽车保有量	0.0548
人均受教育年限	0.0599
汽车产量	0.0278
4A 级景区数	0.0371
已有汽车公园数量	0.0179

表 9-24　　第二个中间层中要素对备选方案的排序权重

中间层要素	对“推动全民健身的汽车主题公园”权重
公路路网密度	0.0638
人口密度	0.0762
人均体育场馆数	0.2234
城镇化率	0.0644
人均教育文化娱乐支出	0.0502
人均 GDP	0.0459
人均汽车保有量	0.0234
人均受教育年限	0.0392
汽车产量	0.0173
4A 级景区数	0.0892
已有汽车公园数量	0.0399

表 9-25　　第二个中间层中要素对备选方案的排序权重

中间层要素	对“开展汽车文化科普的汽车主题公园”权重
公路路网密度	0.1898
人口密度	0.1693
人均体育场馆数	0.0516
城镇化率	0.1107
人均教育文化娱乐支出	0.2096
人均 GDP	0.1791
人均汽车保有量	0.0952
人均受教育年限	0.1908
汽车产量	0.1400
4A 级景区数	0.1899
已有汽车公园数量	0.1192

表 9-26　　　　　　　　第二个中间层中要素对备选方案的排序权重

中间层要素	对“促进体旅融合的汽车主题公园”权重
公路路网密度	0.0451
人口密度	0.0350
人均体育场馆数	0.0719
城镇化率	0.0384
人均教育文化娱乐支出	0.1282
人均 GDP	0.0645
人均汽车保有量	0.1510
人均受教育年限	0.0611
汽车产量	0.0312
4A 级景区数	0.2822
已有汽车公园数量	0.0723

表 9-27　　　　　　　　第二个中间层中要素对备选方案的排序权重

中间层要素	对“配合特色小镇的汽车主题公园”权重
公路路网密度	0.0348
人口密度	0.1108
人均体育场馆数	0.1606
城镇化率	0.0840
人均教育文化娱乐支出	0.0758
人均 GDP	0.0348
人均汽车保有量	0.0254
人均受教育年限	0.0274
汽车产量	0.1312
4A 级景区数	0.1389
已有汽车公园数量	0.0338

（4）层次总排序。

根据本节前文列出的元素重要性权重表，逐层向下计算，可得到第 2 个中间层中要素对决策目标的排序权重（表 9-28）。

表 9-28　第二个中间层中要素对决策目标的排序权重

中间层要素	权重
人均 GDP	0.2861
汽车产量	0.1961
人均汽车保有量	0.1214
已有汽车公园数量	0.0935
城镇化率	0.0934
4A 级景区数	0.0592
公路路网密度	0.0484
人均教育文化娱乐支出	0.0450
人均受教育年限	0.0285
人口密度	0.0150
人均体育场馆数	0.0134

继续逐层计算，可进一步得到各形态模式对于总目标汽车主题公园的适宜性的重要性权重值（表 9-29）。

表 9-29　方案层中要素对决策目标的排序权重

备选方案	权重
承办专业赛事	0.2319
推广全民体验	0.2054
发展汽车产业	0.1505
汽车文化科普	0.1502
促进体旅融合	0.0811
配合特色小镇	0.0677
推动全民健身	0.0450
助力科技研发	0.0374
倡导安全驾驶	0.0308

9.3 分布与发展建议

汽车运动与文化主题公园场地信息的收集、筛选、分析、总结和归纳，运用大数据的处理方式，结合 9.1 节、9.2 节中提出的评估标准和算法，经过 GIS 等技术处理后，提供出整套各地汽车主题公园发展形态模式的应用建议，并在中国地图上利用可视化的方法进行大致的展现，以供读者参考。其中港澳台地区由于部分数据不足，暂付阙如，以空白示意。颜色由浅至深表达适宜度的由低到高，如图 9-15—图 9-24 所示。

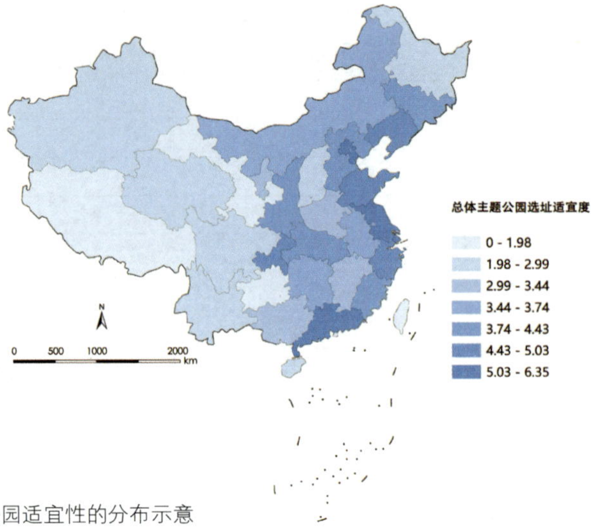

图 9-15　国内汽车主题公园适宜性的分布示意

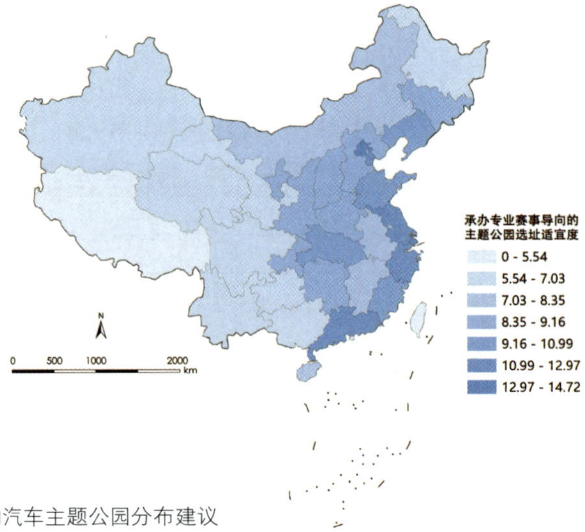

图 9-16　承办专业赛事的汽车主题公园分布建议

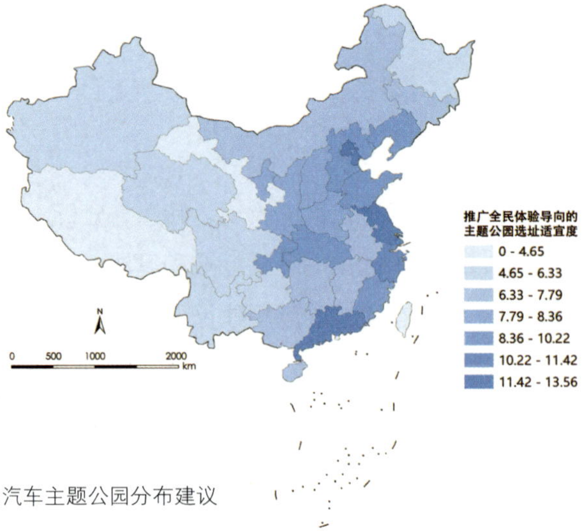

图 9-17　推广全民体验的汽车主题公园分布建议

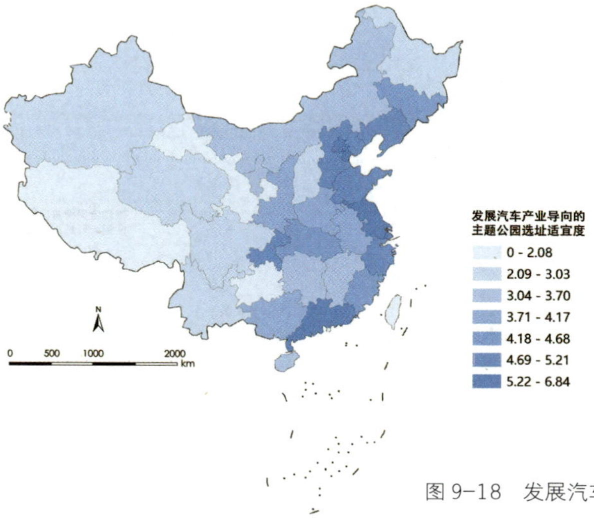

图 9-18 发展汽车产业的汽车主题公园分布建议

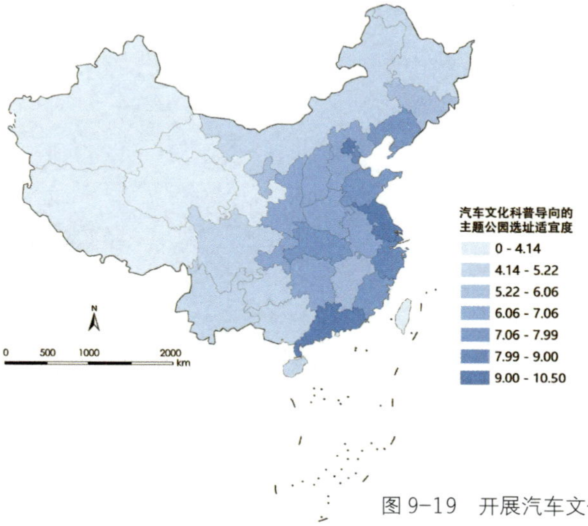

图 9-19 开展汽车文化科普的汽车主题公园分布建议

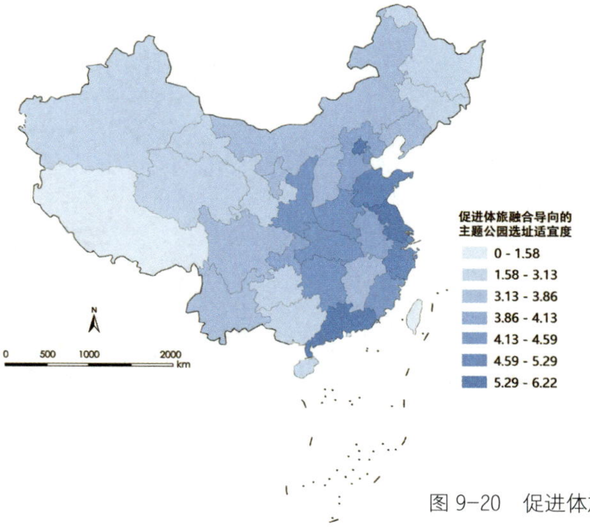

图 9-20 促进体旅融合的汽车主题公园分布建议

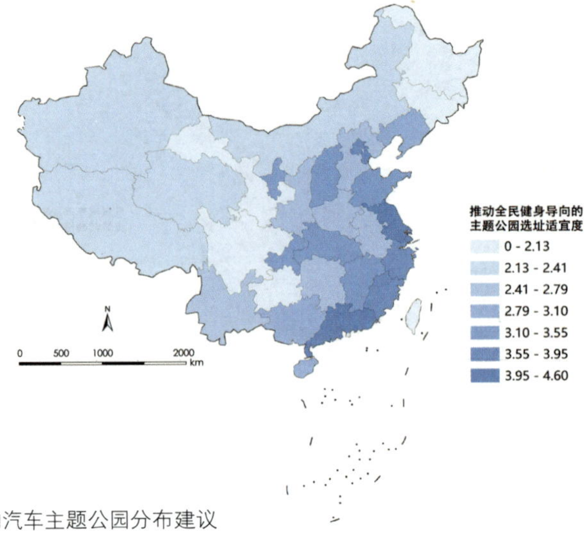

图 9-21　推动全民健身的汽车主题公园分布建议

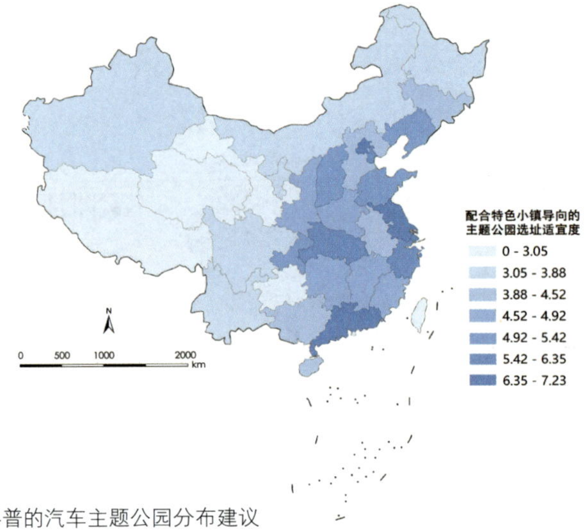

图 9-22　开展汽车文化科普的汽车主题公园分布建议

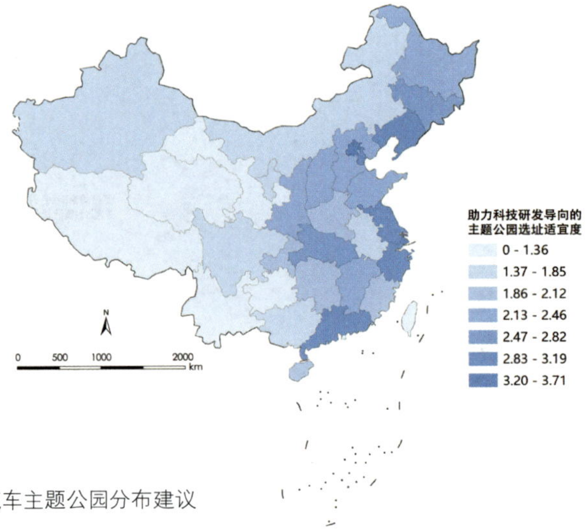

图 9-23　助力科技研发的汽车主题公园分布建议

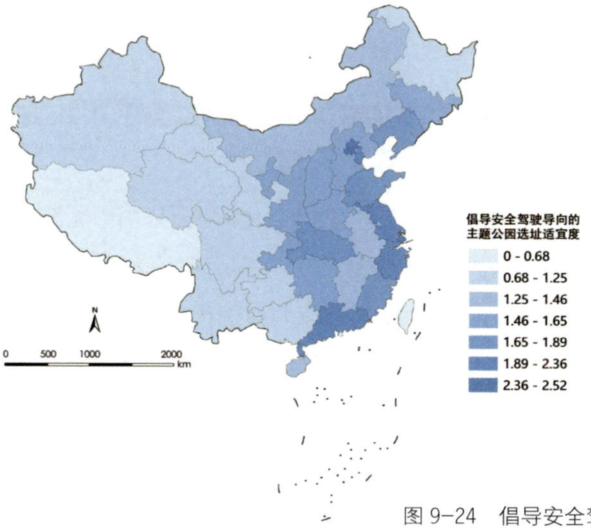

图 9-24 倡导安全驾驶的汽车主题公园分布建议

参考文献

[1] 谢衍忆，王涛，刘胤雯 . GIS 支持下的城市规划用地综合评价 [J]. 地理空间信息，2011（5）：15–17.

[2] 王桥，吴纪桃 . 空间决策支持系统中的模型标准化问题研究 [J]. 测绘学报，1999，28（2）：81–85.

[3] 葛咏 . 地学数据集成及空间决策支持的方法与应用 [J]. 地球信息科学学报，2006，8（1）：16–20.

[4] 程建权 . GIS 技术支持多指标综合评价 [J]. 系统工程，1997（5）：50–56.

[5] 郭秀英 . 预测决策的理论与方法 [M]. 北京：化学工业出版社，2010.

附录　相关案例分析

A　金华汽车文化公园

金华汽车文化公园是将本书理论付诸实践的现实案例，也是“汽车工业→汽车主题公园→汽车运动休闲特色小镇”发展路径的典范（附图 A-1）。本节从项目背景入手，依据前文理论，对公园的设计策略和形态模式进行全方位解读和分析，并开拓出汽车运动休闲特色小镇的新思路，立足更高起点，研究未来的发展前景。

A.1　项目背景

金华汽车文化公园位于金华市经济技术开发区，在市区西南部工业制造用地的绿化带内建设，地处省级特色小镇——新能源汽车小镇（附图 A-2）面向市区的门户位置。市区

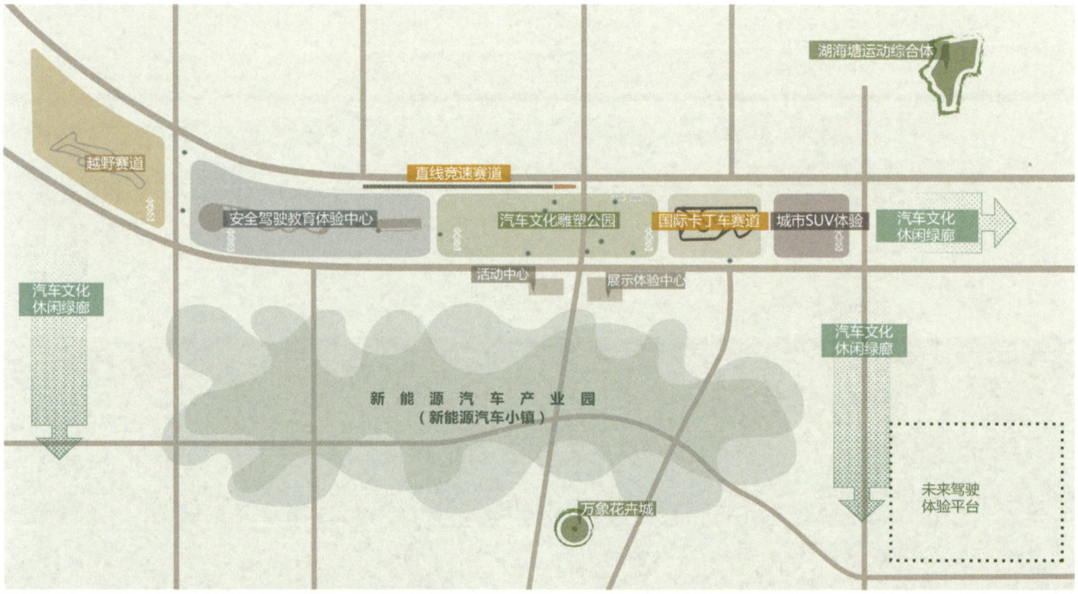

附图 A-1　金华汽车文化公园功能分析示意图

附图 A-2　新能源汽车小镇

南部工业用地占比高，城市尚在产业转型阶段，还未形成成熟的文旅主题和城市形象。开发区管委会希望在该地建设越野场地，引入汽车活动与赛事，丰富文化内涵。

笔者在详细的考察后，经过多方的讨论和研究，建议将单纯的越野场地调整为一系列汽车运动和文化项目，开发和挖掘其新能源汽车产业与城市的文化内涵，使之成为汽车运动、汽车文化与新能源汽车向大众推介的窗口，同时为小镇注入汽车运动、汽车文化和全域旅游的新活力。

公园场地及周边地段原状有以下特征：

（1）场地位于金华市西南部工业制造用地的绿化带内，是新能源汽车产业园面向市中心的第一道绿色风景线。场址毗邻主干道，周边交通路网完善，四通八达。

（2）周边整体环境较好，道路及沿街绿化已成一定规模，但区域效应尚未显现，湖海塘等景点与金华体育中心等设施呈点状分布，缺乏有机的联系。正在建设中的新能源汽车小镇制造产业先行，工厂在公园主入口处，不利于整体形象的塑造，已建的项目形态规整呆板。

（3）场地呈狭长状分布，地面高差起伏较大，且存在大量堆土，使过路行人产生排斥心理。场地内有两条高压线走廊和13座高压塔，整体环境压抑，对公园整体的功能布局产生了较大约束。

因此，笔者与设计团队将金华汽车文化公园的规划设计目标设定为：

（1）通过提供多样化的体验内容，植入汽车文化元素，搭建连接汽车产业与运动体验的互动平台，服务汽车产业，并为新能源汽车产业的转型升级提供集中展示的窗口；

（2）深度利用高压走廊下的城市绿地，将其打造为汽车主题的生态走廊和休闲文化空间，为城市土地资源的二次利用提供借鉴。

（3）以汽车运动与汽车文化为纽带，充分关联并整合周边资源，将汽车产业、体育产业和休闲产业有机融合，在全域旅游背景下助力汽车运动休闲特色小镇的发展。

A.2 发展模式

在项目背景的特色和选址条件中寻找突破口，利用第4章的形态模式相关理论，可将其归纳为以下几类汽车主题公园。

1）探索城市公共资源二次利用的汽车主题公园

在安全的前提下，合理利用高压走廊下的绿地，通过巧妙的布局弱化高压塔的视觉存在，为城市公共资源的二次利用提供参考，具有符合长远发展方向的现实意义。

2）开展汽车文化科普的汽车主题公园

以“有生命的”汽车文化雕塑为载体，为抽象的汽车文化赋予可观、可触、可感的形式，使大众在观赏和娱乐中得到科普。“有生命的”汽车文化雕塑是指通过重构汽车原型，植入文化元素，将雕塑作品巧妙地与环境融为一体，随季节、主题的变化改变其色彩和造型，从而赋予公园独有的文化和生命力。

3）倡导安全驾驶教育的汽车主题公园

2015 年，由中国汽车摩托车运动联合会和同济大学联合发起的安全驾驶教育体验平台发布，将在全国范围内设立多个安全驾驶教育体验中心，响应联合国“道路安全十年行动”的倡导。这一理念得到了当地政府金华市经济开发区管委会的支持，拟在金华汽车文化公园中构建我国安全驾驶教育体验的中试基地。

4）推广全民驾驶体验的汽车主题公园

主题公园以体验性与互动性汇聚人气，因此在项目中设计多样的全民驾驶体验内容，包括卡丁车体验、直线竞速与城市 SUV 体验等，打造充满活力，拥有汽车运动文化丰富内涵的主题性城市公共空间。

5）承办专业赛事的汽车主题公园

国际卡丁车场能够引进专业国内外知名卡丁车赛事，吸引大量观众，刺激周边业态的发展，传播汽车运动文化，带来潜在的经济价值和社会效益。

6）融合特色小镇的汽车主题公园

项目位于新能源汽车小镇的门户位置，是连接小镇与金华市区方向的一条纽带，在设计时，充分考虑与新能源汽车小镇的配合与交流，立足于区域特色，用文化元素和运动元素“点亮”小镇。

项目建成后，所在地苏孟乡汽车运动休闲特色小镇的发展要素完备，通过以汽车运动为主题的业态衔接传统体育、特色体育和汽车休闲版块，辐射镇域，发展成为汽车运动休闲特色小镇。

A.3 功能内容

汽车文化公园（汽车运动与文化公园）占地面积 2 085 亩（约 1.39km^2），依托金华新能源汽车产业的独特优势资源，以新能源汽车小镇为支撑，充分发掘城市高压走廊下的土地资源，在新能源汽车小镇北部从西向东延展，凭借汽车运动、汽车体验和汽车文化科普项目，打造展示区域内汽车运动与文化的窗口。公园主要位于城市高压走廊带，开拓了城市废弃用地再利用的新思路。汽车运动文化雕塑带来令人耳目一新的视觉冲击和互动体验；装配式集装箱建筑灵动组合，巧妙地解决了高压走廊下不能建设永久建筑的问题；多功能卡丁车场（含汽车体验）和 SUV 体验路像一幅画卷吸引大众的眼球，这些设计有效弱化了

附图 A-3 2016 年原貌（实景）

附图 A-4 2017 年建成后（实景）

高压塔及高压线的压抑感，2016 年原貌如附图 A-3 所示，2017 年建成后如附图 A-4 所示。

公园分三期建设，各项目功能与内容如下。

1）国际卡丁车场

卡丁车场将汽车运动元素注入当地文化。在有限的场地中设有符合 CIK-FIA 标准的国际卡丁车赛道，设计师结合地形及现场条件，赛道共有 12 种线形组合，供卡丁车比赛、娱乐和汽车的体验、展示使用，根据难度和车辆的需要选择线形，能够实现赛事、表演、体验、娱乐等丰富的使用功能（附图 A-5）。

2）汽车运动文化雕塑

汽车运动文化雕塑，通过重构废旧汽车，植入文化元素，将抽象的汽车运动和汽车文化变得可触、可感。共设立原创汽车文化雕塑 50~100 件（附图 A-6），贯穿整个汽车运动与文化公园。随时间改变色彩、造型和内容。为公园增添话题性和趣味性，提高重游率。

3）城市 SUV 体验路

城市 SUV 体验路以城市 SUV 车型的 Off-Road 体验为主，共设岸坡路、起伏路、干涸路、涉水路等 17 个体验项目，划分为 5 种不同的难度等级，能够在保证驾驶安全、车辆无损的前提下，从全方位、多角度衡量车辆越野性能，展示驾驶者的驾驶技能，体验车辆的操控性能，是功能丰富的全地形科教平台（附图 A-7）。

4）直线竞速赛道（二期）

直线竞速赛道包括 0-400 米直线竞速和 0-800 米直线竞速，可举办专业的直线竞速赛，也可举办各种娱乐体验活动，全民参与性强，集竞技性、功能性和趣味性于一体，也可为汽车新产品与新技术的研发提供测试场地。

5）安全驾驶体验中心（二期）

安全驾驶体验中心通过三大基础模块，模拟还原日常驾驶行为中恶性事故高发的环

附图 A-5　国际卡丁车场

境，向普通驾驶人员提供各种教学培训，提高他们应对突发事件的能力和不良路况下的驾驶技能，同时可以承担厂商安全性能测试、智能汽车极限工况测试。此外，安全驾驶体验中心与科研工作配合，通过大数据相关技术，采集并分析驾驶人行为数据，促进安全驾驶。

附图 A-6 汽车文化雕塑

6）越野赛道

越野赛道是专业的汽车越野场地，结合原有地形地理特点设计，将倾斜路、涉水路、陡坡路等多种项目灵活组合，可举办国际级别汽车场地越野比赛，也可用于全地形车、改装车的驾驶体验。

附图 A-7　城市 SUV 体验路

附图 A-8　卡丁车表演赛

A.4　运营现状

国际卡丁车场、汽车文化雕塑与 SUV 体验路等项目已建设完成并投入使用，汽车文化雕塑公园日常向公众开放。国际卡丁车场已举办各类赛事（附图 A-8），受到专业车手与业内专家的一致好评；SUV 体验路面向大众开放体验，举办全地形车表演（附图 A-9）等活动；汽车运动文化雕塑、集装箱建筑等项目，由于其富有艺术感的造型和生动的表现力，吸引了周边大量居民在闲暇时间前来观赏。环境得到优化，游客停留时间增长，甚至衍生出儿童艺术摄影等文化创意产业模式。汽车文化公园项目二期已在规划和建设中。

随着汽车文化公园如同画卷由西向东逐渐铺开，将和位于金华市苏孟乡北部的湖海塘景区、金华体育中心、由北向南绵延的浙中绿道以及东部的梅溪流域生态廊道，通过即将

附图 A-9 全地形车表演

建设的未来汽车体验平台衔接为有机的整体，形成如同“心脏 + 血脉”的发展格局。汽车文化公园作为转型的契机，以汽车运动与汽车文化辐射并服务新能源汽车产业版块，加速推进以汽车运动为主题的核心区建设，通过休闲生态绿廊贯联并整合原有的大众体育健身资源，形成汽车运动休闲特色小镇。2017 年，金华市汽车运动休闲特色小镇入选全国首批运动休闲特色小镇示范性试点，成为汽车运动和汽车文化通过平民化、大众化向下沉积，通过集合产业、城镇与人文向外延展，发展为汽车运动休闲特色小镇的生动案例。

A.5 未来发展

对金华经济技术开发区已有的新能源汽车小镇，汽车运动休闲特色小镇采取调整权重与资源整合的方式，在原有新能源汽车产业的基础上，以运动休闲文旅元素为产业升级的契机，提供多样化的发展思路，为未来汽车相关新兴产业与高精尖技术创造健康的生长环境。因此，当地相关部门成立专门工作小组，将原有土地规划、人口发展规划、交通规划、产业发展规划和旅游发展规划等进行整合，研究团队统筹资源，整合规划予以统一考虑，制定出更适合小镇格局并有益于远期发展的系统性规划——即以汽车产业为支撑，汽车运动休闲与传统体育项目共同繁荣的“四阶段”发展布局（附图 A-10）。

1）第一阶段：植入运动文化元素

第一阶段建成汽车文化公园中的国际卡丁车场、城市 SUV 体验路，部分汽车运动文化雕塑和配套的展示服务部分，充分利用城市高压走廊下的土地资源，在新能源汽车产业园面向中心城区的展示面上，布置专业的汽车运动场地和汽车文化科普项目内容，通过引入汽车运动与文化，在服务汽车产业的同时，为汽车运动休闲特色小镇的形成迈出第一步。

2）第二阶段：搭建公益平台

第二阶段汽车文化公园向东西两侧延长，建成汽车文化公园中的越野赛道、安全驾驶

附图 A-10　金华汽车运动休闲特色小镇发展布局

附图 A-11　传统体育与特色体育版块

附图 A-12　梅溪流域汽车休闲版块

教育体验平台、直线竞速赛道和其他汽车运动文化雕塑等项目。在第一阶段的基础上，进一步丰富汽车运动体验的形式，推进内容的平民化和公益化。建成后的汽车文化公园成为新能源汽车产业园沿南二环路的完整展示面，服务产业升级，搭建汽车产业与汽车运动体验的互动平台。为汽车运动休闲特色小镇的主题增加了深度和广度。

4）第三阶段：打造核心区域

第三阶段集中打造小镇核心区域“未来驾驶体验平台”。作为汽车运动与文化、湖海塘及梅溪流域大众体育休闲、新能源汽车产业三者空间上和内容上的交汇点，平台以新能源汽车和智能汽车为主要导向，置入智能汽车研发测试、未来汽车试乘试驾体验、赛车行业高端人才培训、青少年研学、国际汽车赛事等多种功能与业态，也可向下兼容用于大众体验，使汽车运动与文化既与行业发展前沿接轨，又深度融入大众生活，如同置入了脉动的心脏，为汽车运动休闲特色小镇的发展夯实运动的基础。

3）第四阶段：建设小镇的生态休闲走廊

第四阶段利用新能源汽车产业区周边沿街绿地、高压走廊下的城市绿地、梅溪流域等地块，将原有的城市休闲旅游资源系统性整合，升级为汽车休闲文化空间。湖海塘区块的水上运动、极限运动等特色体育和休闲旅游项目通过生态休闲廊道与汽车运动实现衔接及融合，形成传统体育与特色体育共同发展、共同繁荣的格局（附图 A-11）。部分绿廊环绕新能源汽车产业区展开，作为新能源汽车产业区对外展示的立体式窗口。以人流相对集聚的路口和空间相对开阔的广场作为节点，为小镇增添主题性运动与文化元素。打造汇聚城镇活力的运动休闲体验空间。

全长 14.3km 的梅溪流域休闲廊道在梅溪流域河道生态化治理的基础上，开发生态景观，布置汽车自驾运动营地，从而实现体育产业与全域旅游的深度融合，形成相对完整的汽车休闲业态布局（附图 A-12）。第四阶段中的汽车文化休闲绿廊与汽车自驾运动营地，为汽车运动休闲特色小镇的发展贯通了血脉，使之成为动态有机的整体。

从金华汽车文化公园到全国首个汽车运动休闲特色小镇的率先实践，在一定程度上体现了汽车主题公园通过个性化定位与科学性布局，结合产业并服务于区域发展的必然方向。对于具备一定汽车相关产业基础的地区通过建设汽车主题公园，注入汽车运动与文化元素从而实现多样化的综合发展与品质化的服务提升，具有重要的借鉴意义。

B 北京宏昌竣体育公园

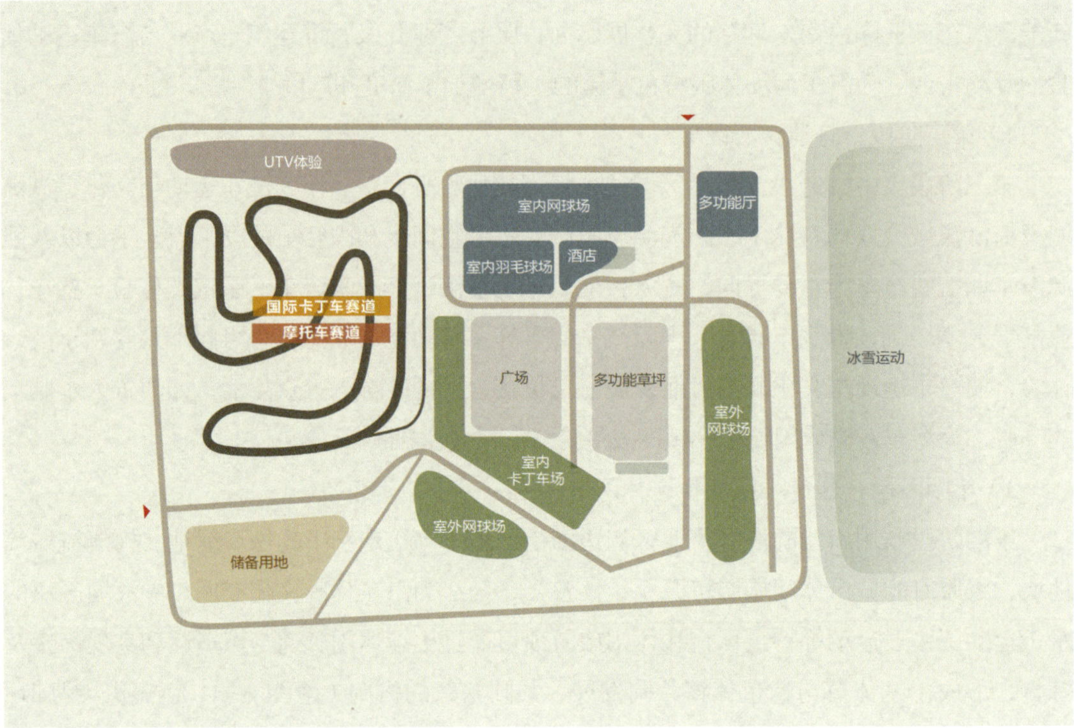

附图 B-1 北京宏昌竣体育公园功能分析示意图

B.1 项目背景

宏昌竣体育公园位于北京市朝阳区崔各庄乡善各庄村，是中国建成较早、完成度较高且发展较成熟的综合性体育公园。公园以卡丁车运动、网球运动、羽毛球运动、冰雪运动、水上运动等为主题特色，也拥有具备中国首个获得 CIK-FIA 赛道许可证的国际卡丁车场。

公园所在地善各庄村区位属于城乡结合部，流动人口极度密集，曾被称为北京市“流动人口第一村”。当地政府为解决近 3 万流动人口带来的公共服务供给不足、劳动力结构不合理等问题，调整土地租赁模式，建设集体所有制的公共市场，发展集体经济。随着北京市对城乡结合部的建设和“大望京模式”的推进，善各庄村村委利用拆迁机制的良性运转，不仅使原有的集体资产得到了保护，更获得了一定的资金积累。为了合理配置资源、促进集体经济的健康发展、惠及当地民众和提高区域影响力，在考察了国内外体育场地的基本状况后，村委认为体育将成为未来国内运动休闲领域长期的发展方向，适合本地的发展目标，进而开始对体育公园的规划建设。

宏昌竣体育公园占地近 300 亩（约 0.2km^2），2014 年卡丁车场建成并通过国际汽车联合会卡丁车委员会场地检查，对外营业。公园建设充分考虑未来发展空间，以高水准、专业化的目标要求，力求将其打造成为同时满足周边居民日常健身和高端人才休闲娱乐的综合性体育公园，功能内容主要围绕几大主要体育项目展开，作为公园主题特色的发展基础：包括具有时尚引领作用的运动休闲项目卡丁车运动，群众基础性好、利于普及推广的网球羽毛球运动。

B.2　发展模式

依据第 4 章汽车主题公园的形态模式划分理论，宏昌竣体育公园的规划建设及发展特点可主要归纳为如下几种类别。

1）承办专业赛事的汽车主题公园

公园拥有中国首条 CIK-FIA 认证的国际级专业卡丁车赛道，引进内外知名卡丁车赛事（附图 B-2），同期举办种类丰富的体验活动，以此打造地区影响力，传播汽车运动文化，并利用赛事衍生出的强大社会效应与集聚能力，形成以汽车运动为引领、融合多种业态的主题性休闲娱乐服务平台。2017 年，宏昌竣体育公园成为联合国海陆丝绸之路城市联盟项目体育委员会创始理事单位之一，委员会成立大会即在公园中举行。

2）推广全民体验的汽车主题公园

公园的核心内容卡丁车与网羽运动均属群众参与度较高的体育项目，其中汽车运动场地分为卡丁车室内场馆（附图 B-3）与室外专业赛道，可提供娱乐型卡丁车和专业型卡丁

附图 B-2　洛克杯 2017 中国卡丁车大奖赛·北京站

附图 B-3　室内卡丁车场

附图 B-4　北京市中小学生科技创客秀

车两种类别的体验，适应从初学者到专业车手不同层次的用户需求。

3）推动全民健身的汽车主题公园

作为群众性体育公园融合了多种广受人们欢迎的运动项目，包括引导消费热点的汽车运动、大众参与度高的网球运动和羽毛球运动，用户黏度强的健身训练等。每年秋季在公园举办为期 2 天的百姓徒步大会，以高配置的软硬件设施和专业化服务，推动全民健身事业的发展。

4）助力科技研发的汽车主题公园

公园致力于为科技创新培育新生力量，如承办“北京市中小学生科技创客秀”（附图 B-4），同时举办“创新教育校长论坛”和“科技创客秀嘉年华”，开展“全国青少年电子信息与智能控制创新实践展示”等科创活动，为青少年提供施展才智的舞台，同时为创新教育领域先进产品和项目提供展示交流的窗口。

5）开展汽车文化科普的汽车主题公园

公园日常开放面向不同年龄、层次的培训和科普活动。汽车运动方面培训包括青少年卡丁车培训（附图 B-5）、卡丁车与摩托车车手培训、卡丁车运动管理人员及教练员培训等；网羽培训包括多家俱乐部的青少年培训、专业人员训练等。

附图 B-5 卡丁车培训

6）促进体旅融合的汽车主题公园

公园不仅注重环境的营造，提供舒适宜人的旅游空间，还结合自身特色创造主题性文娱演出、共享集市等旅游热点，以提升游客的体验质量。在冬季与冰雪运动相结合，开发冰雪特色旅游项目，形成“体育 + 旅游”融合发展的创新路径。

7）配合特色小镇的汽车主题公园

公园以体育综合体的概念打造，在住宿、餐饮、大型活动场地等配套服务的衔接与完善下，业态得以丰富和融合，实现无形资产的开发。随着产业链的延展，运动休闲特色小镇的元素进一步完善，“赛车场→汽车主题公园（体育公园）→运动休闲特色小镇”的发展路径正逐步形成。

B.3　功能内容

场地内主要功能与内容如下。

1）室内外卡丁车运动

瑞得万卡丁车场（室内、室外）可进行竞速型卡丁车和娱乐型卡丁车项目，拥有专业比赛（卡丁车赛、摩托车赛等）、车队训练、车手培训、厂商测试、日常娱乐、会员活动等功能。卡丁车场由笔者设计，分为室内、室外两条卡丁车赛道。室外场地可以 24 小时运营，拥有中国内地第一个 CIK-FIA 赛道许可证，也是中国内地第一座国际级卡丁车场（附图 B-6）。

2）网羽运动

宏昌竣网羽中心（附图 B-7）由两座气承式膜结构运动馆组成，设有 8 片专业网球场地，是全国单独气膜网球馆数量最多的一家。气膜结构场馆有效节约了建设成本和维护成本，应用空气净化系统，提高了安全性与舒适性，可实现网球羽毛球运动的专业比赛、日常训练、俱乐部活动、休闲健身等功能。场馆通过中国网协验收，铺设标准为国际级赛事标准。

附图 B-6　国际级卡丁车场

附图 B-7　宏昌竣网羽中心

3）健身运动

CrossFit A 综合体能训练馆拥有 CrossFit 健身训练等功能，场馆不仅能够提供专业赛车手的专业体能训练，也适合一般的健身爱好者参与运动；园内道路集约化利用，日常作为全民健身徒步的场所；场地内绿化区域每晚开放，可提供 UTV（Utility Vehicle）全地形车体验等活动。

4）主题酒店与餐饮

竣酒店位于宏昌竣体育公园内东北侧，按四星级酒店标准建设，2014 年建成并投入使用。设有以运动和自然为主题的茶室、咖啡厅和户外下沉式休息、观赏区域，一层为竣餐厅，

附图 B-8　竣广场

二层配有规模不同的会议厅。三层以上为客房。主题茶餐厅位于竣酒店一楼，主题咖啡厅位于室内卡丁车场二楼，为游客提供特色餐饮。

5）多功能厅

处于建设期间的多功能厅为预制装配式建筑，建成后可举办新车发布与展销、主题婚礼、主题音乐节等大型活动。在节能环保的同时，有效控制成本，便于施工和未来的扩建改建。

6）汽车运动文化雕塑

即将引入的主题雕塑将加强公园的文化氛围，以亲和而生动的形式，充分展现汽车运动的强大魅力和丰富内涵。

7）竣广场

位于宏昌竣体育公园内，是一座以休闲娱乐为主题的综合文化广场（附图 B-8）。广场规划设计遵循了休闲、运动、简约的设计理念，包括一个 10 000m^2 的大理石铺地广场和一个 7 000m^2 的多功能草坪，可容纳近 2 000 人在此举办户外大型广场活动。广场中央配置高清彩色双面 LED 大屏幕，支持视频实况直播。周围配有临时仓库及医疗室、展览室；大型停车位 216 个，在此可举办例如展会、音乐节、啤酒节、新闻发布会、汽车摩托车特技展示、竞技类赛事等娱乐性、商业性活动。

B.4 运营现状

宏昌竣体育公园的盈利来源于日常运营的多元化。酒店、核心体育场馆均由国内专业运营团队运营。

卡丁车场室内室外独立运营，以赛事、练习、个人客户体验、会员服务为主，厂商活动、俱乐部活动与培训为辅。场地配备的专业技术人员提供安全检查、车辆维修等服务。场地同时也提供摩托车练习、比赛以及影视拍摄等活动。室内卡丁车场全年均拥有稳定的客流，除厂商活动等包场时段外，公众开放期间赛道基本为满员状态，在工作日多个时间点抽样观察，均有购买卡丁车体验服务的顾客排队等待入场，场地运转容量基本饱和。室外卡丁车场仅冬季客流较少，其他季节无明显淡旺季现象。

网羽中心的运营模式以俱乐部的会员服务、专业培训和比赛为主，散客为辅。俱乐部实行会员制。设施的高配置使场馆可用于举办专业赛事和专业运动员培训。引入网球、羽毛球运动世界冠军和明星球员担任主教，定位专业化和高端化市场，场馆平日容量接近饱和，客流亦常年稳定，无明显淡旺季。

宏昌竣体育公园重视自身品牌文化的塑造，国际卡丁车场常年组织店庆、跨年夜等品牌文化活动，在店庆活动中，举办卡丁车与摩托车特色赛事，开展 VR 机动电能车、赛车模拟器、赛车手机能培训等技术性与娱乐性相结合的体验，进行卡丁车装备设计、定制与保养的展销活动等。明星歌手常年驻场演出，确保了稳定的人气和宣传效应。跨年活动吸引全年龄段客户，以卡丁车跨年比赛与音乐演出为主，综合各类游艺互动与特色餐饮的时尚派对（附图 B-9）。

公园所在朝阳区拥有良好的体育产业基础，高尔夫、水上运动、足球等体育产业多种业态有机融合，公园距奥林匹克森林公园约 8km，距金港汽车公园约 9km，但宏昌竣体育公园既能够在体育项目的丰富性上形成良好的联动效应，又能发挥自身优势，彰显特色，广泛辐射其影响力，客源可扩展到周边的天津市与河北省。

附图 B-9　跨年夜活动

公园配置服务人员中20%以上为当地村民和拆迁安置人员，在一定程度上为当地解决就业问题。公园绿地率80%以上，有效美化周边环境，为当地居民提供了良好的休憩、健身和娱乐空间。

B.5 未来发展

从经营者角度来看，公园在未来将致力于体育文化，尤其是汽车运动文化的品牌塑造，提升以卡丁车运动和网羽运动为主题特色的品牌影响力，灵活借鉴当前成功的经营模式，在北京周边城市扩大经营内容，广泛传播汽车运动文化与体育健康理念。

在地区发展的角度上，公园将扩大区域影响力，丰富运动休闲业态，增加汽车运动体验、自行车骑行、冰球运动等内容，将体育文化与区域发展相融合。同时结合当地规划，将体育公园的特色体育文化与文化创意园、电子城西区北扩区形成的新兴产业、高端产业的集聚效应相融合渗透，打造“大望京国际人才休闲区”，形成具有时尚引领作用的独特文化。各方优势要素的汇合，将推动运动休闲特色小镇的形成，促进地区发展。

C 日本铃鹿赛车场

附图 C-1 铃鹿赛车场功能分析示意图

铃鹿赛道（Suzuka Circuit）是位于日本三重县铃鹿市的国际型赛道，因举办 F1 日本站、铃鹿 8 小时耐力赛等赛事而蜚声海内外（附图 C-1）。经营者在赛道的基础上，以汽车运动文化为主题，逐步完善了一系列富有互动性和体验性的休闲项目和配套设施，形成以赛车、度假、旅游为核心，服务体系完善的汽车主题公园。

C.1 项目背景

铃鹿市坐落于三重县北部，距离名古屋 42km，现有人口 20 万。铃鹿市于 1942 年设市，以 5.2 万的原有人口为基础，凭借其东面伊势湾海岸的优势，吸引了以汽车产业为主的多家企业，以工业与农业并存的内地都市定位发展起来。二战后名古屋成为日本甚至全世界的重要工业中心，爱知、岐阜和三重县组成“名古屋圈”，工业发达，汽车产业发展迅速。作为回应经济全球化的地方策略，包括铃鹿市在内的“名古屋圈”选择了进行制造业技术深化的道路，通过技术革新推进制造业产业结构改良，并利用后工业潮流进行第三产业化转型。

铃鹿赛道建设者本田公司的本意是将其作为摩托车产品技术突破的测试场，因此设计秉持了专业性与技术性的初衷，使铃鹿赛道成为一条对技术要求极高的赛道。1963 年本田正式进军汽车制造行业，并积极打造日本赛车在国际领域的新局面，这一信念不仅来源于决策者对汽车运动的热爱，也因为赛车能使产品得到全面的检验，彰显汽车制造业对技术极致的追求。

C.2 发展模式

铃鹿赛道于 1962 年落成，最初作为本田公司产品的测试场地而建设，在 20 世纪 60 年代引进了世界摩托车大奖赛。随后，赛道的魅力吸引着更多重量级比赛的加入，包括二级方程式和铃鹿 8 小时耐力赛，二者逐渐成为日本国内所有汽车与摩托车制造商的重要赛事。在经过出于安全性考虑的改造后，1987 年铃鹿赛车场开始正式承办 F1 大奖赛日本站。利用汽车运动与知名赛事的影响力，同时也为了更好地推广汽车运动文化，培养未来车手与车迷，赛道的周边设施、文化内涵与服务逐渐完善，成为功能多样化的国际赛车场与汽车主题公园。其发展模式依据本书第 4 章的理论可主要归纳于以下七种。

1）发展汽车产业的汽车主题公园

本田公司不仅将赛车视为其产品与技术的试验平台，更将国际化看作品牌的推广途径。因此尽管公园中没有出现直接的汽车零售形式，本田技术至上的品牌特色却因为其拥有的铃鹿赛车场与本田在国际赛车舞台上的极高参与度而得到彰显。

2）助力科技研发的汽车主题公园

助力科技研发和测试作为铃鹿赛道的建设目的，直接促成了这条经典赛道的诞生。铃鹿技研制作所（附图 C-2）也位于铃鹿赛车场附近，用于配合当地生产活动进行零件的采购和供给，并对工厂提供技术服务。正因为铃鹿赛道与铃鹿技研制作所追求技术极致的形象深入人心，尽管本田技研工业株式会社（Honda）总部位于东京，铃鹿市却一直被视为本田公司的“大本营”。

3）承办专业赛事的汽车主题公园

铃鹿赛车场既引进了世界顶级赛事的 F1 世界一级方程式大奖赛日本站，日本全国性赛事如日本超级方程式、超级耐久赛等，也有如铃鹿 8 小时耐力赛（附图 C-3）、铃鹿 2&4 赛（Suzuka 2&4 Race）、亚洲公路赛车锦标赛（FIM Asia Road Racing Championship）等影响全日本乃至世界的本土赛事。各类精彩赛事的深远影响，有力推广了汽车运动和文化，也成为赛车在日本全国长盛不衰的关键性原因。

附图 C-2　铃鹿技研制作所

附图 C-3　铃鹿 8 小时耐力赛

附图 C-4 赛道上的亲子互动体验

4）推广全民体验的汽车主题公园

铃鹿赛车场重视亲子互动与全年龄段的体验，儿童与成人皆可实地感受汽车运动的乐趣（附图 C-4）。以铃鹿 F1 赛道为例，经验较丰富的赛车爱好者可加入会员俱乐部参与体验，普通驾驶者也可在非比赛活动日，驾驶 EV 电动车在赛道上行驶，小学 5 年级以上儿童即可单独参加；卡丁车赛道同样分为儿童驾驶和成人驾驶两类；赛车场内设立驾驶学校，同时面向普通驾驶人员与专业车手开放培训，面向企业与社会团体提供安全驾驶教育培训，定期举办亲子驾驶课程等。

5）开展汽车文化科普的汽车主题公园

铃鹿赛车场特别注重对儿童与青少年群体的吸引，以特约漫画大师手冢治虫设计的虚拟卡通形象等趣味生动的科普形式，将汽车运动文化融入自身品牌，继而衍生出文化创意类的体验项目。公园内设有汽车运动历史展览，介绍著名比赛、赛车、车手与赛道，还可体验通过 4D 技术重现的 GT 比赛、汽车赛中的车队细节等，深入感知赛车文化（附图 C-5）。

6）促进体旅融合的汽车主题公园

铃鹿赛车场结合自然旅游资源打造汽车露营、天然温泉等休闲项目，并配有完善的娱乐与服务设施。亲子游乐项目广受家庭游客推崇（附图 C-6），而由大浴场、露天浴池、桑拿构成的浴场专区引入纯天然温泉，为游客带来度假式的旅游体验。

附图 C-5　汽车运动与文化科普的体验项目

附图 C-6　亲子游乐项目

7）配合特色小镇的汽车主题公园

铃鹿赛车场从最初的赛车场（试车场）逐步完善成为综合性的运动休闲度假园区，经历了从赛道到国际赛车场，再到汽车主题公园的发展历程。同时不断延展形式与内涵，以汽车运动产业的影响力覆盖全产业，形成特色小镇的模式。2004 年 12 月，铃鹿市政府宣布了“赛车都市”的概念，支持市民及赛车运动。2006 年，在铃鹿赛道开启 F1 日本大奖赛期间，铃鹿市设立了由国家、三重县、周边 4 市 1 町（津市，四日市，桑名市，亀山市，菰野町）有关旅游、经济和交通的 32 个团体构成的“铃鹿 F1 日本大奖赛地区活性化协议会”。其实质是利用 F1 的主题特色，在旅游、商业等服务性相关领域大量开发关联业态，从而在为赛事各方提供便利的同时，促进区域经济的发展，增强地区影响力。

附图 C-7 铃鹿赛道

C.3 功能内容

铃鹿赛车场的主要功能与内容可划分为汽车运动区（Motorsport Area）、主题娱乐区（Amusement Park Area）和酒店区（Hotel Area）三大版块，空间布局总体呈现出从专业汽车运动向大众休闲娱乐的过渡，各区域间在执行不同功能时有机联系。

1）汽车运动区

汽车运动区的主体为国际一级赛道铃鹿赛道，总长度 5.807km，是 F1 大奖赛日本站的长期举办地。铃鹿赛道以混合的高速和低速弯角闻名，最独特处在于它的 8 字形模式，立交处令车手产生在高架桥上飞驰而过的感觉，在一条赛道上为车手提供了顺时针与逆时针两种不同行驶方向的切换，深受车手喜爱（附图 C-7）。

2）主题娱乐区

铃鹿赛车场游乐园“Motopia”是适合家庭共同体验的休闲娱乐场，拥有包括标志性的摩天轮、国际标准卡丁车场、儿童卡丁车场、水上乐园等在内的 29 个项目。其中以汽车运动为主题、体验性极强的 GP Field 部分由儿童专用卡丁车、标准卡丁车、赛车影院和赛道摩天轮组成；赛车影院（Racing Theater）采用震动传声的体感音响系统及 19m 宽荧幕，可使观众感受赛车手实际见到的景象和身体感受的速度与张力；标志性的摩天轮 Circuit Wheel 位于赛道北部，拥有俯瞰赛道与游乐园的极佳视角（附图 C-8）。

附图 C-8　俯瞰赛道的摩天轮

3）酒店区

酒店区是环境相对宁静和私密的休闲度假空间，用以满足游客的多样化需求和赛事期间的相关人员服务。项目功能包括当地天然温泉，适合家庭出游的汽车露营地，大众参与度较高的保龄球馆，融入大量赛车元素的主题酒店等。一系列的配套服务在上下端不断延长产业链，起到完善服务与丰富业态的效果（附图 C-9）。

附图 C-9　主题酒店

C.4　场地运营

赛道日常采用会员制，新入会的会员需要经过培训，购买保险后可在赛道上自驾体验；每年除多场比赛外，还有各大厂商举办的嘉年华和全民免费参与的赛道开放日（赛车迷感谢日）。游乐园以通票的形式开放，除水上乐园全年仅三个月开放时限外，其他项目全年对外运营。

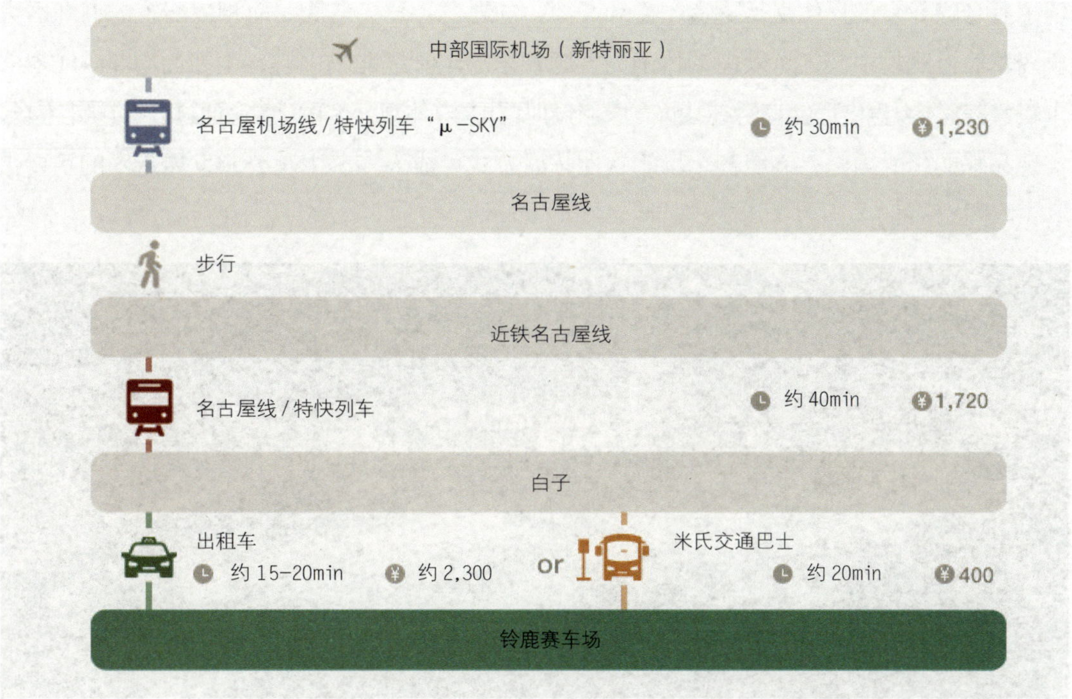

附图 C-10 从名古屋机场至铃鹿赛车场的交通建议

售票方式除现场购票、官方网站售票和电话订票外，还可通过日本特许经营连锁式便利店罗森（LAWSON）的网上票务与实体店面购买。

铃鹿市周边以乡村为主，位置相对偏远，故而赛车场运营尤其是赛事期间的交通是运营者重点关注的问题，在官网上，详细列出了平日与比赛期间不同情况下的交通方式建议和费用参考（附图 C-10）。遇 F1 大奖赛等重大活动期间，除在名古屋市乘近畿铁道到达白子市的主要线路外，还提供了可作为替代的“次要”电车路线，以疏缓交通。交通重要节点布置有指示标志与引导人员以方便游客到达。

C.5 发展趋势

铃鹿赛车场除了以当地为原点向外辐射、扩大影响力外，其发展还呈现向海外拓展的趋势。位于中国台湾高雄的铃鹿赛道乐园即是一家有日本铃鹿赛车场海外授权的主题公园。不仅以抽象的形式“复制”了铃鹿赛车场标志性的 8 字形赛道和摩天轮，更沿用 Motorpia 主打“亲子”的定位与主题，设置运动强度相对较小，温和而注重互动性与体验感的项目；摩天轮的造型中也融入了汽车元素。迷你铃鹿赛道（Mini Suzuka Circuit）是日本铃鹿赛车场唯一海外授权的专业卡丁车赛道，全长 600m，将铃鹿赛车场 10∶1 等比例缩小，赛道重现了著名的 8 字形立体交叉隧道，连续 S 弯、汤匙弯、发夹弯等。而相应配置的商业区大鲁阁草衙道购物中心，是以运动休闲为主题娱乐的国际级购物中心，主要面向 24~44 岁的年轻家庭群体，也借助铃鹿赛道乐园的影响力吸引国内外观光客的造访。通过开辟国外市场，实现品牌文化的输出，铃鹿赛车场的软性拓展方式可成为汽车主题公园发展走向的重要借鉴（附图 C-11）。

附图 C-11　位于中国台湾高雄的铃鹿赛道乐园

D 英国古德伍德庄园

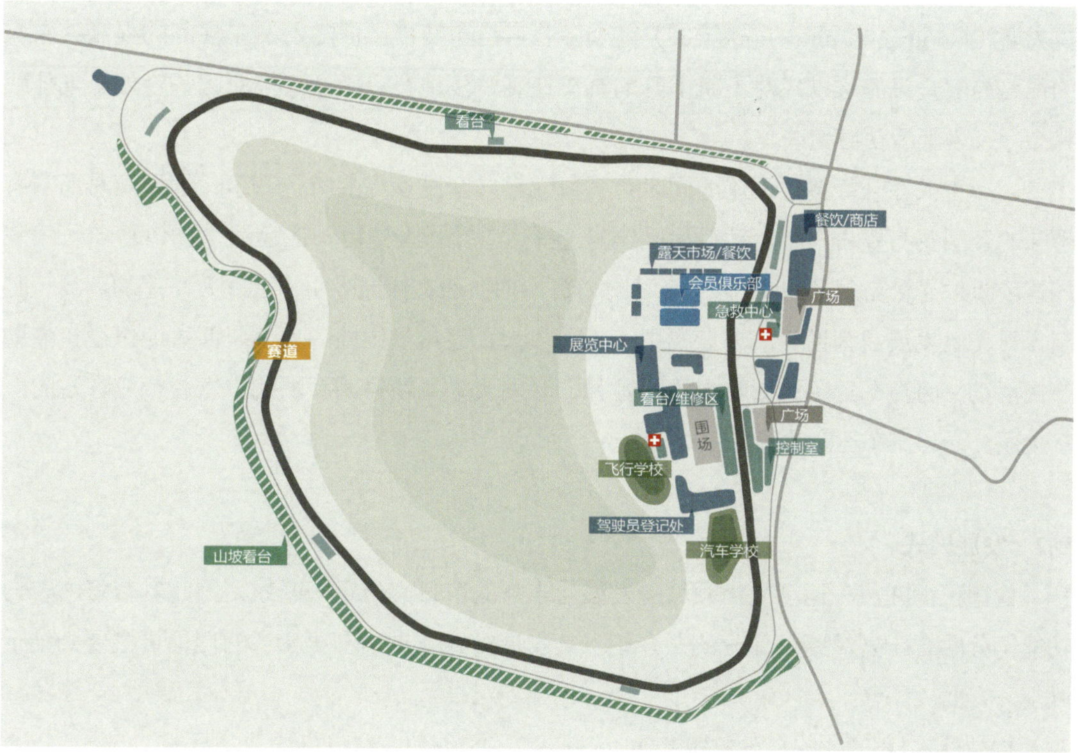

附图 D-1 古德伍德赛车场功能分析示意图

位于英国西萨塞克斯郡的古德伍德庄园以举办世界影响范围最广、规模最大的赛车文化节日“古德伍德速度节”（Goodwood Festival of Speed）和复古汽车爱好者盛会“古德伍德复古节”（Goodwood Revival）等众多主题性节日而闻名（附图 D-1）。其精彩的赛事、丰富的活动、极高的参与度与浓郁的主题氛围，让古德伍德成为以汽车运动文化为挈领、动员全民参与、覆盖多个领域的综合性旅游空间，兼容了汽车主题公园与汽车运动休闲特色小镇的功能，故将其选为本书案例之一进行分析。

D.1 项目背景

古德伍德庄园占地 12 000acre（约 4 856.2hm^2），坐落在绵延起伏的英国萨塞克斯低地中。从渊源甚久的赛马、高尔夫、板球到赛车、飞行、射击，体育运动根植于古德伍德的历史与文明，已经融入当地的血脉。

早在 1936 年，古德伍德庄园的主人里士满公爵（Duke of Richmond）即开始组织赛车活动。经过汽车运动爱好者的不断摸索和努力，古德伍德赛道逐步建成，并在 1948 年迎来了第一场场地赛，此后的十余年间陆续举办了格洛弗杯一级方程式非锦标赛（Glover Trophy non-championship Formula One race）、Tourist Trophy 摩托车赛、古德伍德 9 小时拉力赛（Goodwood nine-hour race）等众多著名汽车赛事。但随着汽车性能的提高，原有的线路与安全设施难以应对不断上升的赛车速度，场地赛道由于安全原因一度处于半休眠状态，仅用于活动与测试。

庄园主人在升级赛道设施的同时，将目光转向全民参与的特色赛事，规则简易而富有趣味的登山赛与复古汽车运动成为最佳的选择，古德伍德速度节应运而生。1993 年，第一届速度节，尽管与著名的勒芒 24 小时耐力赛不期而遇，依旧吸引了近 3 万车迷的到场；时至今日，已发展成为世界汽车竞技史上规模最大、最具多样性的盛会。而古德伍德也借助节庆活动，将汽车运动的影响力不断延伸，开发成为主题鲜明、功能丰富、产业齐备的汽车主题公园与汽车运动休闲特色小镇。

D.2 发展模式

古德伍德在汽车运动文化领域的发展与丰富的节日文化紧密联系，因此本节将内容与功能部分融合于发展路径部分统一介绍。其发展模式依据本书第 4 章的理论可主要归纳于以下几方面。

1）发展汽车产业的汽车主题公园

古德伍德速度节除了受益于庄园主人的精心操办，也得到了众多汽车厂商的鼎力支持。厂商扩大品牌影响力的需求和汽车文化的发展趋势相契合，使古德伍德的节日呈现出多元性特点（附图 D-2），如：众多豪车品牌以速度节作为新车发布的舞台；每年标志性的汽车雕塑以某一汽车品牌的历史、文化或大事件为主题；二手车买卖、汽车维修与零配件交易等供需形成可观的规模；等等。

英国在世界汽车工业发展史上扮演着十分重要的地位，著名的豪华汽车品牌劳斯莱斯归入宝马旗下后，将新工厂场址选在古德伍德，延续了艺术性与高端定制的品牌特质（附图 D-3）。

2）承办专业赛事的汽车主题公园

早在 1948 年建成、曾经举办一级方程式比赛与古德伍德 9 小时拉力赛等著名汽车赛事的环形场地赛道，现已逐渐转变为测试和练习场地，但古德伍德爬山赛的影响力与正规而严格的世界性汽车赛事相比毫不逊色。参与爬山赛的车辆不限种类、性能和年代，而是将展示和交流的意义延扩到成绩之外，使比赛呈现出包容性与趣味性，成为众多功能和活动项目中的重要部分。2018 年 7 月，世界第一辆无人驾驶赛车在古德伍德爬山赛上的出现更

附图 D-2　古德伍德速度节期间的车展

附图 D-3　古德伍德的劳斯莱斯工厂

附图 D-4　无人驾驶赛车参加古德伍德爬山赛

附图 D-5　古德伍德复古节上的体验活动

附图 D-6　古德伍德速度节主题雕塑

吸引了全世界的目光（附图 D-4）。

3）推广全民体验的汽车主题公园

古德伍德的节日不仅主题鲜明，更具有极强的全民参与性，甚至每个游客自身也成为公园风貌的组成部分。在速度节上，来自世界各地的爱好者们可与著名车手一道，驾驶自己收藏的经典款汽车参与游行和主题展览；复古节上穿着复古的参观者同时也是被参观者。丰富多样的活动与平易近人的规则大幅度地提高了参与度，优化了体验感（附图 D-5）。

古德伍德每一年都会在庄园前的草坪上展示当年庆典赞助商的纪念雕塑，雕塑主题与汽车运动文化紧密关联，充满艺术气息与力量感，以纪念当年或当届盛典的代表性事件。每年更换的雕塑将成为速度节期间的文化地标，令以艺术为承载的汽车运动文化深入人心（附图 D-6）。

4）倡导安全驾驶教育的汽车主题公园

在平日，古德伍德赛道作为米其林、宝马品牌的驾驶培训基地面向全民开放教育体验，另有模拟冰雪路况的安全驾驶场地和越野体验区，用以提升驾驶员在不良路况下的驾驶技能（附图 D-7）。

附图 D-7　古德伍德的宝马越野体验

附图 D-8　“光辉古德伍德”赛马运动嘉年华

5）推动全民健身的汽车主题公园

除汽车运动以外，赛马、高尔夫、射击、板球等均是古德伍德的传统体育运动项目，其中赛马场每年 5—9 月之间都会举办近 20 天的顶级赛马赛事；卡塔尔古德伍德节（ Qatar Goodwood Festival），又被称为“光辉古德伍德”（Glorious Goodwood），为期 5 天，是赛事与庆典共同组成的赛马运动嘉年华（附图 D-8），在该领域如古德伍德速度节之于世界汽车运动一样，拥有举足轻重的地位。

附图 D-9　古德伍德复古节

附图 D-10 古德伍德的特色旅游景观

6）开展汽车文化科普的汽车主题公园

古德伍德不仅以赛事吸引游客，而且将汽车运动与文化的主题和英伦风情渗透到每个活动与节日之中，古德伍德复古节（Goodwood Revival）恢复了古德伍德赛道的本来样貌，人们穿着复古装束，驾驶 1948—1966 年生产的公路竞赛汽车或者摩托车在赛道行驶，再现 20 世纪 50—60 年代英国汽车运动在古德伍德呈现的黄金时期，营造出“时间胶囊”的效果（附图 D-9）。

7）促进体旅融合的汽车主题公园

传统的英式田园风光与异彩纷呈的节庆活动共同组成了古德伍德丰富的旅游资源，加之关联业态齐备，信息与服务完善，前来的游客多选择自由度较高的自驾车旅行，持续数天的停留带来大量消费需求，间接地进一步带动周边旅游等服务业态的发展，形成“体育 + 旅游”共同繁荣的良性循环（附图 D-10）。

8）配合特色小镇的汽车主题公园

汽车文化的长期积淀和全民性汽车运动的自发沿革，促使古德伍德自然生长形成了集合运动休闲、关联产业、人文与城镇为一体的汽车运动休闲小镇。

D.3 发展趋势

古德伍德在成熟发展模式的基础上，重视文化品质化与个性化的体验营造，从关联产业的延伸拓展、活动的策划导向到周边产品设计，都延续着英伦世家包容而精致的文化和风格，与严谨的方程式赛、粗犷的美国纳斯卡系列赛形成鲜明的对比。这种独特的气质，与汽车工业的雄厚基础、汽车运动文化的强大影响力，吸引了同样追求极致品质体验的劳斯莱斯进驻建厂。产业与文化的相辅相成，使得劳斯莱斯工厂也成为游客深度参观的重要内容。

面对伴随影响力的扩大而源源不断的大量游客，古德伍德采取门票限流措施，并实行会员制，在保证安全的同时，以重视体验质量、极具人性化与个性化的服务获得了用户黏性，更有利于获得及时的反馈，用以品质的升级和优化。

关键词索引

图片来源索引